Henri Boulad

STARKES TUN, STÄRKERES SEIN

Leid und Sendung der Frau

Henri Boulad

STARKES TUN, STÄRKERES SEIN

Leid und Sendung der Frau

Übersetzt aus dem Französischen,
bearbeitet und herausgegeben von
Hidda Westenberger

OTTO MÜLLER VERLAG

Die Deutsche Bibliothek – CIP-Einheitsaufnahme

Boulad, Henri:
Starkes Tun, stärkeres Sein : Leid und Sendung der Frau / Henri Boulad. Übers. aus dem Franz., bearb. und hrsg. von Hidda Westenberger. - Salzburg : Müller, 1997
ISBN 3-7013-0963-9

ISBN 3-7013-0963-9

Umschlaggestaltung: Leo Fellinger
Satz: Fotosatz Rizner, Salzburg
Druck: Wiener Verlag, Himberg

INHALT

Mädchenstudie (Kreide) von Henri Boulad

EINFÜHRUNG

„MAN SUCHE NUR NICHTS HINTER DEN PHÄNOMENEN, DENN SIE SIND SELBST DIE LEHRE" (Goethe)

Die Frau LEIDET. Das ist real und ganz wahr. Deshalb glaube ich, daß die Welt am Ende der Zeiten von der Frau gerichtet werden wird. Ich meine das in dem selben Sinn, in dem man sagt, die Welt werde von Jesus Christus gerichtet. Der Gottessohn und Menschensohn ist nicht als Richter unter die Menschen gegangen, sondern als ein Leidender, leidend an ihnen, leidend an der Welt und leidend an seiner Verlassenheit am Kreuz. Doch von der Höhe dieses Kreuzes richtet er. Inwiefern? Indem sich jeder einzelne von uns seit dieser kosmischen Stunde im Selbstgericht befindet. Die Haltung, die Du diesem Gekreuzigten gegenüber einnimmst, richtet Dich, nicht er richtet, sondern Du richtest Dich selbst in Deiner geheimen Einstellung und in Deiner äußeren Lebenshaltung im Angesichte dieses Leidenden, der von sich gesagt hat:

„Ich bin die Wahrheit und das Leben."

Aber weder die Wahrheit noch das Leben kann man kreuzigen. Dasselbe gilt für die Menschenwelt im allgemeinen und für die Männerwelt im besonderen. Ihre persönliche Einstellung und das sich daraus ergebende Tun und Lassen im Angesicht der Frau wird sie richten. Denn entsprechend diesem Verhalten wird die Menschheit aufsteigen und sich vollenden können – oder scheitern.

Setze ich viel edles Bemühen, gutes Gelingen und tiefe Einsichten in der Geistesgeschichte einmal in Klammern und betrachte mir den Rest, dann komme ich zu dem Schluß, daß das wahre Leben, so wie es erdacht und erhofft wurde, noch nicht einmal begonnen hat. Unsere 4000jährige Menschheitsgeschichte ist ein Desaster. Mich mitschuldig fühlend bekomme ich beim Blättern in einem Geschichtsbuch blutende Hände, denn ich lese in einem Meisterwerk des organisierten Verbrechens, der rote Faden heißt Lug und Trug und Größenwahn; Seite auf Seite führen die Gier, die Macht und die Gewalt und lassen Abermilliarden hilfloser Menschen eines unnatürlichen Todes sterben. Und bitte, das ist errechnet worden, vorwiegend Frauen und Kinder! Korruption, nationale Eigeninteressen, Flüchtlingsströme ... bis zur Stunde! Nach UNO-Angaben führen derzeit 40 Millionen Menschen die Bezeichnung „Heimatvertriebene", davon sind 80 Prozent Frauen und Kinder. In Kambodscha liegen noch 10 Millionen Anti-Personen-Minen im Gelände – wie in 60 anderen Ländern – und jeden Tag gehen 300 hoch, zerfetzen spielende Kinder und Frauen bei der Feldarbeit; aber das Sex-Geschäft blüht in Kambodscha, seitdem 20.000 Kinder als Ware gehandelt werden. Im Herbst 1996 machte die Weltgesundheitsorganisation auf 400 Millionen Menschen mit Angstzuständen aufmerksam und auf 340 Millionen im Zustand akuter Depression. Wollen wir unsere Menschheitsgeschichte in diesem Stil fortsetzen?

Sobald wir uns aber mit einem bestimmten Zahlenmaterial befassen, sollten wir uns hoch und heilig versprechen, UNS IN EINZELDRAMEN EINZUFÜHLEN. Im Bürgerkrieg in Liberia sind in den letzten Jahren 50.000 Kinder vorsätzlich umgebracht und 300.000 von ihren Müttern getrennt worden. Nach UNICEF-Angaben vom August 1997 wurden in den vergangenen Jahren weltweit 200.000 Kinder zum Dienst als „Kindersoldat" gezwungen. Immer mehr Frauen werden mit Aids infiziert, neun Millionen Kinder haben auf diese Weise ihre Mütter verloren, und eine Million Kinder sind selbst betroffen (UNO-Aids-Organisation Genf, Juni 1997). In Indien arbeiten zu dieser Stunde Kinder zu Zehntausenden in Bergwerken. Nach Angaben des argentinischen Menschenrechtskämpfers Adolfo Pérez Esquivel, Friedensnobelpreisträger von 1980, die er im Jahre 1991 gemacht hat, kämpfen 100 Millionen Straßenkinder in Lateinamerika Tag für Tag alleingelassen ums nackte Überleben. Man hat ihnen auch einen Namen gegeben: „LOS DESECHABLES" – die Wegwerfbaren.

„Ich bin gekommen, damit sie das Leben haben
und es in Fülle haben."

(Johannes 10,10)

Auf einem bolivianischen Geheimfriedhof hat man die Leichen von mehreren Millionen durch Killerkommandos getöteter und dort verscharrter Kinder entdeckt. Ein kreuzloser Friedhof, versteht sich, auch wenn der Name der Stadt SANTA CRUZ heißt – „Heiliges Kreuz". Radio Vatikan meldete im September 1993, daß *„seit 1973 Zehntausende von Indios in Guatemala regelrecht abgeschlachtet wurden"*. Nach einer Jesuitenstudie im Frühjahr 1997 leben in Lateinamerika 260 Millionen Menschen in Armut und jeder dritte von ihnen in extremer Not. Und der FAO-Report von 1996 gab uns eine Idee über das Hungerelend in unserer Welt:

> 840 Millionen Menschen hungern oder sind chronisch unterernährt, davon 200 Millionen Kinder. Es verhungern pro Jahr 52 Millionen Menschen, davon 13 Millionen Kinder unter den Augen ihrer Eltern. Faßbarer dargestellt: Es verhungern 142.000 Menschen jeden Tag, 6000 jede Stunde und 100 jede Minute.

Und nirgendwo fehlt der Refrain: „Die Hauptleidenden sind Frauen und Kinder." In einem Interview 1997 sagte der Chef des Entwicklungsprogrammes der Vereinten Nationen James Gustave Speth, daß 1,3 Milliarden Menschen mit dem Gegenwert von einem Dollar pro Tag auskommen müssen und drei Milliarden Menschen mit zwei Dollar. Andererseits sei der Besitz von nur 358 Milliardären ebenso hoch wie das Jahreseinkommen von rund der Hälfte der Weltbevölkerung. Aber es werden Waffen verkauft rund um den Globus. So der Entwicklungsexperte. Als „stillen Holocaust" bezeichnet die größte britische Nichtregierungsorganisation OXFAM diese Verelendung, und das Urteil ist rechtmäßig, da Naturkatastrophen und menschliches Versagen säuberlich getrennt werden und die Hauptschuld bei weitem den Menschen betrifft.

Trotz prosperierender Wirtschaft in den Industrieländern geht dort das Gespenst der Arbeitslosigkeit um. Die OECD-Experten prophezeiten für 1997 einen Anstieg der Arbeitslosenrate auf 35 Millionen … Die Foltergeräte, in der Ersten Welt ersonnen, produziert und gewinnbringend in der Dritten Welt abgesetzt, wo sie skrupellos auch bei Frauen und Kindern zur Anwendung kommen, sind heute nicht weniger schrecklich als in der hochgeschätzten Antike. In Holland hat man kürzlich fünf kleine Buben vor laufender Kamera zu Tode gequält. Das war klassische Auftragsarbeit eines britischen Video-Produzenten für Kinderpornos. Übrigens überschwemmt die Flut der Porno-Videos, aus dem Westen kommend, die arabische Welt, in Ägypten befinden sich mehr im illegalen Handel und in den Privathäusern als in irgendeinem europäischen Land.

Pornohandel – Drogenhandel – Waffenhandel – Frauenhandel. Vor allem aber sorgt die internationale Finanz- und Wirtschaftspolitik dafür, daß 90 Prozent des Welteinkommens allein auf Männerkonten fließen. Die Frau hat demnach nur eine Zehntelexistenz auf diesem Planeten – und hier sind wir beim Thema, denn das ist keineswegs eine Kulturfrage, wenn das Gesamtbild auch Maßunterschiede angibt. Die Frau wird rigoros beiseitegedrängt, mundtot gemacht und als lebendige Seele vergessen. Sie soll dem Mann schweigende Dienerin in allem sein und darf – deshalb? – gedemütigt werden. Hier erkenne ich den Hauptgrund unseres evolutionären Stillstandes auf ethisch-moralischer Ebene, die Frau hat ihr geistiges Potential bei der Mitgestaltung der Welt bisher noch nicht einbringen können. Erst an dem Tag, an dem diese ungenutzte menschliche Energie erkannt und die Frau als Person voll gewürdigt wird, erst dann, wenn sie eine selbstverständliche Gleichstellung mit dem Mann genießt, erst dann, wenn sie in der Kraft ihrer femininen Qualitäten die Geschichte nicht mehr passiv erlebt und erleidet, sondern mitbestimmt, wird diese ihre bisherige NEGATIVE RICHTUNG ändern. Unsere sittlichen Defizite sind evident.

„Alles Nonsens!" spottet gelassen der Unglaube der Männer. Doch warten Sie nicht, meine Herren, sondern studieren Sie besser „das neue Ich der Frau", denn das hat es in sich. Das weibliche Zeitalter hat sich längst von selber eingeläutet. Mit einer Weiblichkeitsideologie hat das gar nichts zu tun, aber es hat konkret zu tun mit dem UNVERSCHULDETEN LEIDEN und der NOTWENDIGEN SENDUNG der Frau – möglicherweise aus ihrem Leiden geboren. Mit ihr und durch sie wird sich allen Schmäh- und Unkenrufen zum Trotz Entscheidendes verändern. Die Weltpolitik wird sich verändern, die römisch-katholische Kirche wird sich verändern, die islamische Gesellschaft wird sich verändern – und sehr vieles mehr. Alles wird zu neuen Ufern drängen, denn man wird nach anderen Zielen suchen, weil man

fühlt, daß es andere Lösungsmöglichkeiten gibt. Unsere Frauen werden diese aufspüren – und durchsetzen!

Sie werden mich daran erinnern, daß wir seit langem die feministischen Bewegungen haben in ihren verschiedensten Ausprägungsformen, erfüllt von einem konsequenten Fortschrittsglauben, der prinzipiell nur zu begrüßen ist, wenn ich auch nicht unbedingt jeden der Programmpunkte als segensreich erachte. Aber ich erkenne das Zeichen der Zeit in seiner eminenten Bedeutung. Das feministische Engagement ist nichts als die Quittung für alles erwiesenermaßen Verkehrte bisher und in seiner logischen Konsequenz als eine ganz normale soziale Bewegung anzusehen, die notwendige Korrekturen vornimmt, überfällige Korrekturen jahrtausendealter schlechter Gewohnheiten und verhängnisvoller Vergehen gegen die Weiblichkeit. Dabei sprengt das große Anliegen das individuelle Bedürfnis, die Frauen spüren ihre Mission für das Ganze, und deshalb werden sie über den künftigen Lauf der Geschichte entscheiden. „Geschichte" ist hier umfassend gemeint, eine alles umfließende und sinnerschließende Menschheitsgeschichte in Evolution, die sich vor allem für das WARUM interessiert. Der derzeitige Provinzial der österreichischen Jesuiten, der mir seit unserer gemeinsamen Arbeit 1995 in Rom nahesteht, hat dafür eine sehr schöne Formulierung gefunden:

> *„Gentechnik und künstliche Intelligenz, Dechiffrierung der Baupläne des Lebens und Ausgreifen nach fremden Sonnensystemen – wir leben in einer Zeit, in der sich der Mensch seine Welt schafft und scheinbar alles machbar wird. Grundlegender als je zuvor stellt sich die Frage nach dem WOHER und WOFÜR des Menschen und dieser Welt."*
>
> (P. Alois Riedlsperger SJ)

Und meine optimistische Prognose lautet: Im starken Tun und noch stärkeren Sein der Frau wird es der Welt gelingen, sich wieder einzupendeln und dann einen SINN-vollen Weg einzuschlagen. Gott hat die Frau auf seiner Seite! ER WEISS, DASS SIE DAS NOTWENDIG GUTE WÄHLT, wenn man ihr die erforderliche Freiheit läßt. „Die Kultur des Todes muß vom Einsatz für das Leben besiegt werden", mahnt das Christentum am Ausgang des 20. Jahrhunderts.

Wer aber könnte in dieser Umbruchszeit dem Frauenthema wirklich gerecht werden? Ich denke niemand. Dieses Thema lebt von tausend Fragen, es berührt so stark und ist zugleich überempfindlich. Jedwede Äußerung eines Mannes kann mißinterpretiert werden, und der Autor dieses Buches ist nun einmal ein Mann. Man wird mich befangen nennen, voreingenommen, parteiisch oder ahnungslos. Ehre und preise ich das Tun und Sein der Frau, weil meine Überzeugung es mir so diktiert und mein Herz es so empfindet, so wird man mir Schönrednerei vorwerfen, welche die Frau noch immer mythologisieren und idealisieren will, aber die alten Kultgesänge vom „Ewig Weiblichen" sind nicht mehr gefragt. Und leihe ich mir den feministischen Stil, weil er mit der Wahrheit zu tun hat und ich damit teilnehme am „Geschlechterkampf" unserer Zeit, dann wird man mir moderne Priestertaktik unterstellen, die den Feministinnen schmeicheln soll. Außerdem ist das völlig überflüssig, denn die Frauen sorgen heute für sich ganz allein. Mit anderen Worten, der Verlust ist in jedem Fall auf meiner Seite. Das ist zwar bedauerlich, aber ganz unvermeidlich.

Wagen wir dennoch dieses Buch, das aus meinen Vorträgen, Essays, Predigten, Meditationstexten und aktuellen Pressemeldungen von der Herausgeberin zusammengestellt wurde und, wie jedes meiner Bücher, in der deutschen Sprache zuerst erscheint. Damit wollen wir vor allem ein Versprechen gegenüber meinen Hörerinnen und Leserinnen in Europa einlösen. Doch aufgrund der Untiefen der weiblichen Seele in all ihren unbekannten Kräften und Möglichkeiten müssen die einzelnen Kapitel wohl Fragmente bleiben. Auch der zeitgenössische französische Dichter Christian Bobin kam nur ein gewisses Stück voran, dann hielt er ein und bekannte:

„Niemand kennt eine Frau, nicht einmal Gott."

Henri Boulad
Alexandria, im Frühjahr 1997

GEBET FÜR DIE FRAU

Herr, Du hast die Frau mit der geheimen Kraft
Deiner Natur betraut
und sie mit dem Glanz Deiner Schöpfung gekrönt;
in der Vollkommenheit alles Geschaffenen
ist sie aus Dir hervorgegangen
als Dein Gleichnis.

Die höchsten Werte des Lebens
hast Du in ihr angelegt –
wie die Freude am Sein,
die Fähigkeit des Gebens und Sich-Verschwendens
in der Schlichtheit einer bedingungslosen Liebe.

Diese Gaben sind nur im Widerschein
Deines göttlichen Wesens zu begreifen,
denn Du bist dieser selbstvergessene Quell
in der Hinwendung zum Du –
sowohl in der Dreifaltigkeit
als in Deiner Schöpfung.

Herr, inspiriere unsere Welt,
endgültig von dem Frevel zu lassen,
die Frau zu demütigen
und am Boden zu halten,
beschleunige die Maßnahmen zu ihrer Aufrichtung
und zur vollen Achtung ihrer Würde.

Erleuchte in den Männern aller Kontinente
den „inneren Blick",
der eine Frau mit mehr Einfühlung als bisher
zu betrachten versteht,
um der femininen Innerlichkeit voll zu begegnen
und sie zu beantworten.

Die Frau ist die Erzieherin des Kindes,
die Frau ist die Erzieherin des Mannes,
die Frau ist die Erzieherin der Liebe.

Herr, befähige jeden Mann dieser Welt,
die unersetzliche Rolle der Frau zu bejahen
und ihre Berufung zu fördern.

Dann wird die Menschheit
in der weiblichen Führung zu Dir gelangen,
das ist mein Glaube!
Die Welt ist noch am Tasten und Suchen,
ihr Herz ist wie eine Braut in Erwartung,
und es bereitet sich für das ganz Neue.

Die Frau spürt die Richtung, sie ahnt das Ziel,
und sie findet es,
denn ihre Intuition ist eine Spiegelung
aus Deinem Innersten!
Beschenke den Mann mit neuen Augen,
die rein genug sind, um das zu erkennen.

Und gewähre ihm die heimliche Freude,
Dich, Herr, in einem Frauengesicht wahrzunehmen
in der Vorbereitung dessen, was kommen wird:
die Große Stunde, die Letzte,
in der die Menschheit über die Schwelle gelangt
und zur Fülle erwacht.

Dann wird sich nach der Bildsymbolik der Apokalypse
die EWIGE FRAU offenbaren,
die auf allen Ebenen sensible
und in allen Bereichen aktive Frau,
stark im Tun
und stärker noch im Sein.

Alle menschlichen Werte unserer Geschichte
wird sie dann in sich versammelt haben,
um sie Dir, Herr, darzureichen
in der Ekstase einer hochzeitlichen Einswerdung
der Dinge und Wesen
mit Dir.

Amen

TEIL I

Kapitel 1

EIN REIGEN STARKEN TUNS

Kairo im September 1994 – der Bevölkerungsgipfel. In unserer NASR CITY („Siegesstadt"), einem ausgedehnten Gebäudekomplex für internationale Konferenzen, nach modernstem Stand von den Chinesen errichtet, tagte die „UNO-Konferenz für Bevölkerung und Entwicklung", bei der ich mit meinem Reiz-Referat vom „Mythos der Überbevölkerung" beteiligt war, aber ich will von einer Frau sprechen. Die außerordentlich starke Rede der norwegischen Ministerpräsidentin GRO HARLEM BRUNDTLAND, ihr energischer Aufruf an die Frauen der Welt, war mir in diesem ohnehin starken Ensemble aufgefallen. Wie sehr ermahnte sie die Frauen, bei Rückschlägen im Ringen um ihre Rechte nicht locker zu lassen, sondern sich zielsicher weiter voranzukämpfen:

„Ich appelliere an alle Welt,
jetzt unverzüglich in die Frau zu investieren,
denn das ist der einzige Weg
zur Förderung der Gesellschaft als Ganzer."

Der Norden ließ grüßen. Dieses Impulsreferat kam nicht aus einem Luftschloß, sondern stand auf solidem Boden. In den skandinavischen Ländern wird die Frau im Weltmaßstab am wenigsten diskriminiert, sie gelten als die fortschrittlichsten in der Frauensache, der weibliche Anteil in den Regierungen beträgt in Dänemark 33 Prozent, in Schweden 40 Prozent, während weltweit im Schnitt nur 12 Prozent aller Parlamentsabgeordneten Frauen sind (Studie der Interparlamentarischen Union in Genf, Frühjahr 1997). Schweden ist für die Frauen heute das Vorbildland überhaupt, es kann die am erfolgreichsten verwirklichte Gleichberechtigung von Mann und Frau vorweisen. Frau BRUNDTLAND plädierte für das „empowerment" der Frau in allen Ländern und auf allen Ebenen, mit einem Wort – für ihre Vollmacht. Zwischendrin reichte sie uns zur Erfrischung ein köstliches Bonbon, das in seiner persönlichen Note berührte und erheiterte:

„Mami, dürfen Männer auch Ministerpräsident werden?"

hatte sie ihr kleiner Sohn nach ihrer Ernennung gefragt. Inzwischen hat sie ihr Amt als Regierungschefin freiwillig niedergelegt und kandidiert für die Direktion der Weltgesundheitsorganisation in Genf, das wäre die erste Generaldirektorin in der Geschichte der WHO, und ich bin gespannt, ob sie es schafft. Als Ärztin und von diesem Standort meint sie vermutlich, umfassender wirken zu können, insbesondere für die Frauen in der Dritten Welt. Die Norwegerin BRUNDTLAND führte ab 1983 den Vorsitz bei der „Weltkommission für Umwelt und Entwicklung", eine von der UNO eingesetzte Kommission, die schließlich sogar nach ihr benannt wurde – „The Brundtland Commission", so stark und überzeugend scheint sie sich dort engagiert zu haben. Der inzwischen weltbekannte Begriff „sustainable development", den wir als „nachhaltige Entwicklung" bezeichnen, wurde von ihr eingeführt, und auch bei uns in Kairo hat sie ihn nachdrücklich verwendet und erklärt:

„Wir brauchen ein Wachstum neuer Qualität."

Sehen Sie, in diesem Wort profiliert sich der neue, weibliche Geist, auf den ich für die Zukunft setze. Obwohl es 1994 noch nicht die Pekinger Weltfrauenkonferenz war, sondern ein Jahr zuvor, so konnte ich doch hautnah die starke, solidarische, internationale Frauenbewegung in Erfahrung bringen. Mit schnellem Puls wurde referiert, und mit sehr viel Optimismus, das tat wohl! Die Frauen haben ihren Kampfwillen angemeldet, sich als Avantgarde fortschrittlicher Ideen erwiesen und ihren unerschütterlichen Glauben in Leuchtbuchstaben hinterlassen.

Bleiben wir in Frau BRUNDTLANDs Norwegen und beim Thema: Im September 1995 wurde dort die 32jährige SOLVEIG KREI zur ersten U-Boot-Kommandantin der Königlichen Marine ernannt, seitdem führt sie ihr Kommando über eine 24köpfige männliche Besatzung. Und nicht nur unter Wasser, auch in den höchsten Sphären sind die heutigen Frauen mit Erfolg aktiv geworden. 1996 kreiste die amerikanische Astronautin SHANNON LUCID ein halbes Jahr allein im All und brach die Rekordzeit einer anderen Frau, der Russin ELENA KONDAKOWA. Mit 188 Tagen Daueraufenthalt war die Amerikanerin länger als jeder männliche Kollege ihres Landes auf Raumreise und erhielt dafür am 1. 12. 1996 die höchste Verdienstmedaille – erstmals in der Geschichte des US-Raumflugs als eine Frau! Diese Wendung „erstmals in der Geschichte" hören wir heute in Zusammenhang mit dem starken Tun der Frau fast alle Tage.

Auch in der geistigen Welt, das noch mehr erfreut. Ein Glied im großen Reigen, aus dem nur einige genannt werden können, liefert uns das Ökumenische Institut des Weltkirchenrats, das Bossey-Institut bei Genf, denn „erstmals in der Geschichte" seines 51jährigen Bestehens hat es sich eine Frau als Leiterin erkoren, die aus Chicago kommende Theologin und christliche Sozialethikerin HEIDI HANDSELL, Januar 1997. Und aus dem sozial-karitativen Bereich auf höchster Ebene nenne ich die Japanerin SADAKO OGATA, die seit mehreren Jahren das UNHCR in Genf als Hochkommissarin leitet, es ist das „Hohe Flüchtlingskommissariat der UNO". Und auch die UNICEF in New York wird seit 1995 von weiblicher Hand geführt, CAROL BELLAMY, US-Amerikanerin. Drei Frauen in der INTERNATIONALEN FÜHRUNGSSPITZE außerordentlich wichtiger Bereiche! Sagt man nicht, daß Frauen über das größere Kommunikationsgeschick verfügen? …

Halt, noch eine vierte weibliche Stärke dieser Art reiht sich ein. Die irische Staatspräsidentin, Anwältin und Menschenrechtsexpertin MARY ROBINSON wird im September 1997 nach Genf umziehen. Der UNO-Generalsekretär will sie als Hochkommissarin an der Spitze der UN-Menschenrechtskommission sehen! Sie hat angenommen.

Meine lieben Freunde, anfangs meinte ich, der Feminismus sei eine plötzlich gereifte Frucht an den Zweigen unseres vielgestaltigen Jahrhunderts, und war erstaunt zu erfahren, daß er sehr viel älter ist. Auf französischer Seite gab es vor etwa 150 Jahren die für damalige Begriffe revolutionäre Ansicht eines CHARLES FOURIER, Philosoph und Ökonom, der in einem lockeren Gedankenschwung wie aus unseren Tagen formulierte:

> *„Die Harmonie einer zukünftigen idealen Gesellschaft wird verlangen, daß man mit gewissen Torheiten endgültig Schluß macht. Ich behaupte, daß die Frauen weder vom medizinischen noch vom pädagogischen Beruf ausgeschlossen werden dürfen, indem man*

sie damit zurück an ihre Kochtöpfe und Nähmaschinen verweist, denn das hat man bisher getan und damit die eigentliche Rolle der Frau in der Gesellschaft willkürlich beschnitten.

Nein! Die neue Zeit wird wissen, daß die Natur an beide Geschlechter in gleicher Weise Eignungen und Fähigkeiten für die Wissenschaft und Künste verteilt hat. Jene Philosophen, die das weibliche Geschlecht despotisch von bestimmten Beschäftigungen fernhalten wollen, sind am besten mit unseren Kolonialisten auf den Antillen vergleichbar, die ihre schwarzen Eingeborenen für so dumm halten, daß sie die Kunde verbreiten, diese stünden nicht einmal auf dem Niveau der Spezies Mensch."

(Charles Fourier)

Diesem alten Text lasse ich sogleich einen mehr als doppelt so alten folgen, dessen Autor sich bereits vor 320 Jahren die vollständig anerkannte Wert- und Chancengleichheit der Frau im beruflichen Leben vorstellen konnte. Deshalb haben ihn die heutigen Französinnen wieder hervorgeholt und bedienen sich seiner feministischen Visionen. Ich zitiere aus seinem Werk „L'égalité des sexes" (Paris 1675):

„Belächelt man schon die Möglichkeit, sich eine Frau auf einem Lehrstuhl für Rhetorik oder Medizin vorzustellen oder auf den Straßen schreitend Ordnung schaffend, gefolgt von ihren Kommissaren und Sergeanten, oder aus einem Gerichtsstuhl das Urteil verkündend, oder einem Parlament vorsitzend, oder eine Armee anführend, oder das Amt eines Priesters oder Staatsministers ausübend, dann wohl nur aus einem einzigen Grund – wir sind noch nicht daran gewöhnt."

(Poulain de la Barre)

Die Realität im heutigen Paris: Im Februar 1996 wurde im Palais de Justice eine Frau als Chefin in der Pariser Kriminalpolizei nominiert. Der attraktiven, blonden Madame MONTEIL unterstehen 125 Männer und 7 Frauen auf dem Felde der Kapitalverbrechen und des Terrorismus. Meinte DE LA BARRE nicht vor 320 Jahren schon, daß auch eine Frau Ordnung schaffen könne? ... Und im amerikanischen Staat Maryland befehligt seit 1995 Mrs. MEHRING als Polizeikommandantin über 1000

Polizisten und Polizistinnen. Man sagt, sie werde aufgrund ihrer Kompetenz und ihres Charmes sehr geschätzt.

Die genannten alten Texte zeigen uns, daß ihre Autoren mehr als Vordenker der Gleichberechtigung waren. Eines Tages, das wußten diese Propheten, wird es ein sehr klares weibliches Bewußtsein geben und eine Förderung der Frau, von der wir heute weltweit Zeuge werden.

Gewiß, in der Antike hat man längst schon Ausnahmefrauen bewundert, gefürchtet, geliebt und gehaßt, Frauen, die von Männern beneidet wurden, da sie politisch so dynamisch und so effizient waren wie sie selbst oder besser, und das in einer Welt der absoluten Männerdominanz. Es waren Frauen, die mit Königreichen spielten und weltgeschichtlich Weichen stellten, Frauen, die es verstanden hatten, Traditionen aufzubrechen, um sie kompromißlos fallen zu lassen. Einzelfälle, gewiß, aber die breit gefächerte Palette weiblichen Spitzenkönnens ist überliefert. Heute aber geht es nicht mehr um Einzelgestalten oder um Teilaspekte gesellschaftlicher Veränderungen, sondern es geht ums Ganze, und die Frauen gehen aufs Ganze! Doch bleiben wir noch bei den Ausnahmefrauen, von denen an dieser Stelle zeichenhaft einige genannt werden müssen.

Ich beginne mit meinem Heimatboden Ägypten, schaue zurück ins Alte Reich und finde die Friedenspharaonin HATSCHEPSUT (gest. 1468 v. Chr.), die mit fester Hand und hohem Sinn ausschließlich auf die wirtschaftliche und kulturelle Entwicklung ihres Landes gesetzt hatte. Mit genialer Begabung hat sie vor dreieinhalb Jahrtausenden Verwaltungs- und Handelspolitik betrieben, ihre großangelegten Schiffsexpeditionen über das Rote Meer zum Märchenlande Punt sind in Hieroglyphe, Papyrus und Relief überliefert. Wie viele Frachtschiffe mit exotischen Waren mag sie als Topmanagerin ihrer Zeit nach Ägypten dirigiert haben? Und alles auf friedlichem Wege! Unsere heutigen Touristen verdanken ihr eine der grandiosesten Tempelanlagen der Welt, Deir el-Bahari, ein Wunder antiker Baukunst unter dem gleißenden Licht des südlichen Himmels. Aber hier kommt es schon: Nach ihr setzte sich ein Mann an die Hebel der Macht, ihr Stiefsohn Tuthmosis III., der sich sogleich mit Grenzverschiebungen, sprich Feldzügen gegen die Nachbarländer, 17 an der Zahl, hervortat und den weiblichen Namen der HATSCHEPSUT gründlich aus allen Königskartuschen der Tempelwände bis hoch zur Spitze der beiden Großen Obelisken von Karnak herauskratzen ließ, und ihre Statuen wurden zerschlagen. Geistig überlebt hat jedoch sie, nicht er. Im Jahre 1902 wurde ihre Mumie gefunden.

Und wir haben die zu ihren Lebzeiten bis heute hochgerühmte Schönheit NOFRETETE (gest. 1260 v. Chr.), ihr Name bedeutet „Die zu uns kommende Schöne", aktive Mitregentin des Reformator-Pharaos Echnaton und nach seinem frühen Tod Alleinherrscherin über Ägypten. Vor allem aber hat sie die neue, erstmals monotheistische Religion leidenschaftlich mitgetragen und vermutlich sogar inspiriert. Man fragt sich, ob Moses Nofretete gekannt hat und sich von der Eingott-Religion überzeugen ließ nach dem Vorbild des Sonnengottes Aton. HATSCHEPSUT und NOFRETETE waren übrigens zwei der ganz wenigen Nil-Königinnen, die auch als Sphinx und damit als „Gottesgemahlin" dargestellt wurden, die Frau als Verkörperung der Göttlichkeit, die Frau im Priesterinnenamt! Das waren Ehrungen, die eigentlich dem männlichen Pharao vorbehalten waren. Kurz vor der Zeitenwende erschien die stolze KLEOPATRA, auch die Große genannt (gest. 30 v. Chr.), die als Griechin zur ägyptischen Königin avancierte, Armeen befehligte und römische Kaiser verführte. KLEOPATRA – ein Glanzbeispiel für starkes, weibliches Tun.

Nach diesen drei Frauengestalten am Nil stellvertretend drei Regentinnen in Europa, nach den Pharaoninnen eine Zarin, eine Kaiserin, eine Königin, denn schon früh hat die Frau beweisen können, daß sie alles vermag, wenn sie es darf, oder wenn die Erbpflicht es ihr abverlangt: die spanische Königin ISABELLA DIE KATHOLISCHE (gest. 1504), die große Kaiserin MARIA THERESIA (gest. 1780) und die russische Zarin KATHARINA II. (gest. 1796). Und hier reihen sich an die stärksten politischen Frauen unserer Zeit als Regierungschefinnen:

Nach der norwegischen Ministerpräsidentin GRO HARLEM BRUNDTLAND nenne ich GOLDA MEIR (gest. 1978), die erste

Ministerpräsidentin des Staates Israel, die schon als kleines Mädel in den USA ihre ersten wirbelnden Reden hielt – vorm Eingang der Synagoge, denn Zutritt als weibliches Wesen hatte sie keinen! INDIRA GANDHI (gest. 1984), Premierministerin von Indien, ihre Ermordung ist hinreichend bekannt. Man erinnert sich auch an ihre Warnung auf dem ersten Umweltgipfel in Stockholm im Jahre 1972: *„Die Armut ist der größte Umweltzerstörer."* KHALEDA ZIA kam im Jahre 1991 erstmals in der Geschichte Bangladeschs an die Regierungsspitze. SIRIMAWO BANDARANAIKE (geb. 1916) war schon zweimal Premierministerin von Sri Lanka. MARY ROBINSON ist seit mehreren Jahren Staatspräsidentin von Irland, eine sehr liberale Bürgerrechtskämpferin, die sich vornehmlich für die Rechte der Frauen starkmacht und dem konservativen Irland peinlich zusetzt. Zwei „Eiserne Ladies" kennen wir, MARGRET THATCHER, Premierministerin von Großbritannien, und TANSU CILLER, Ministerpräsidentin der Türkei. Kurze Zeit regierte KIM CAMPBELL als Premierministerin das Land Kanada. EDITH CRESSON wurde 1991 für kurze Zeit Premierministerin von Frankreich. Die politische Berg- und Talfahrt von BENAZIR BHUTTO, Ministerpräsidentin von Pakistan, macht Schlagzeilen, zweimal war sie oben, augenblicklich ist sie wieder einmal unten. Und die letzte Meldung kommt aus Südamerika: ROSALIA ARTEAGA bekam im Februar 1997 erstmals in der Geschichte von Ecuador als Frau das Präsidentenamt. Natürlich gab es noch mehr – etwa in Portugal und Polen – und wird es sie morgen geben – man füge sie gedanklich diesem bunten Reigen zu.

Und die Ministerinnen in der internationalen Szene! Wieder grüßt uns der Norden, denn eine Finnin, Elisabeth Rehn, war 1990–1994 die welterste Verteidigungsministerin. In Deutschland ist neben etlichen Ministerinnen auch der Bundestagspräsident weiblich! Bundeskanzler Kohl hat im Jahre 1994 die erst 28 Jahre junge CLAUDIA NOLTE ins Vierfachministeramt berufen (für Frauen, Senioren, Familien und Jugend), und sie sagt es allen, die es hören mögen oder nicht: *„Wir brauchen starke, emanzipierte Frauen!"* Sie hat sich sofort deutlich als Christin artikuliert und wurde als „wertorientiert" begrüßt, ihre Reden fanden bei der Menschenrechtskonferenz in Wien wie bei der Weltfrauenkonferenz in Peking entsprechende Beachtung. Präsident Bill Clinton hat im Dezember 1996 zum ersten Mal in der Geschichte der Vereinigten Staaten eine Frau ins Außenministeramt berufen, die frühere UNO-Botschafterin MADELEINE ALBRIGHT – *„eine politische Sensation, eine historische Tat"* schmetterte das *Echo*, und sie hat als Frau – fast möchte ich sagen logischerweise – den Umweltschutz zu einem Schwerpunkt ihrer Politik erklärt. Sie war keine 28jährige „mit Pepp und Charme" wie CLAUDIA NOLTE, sondern eine 60jährige Frau mit privatem Schicksal, dazu tschechische Immigrantin, die erst mit 11 Jahren mit ihren Eltern in die USA eingewandert ist. Aber heute ist alles möglich, das Schema F hat ausgedient, und die Tore stehen für weitere Überraschungseffekte offen. Mein drittes Beispiel für die Ministerin unserer Tage ist die französische Regierungsumbildung unter dem neuen Premier Lionel Jospin im Juni 1997, der gleich acht Damen um sich scharte. Mit einem Schlag hat er fünf Ministerposten und drei Staatssekretariate weiblich besetzt, dabei erstmals in der französischen Geschichte eine Justizministerin – ELISABETH GUIGOU. Auch die französische Arbeitsministerin MARINE AUBRY macht schon von sich reden. Und die Kultusministerin ist zugleich Regierungssprecherin. Nun besteht das Pariser Regierungskabinett zu fast einem Drittel aus Frauen – und das ist neu.

Ich schließe diesen Frauenreigen starken politischen Tuns, der andeuten soll, was das Stündlein geschlagen hat. Von „Außenseiterinnen" kann heute keine Rede mehr sein. Auch in der Natur- und Geisteswissenschaft gab es diese seltenen, fast exotischen Exemplare gelegentlich, zutiefst bewundert und zutiefst gefürchtet, wenn man sie nicht deckelte und ganz verschwieg. Genannt seien einige, denen wir besonderen Respekt und Dank zollen:

Meines Wissens gibt es bisher acht Nobelpreisträgerinnen für Literatur, und ich möchte sie mit dem Jahre der Preisverleihung alle nennen: die Schwedin SELMA LAGERLÖF (1909), die Italienerin GRAZIA DELEDDA (1926), die Norwegerin SIGRID UNDSET (1928), die Amerikanerin PEARL S. BUCK (1938), die Chilenin GABRIELA MISTRAL (1945), die Deutsch-Schwedin NELLY SACHS (1966), die Afro-Amerikanerin TONI MORRISON (1993) und die Polin WISLAWA SZYMBORSKA (1996).

Drei Beispiele hochkarätigen weiblichen Denkens und Schaffens: die beiden französischen Philosophinnen SIMONE DE

BEAUVOIR (gest. 1986) und SIMONE WEIL (gest. 1943). Besonders SIMONE WEIL ist für meine Begriffe etwas Ungeheuerliches und nahezu Unbegreifliches! Ein spirituelles Genie, das Pascal und dem hl. Johannes vom Kreuz mit leichter Hand das Wasser reicht. Und die deutsche Philosophin EDITH STEIN (gest. 1942). Man beachte Band V ihrer Werke: „Die Frau. Ihre Aufgabe nach Natur und Gnade."

Ein Sprung ins Jetzt und nach Südkorea. Dort lehrt an der Frauenuniversität (!) in Seoul die koreanische Theologin HYUNKYUN CHUNG das Fach „Weibliche Spiritualität", und es verlockte mich gelegentlich, sie in meinen Vorträgen zu zitieren. Da sie gleichzeitig in den USA lehrt und auf internationalen Kongressen „herumgereicht" wird, ist sie schnell bekannt geworden.

Und tun wir innerhalb der Geisteswissenschaft einen Sprung in die zeitgenössische weibliche Kunst, dann spüren wir auch hier, daß der Wind nicht nur aus einer Richtung bläst. Erfolgskünstlerinnen aller Sparten warten auf, Komponistinnen, Dirigentinnen, Malerinnen, Filmemacherinnen. Man denke nur an eine erst 23jährige Könnerin, die australische Regisseurin EMMA-KATE CROGHAN („Liebe und andere Katastrophen") oder an die Tunesierin MOUFIDA TLATLI, deren Film „Das Schweigen des Palastes" als bester Film des gesamten afrikanischen Kontinents preisgekrönt wurde. Preisträgerin eines „Goldenen Löwen" wurde auf der Biennale in Venedig 1997 die Indianerin AGNES MARTIN, ihre Malereien beherrschten das Zentrum des Hauptpavillons, und umgreifend wird gesagt, auf dieser Biennale seien die Frauen das starke Geschlecht.

Die Frau ist als Künstlerin nicht nur dabei, sondern in unzähligen Fällen heute führend. Auch in der Leitung des Kunstbetriebs, z. B. führt eine Französin, „eine gnadenlose, schimmernde Intellektuelle", CATHARINE DAVID, die DOCUMENTA X, die zehnte Weltausstellung der Gegenwartskunst (Kassel 1997). Erstmals eine Frau! Diese „Sibylle von Paris" lädt überdies zum Kunstdiskurs mit schöpferischen Geistern aus aller Welt und erwartet eine halbe Million Kunstpilger zum geistigen Ping Pong mit ihren Exponaten. Aus Indien höre ich von der Erfolgsautorin SHOBA DÉ, die innerhalb weniger Wochen drei Millionen ihrer frauenbewußten

Bücher verkauft und auf dem TV-Regierungskanal, das verdient besonderer Beachtung, eine mutige Serie laufen hat mit allabendlich 250 Millionen Zuschauern. Wieso das? Ihre Heldin ist die emanzipierte Inderin der hoffentlich nahen Zukunft.

Weibliche „Extravaganzen" in den Naturwissenschaften haben schon sehr früh eine Horizontmarke gegeben. Europas erste Universitätsprofessorin, die Italienerin LAURA BASSI, wurde bereits im Jahre 1776 – vor 220 Jahren! – Lehrstuhlinhaberin für experimentelle Physik in Bologna. Man stelle sich nur die Zeit vor, in der das geschah! Prominent war im Jahre 1903 die Chemikerin und Physikerin MARIE CURIE, denn sie erhielt – zumindest mit ihrem Mann gemeinsam – den Nobelpreis, und drei Jahre später lehrte sie bereits an der Sorbonne. Dieser Pionierin der Atomphysik wurde kürzlich vom französischen Staat die höchste Ehre zuteil: Ihre sterblichen Überreste nahmen feierlichen Einzug in den Ruhmestempel der Nation, das Pantheon, die nationale Begräbnisstätte in Paris. Dort ruht sie nun als erste und bisher einzige „Tochter Frankreichs" (obgleich polnischer Herkunft) neben den glorreichen „Söhnen der Nation". Vielleicht erinnert man sich auch an totgeschwiegene Koryphäen, z. B. soll eine gewisse ROSALIND FRANKLIN an der Entdeckung der DNA (Erbsubstanz) beteiligt gewesen sein, wurde aber neben ihren drei männlichen Kollegen konsequent übersehen.

Zeitungsnotizen aus Deutschland: Dort gibt es eine welterste Kirchenrechtlerin und eine welterste Liturgikerin, beide mit Lehrstühlen. Und: *„Erstmals in der 128jährigen Geschichte der Technischen Universität München konnten im Herbst 1996 zwei Schlüssel-Lehrstühle im Bereich der Ingenieurwissenschaften von Frauen besetzt werden. Die 38jährige Amerikanerin JEAN KAREN GROGORY bekam den Lehrstuhl für Werkstoffe und Maschinenbau und die 43jährige DORIS SCHMITT-LANDSIEDEL bekam den Lehrstuhl für Technische Elektronik."* Ferner höre ich von der deutschen Genforscherin CHRISTIANE NÜSSLEIN-VOLHARD, die im Jahre 1995 als erste deutsche Frau den Nobelpreis für Medizin erhielt. Nun gut, klagen die Feministinnen in Ungeduld, insgesamt ist die Frau in dieser gloriosen Runde noch nicht groß aufgefallen, denn den wenigen etwa 30 „Nobeldamen" steht ein stolzes Heer von etwa 650 „Nobelherren" gegenüber. Doch das wird sich in Windeseile ändern. Es läßt mich auch an unsere Kirchenlehrerinnen denken, nur zwei gibt es bisher, in Kürze drei, aber 32 Kirchenlehrer …

Weibliche Empfängerinnen des Friedensnobelpreises kenne ich bisher vier: den Engel der Armen, MUTTER TERESA VON KALKUTTA (1979), die jeden von uns ermahnt:

„Heiligkeit ist kein Luxus für wenige,
sondern Pflicht für alle!"

4000 Töchter hat sie in aller Welt an Elendsplätzen bereitgestellt, und ihr Orden trägt den schönsten Namen: „Missionarinnen der Nächstenliebe". Aber schon gleich zu Beginn der Verleihungen bekam im Jahre 1905 die Österreicherin BERTHA VON SUTTNER als engagierte Friedenskämpferin den Friedensnobelpreis.

„Die Waffen nieder!"

hieß ihr eindringlicher Ruf an die gesamte Welt. Mehrere Friedenskongresse hat sie organisiert, und die Stiftung des Friedensnobelpreises geht auf ihre Anregung zurück. In Birma haben wir heute die bewundernswert tapfere Wegbereiterin der Demokratie, die Oppositionsführerin AUNG SAN SUU KYI, die im Jahre 1991 mit dem Friedensnobelpreis geehrt wurde. Seit Jahren unter Hausarrest kämpft sie unbeirrt weiter für die Freiheit ihres Landes. Und wer kennt nicht die guatemaltekische Menschenrechtlerin RIGOBERTA MENCHÚ, eine wunderbare Quiché-Indianerin aus den Bergen (Mord an ihrem Vater erlebt, Folter am Bruder, Folter an der Mutter), die für ihren ethnisch-kulturellen Aussöhnungswillen im folgenden Jahr 1992 gleich den nächsten „weiblichen" Friedensnobelpreis bekam.

Preise hin und Preise her, groß ist die Zahl der Ungenannten und Unbekannten. Groß auch die weiblichen Gestalten unserer 2000jährigen Kirchengeschichte. Fabelhafte, wahrhaft inspirierte Ordensgründerinnen gab und gibt es, erfolgreiche Reformatorinnen, innerkirchliche „Managerinnen" und vor allem Mystikerinnen und Heilige, sehr viele Heilige! Am Himmel der Christenheit leuchten diese Sterne in großer Zahl und zeugen von der Seelenkraft und dem Genius der Frau. Ich greife einige heraus, viele strahlen wie gebündelt aus der selben Zeit, es ist die hohe Frauenmystik des Mittelalters. Kunde geben sie alle

„vom fließenden Licht der Gottheit
in den Herzen ohne Falsch".
(Mechthild von Madgeburg)

HILDEGARD VON BINGEN (gest. 1179), ELISABETH VON UNGARN (gest. 1231), BRIGITTA VON SCHWEDEN (gest. 1373). Etwas später TERESA VON AVILA (gest. 1582) und in der Neuzeit THERESE VON LISIEUX (gest. 1897), die am 19. 10. 1997 zur dritten Kirchenlehrerin erhoben werden wird, und die Selige aus unseren Tagen, EDITH STEIN (1942 in Auschwitz vergast, nachdem sie 1939 Gott ihr Leben angeboten hatte *„als Sühne für den wahren Frieden"*). Bitte Herr, nach all dem, was wir uns hier vergegenwärtigt haben, laß mich nicht glauben, was ich schwarz auf weiß geschrieben fand: Wie konnte der große Grieche Johannes Chrysostomos (gest. 407), der so bedeutende Aussagen gemacht hat wie „DER BETENDE MENSCH HÄLT DAS STEUER DER WELTGESCHICHTE IN SEINEN HÄNDEN" und den die Kirche heiligsprach, wie konnte derselbe Mann sich so abscheulich über die Frau auslassen: „UNTER ALLEN TIEREN FINDET SICH KEIN SCHÄDLICHERES ALS DIE FRAU." Männerängste dieser Art finden sich auch bei deutschen Philosophen in ordentlicher Sprachgewalt. Woher rühren sie?...

Stellvertretend für unzählige, unbekannt gebliebene Frauen, die zu allen Zeiten in selbstvergessenem Elan und Edelmut ihre volle Lebenskraft an die Mitmenschen vergaben, nenne ich nur drei: die Engländerin FLORENCE NIGHTINGALE (gest. 1910), die erste Krankenpflegerin mit Volleinsatz und mit System, Gründerin eines ersten Ausbildungszentrums für Krankenschwestern. Erstmals in der Geschichte wurde sie als Frau mit einem Verdienstorden dekoriert – zu einer Zeit, in der doch Orden nur den Männern vorbehalten waren! Dann die Französin MADELEINE DELBRÊL (gest. 1964), verehrt als erste couragierte Frau in der City-Seelsorge in Ivry, und das im schwierigsten, atheistisch-kommunistischen Pariser Vorstadtmilieu. Das Hauptanliegen ihres Lebens: *„Gottes Einwurzelung in unseren Alltag."* Als Laie hatte sie Christus *„die bedingungslose Verfügbarkeit für die Anliegen des*

Evangeliums" angeboten. Heute zählt sie zu den Zentralgestalten zeitgenössischen Christentums in Frankreich, denn sie lebt in ihren bedeutenden spirituellen Schriften weiter, die inzwischen in vielen Sprachen der Welt meditiert werden. Auch ich zitiere diese moderne Mystikerin gelegentlich bei meiner Vortragstätigkeit, denn ich empfinde sie als eine Modellgestalt zukünftigen Christseins.

Als drittes Beispiel sei hier die religiöse Leidenschaft der Italienerin CHIARA LUBICH genannt (geb. 1920), Empfängerin des UNESCO-Preises für Friedenserziehung 1996, womit ihre 1943 gegründete internationale und ökumenische Fokolarbewegung wieder einmal breit gefächert in die Medien kam. Ihre ordensähnliche christliche Gemeinschaft nahm mittlerweile ein gigantisches Ausmaß an, 100.000 Mitglieder und schätzungsweise 1,7 Millionen Anhänger in aller Welt. Und hinter alledem eine einzelne überzeugte Frau, deren Herzensmotiv das Jesuswort ist „LASST ALLE EINS SEIN, DAMIT DIE WELT GLAUBT" (Joh 17,21). Der neue Baseler Bischof Kurt Koch hat für diese außergewöhnliche Frau, die in 185 Ländern aktiv ist, gesagt:

> *„Chiara Lubich ist für mich das schönste Beispiel dafür, wie Frauen ihre Charismen entfalten und sie für die ganze Kirche fruchtbar machen können. Daß so ein weltweites Werk auf die Initiative einer Frau zurückgeht, ist für mich ein sprechendes Zeichen der heutigen Zeit, in dem ich den Geist Gottes am Werke sehe."*

Vermutlich ist Ihnen das DEUTSCHE KINDERMISSIONSWERK in Aachen ein Begriff. Als langjähriger Leiter der ägyptischen Caritas habe ich dort viele Male vorgesprochen und bin immer auf großzügige Bereitschaft zur Beteiligung an unseren dringenden Kinderprojekten gestoßen, insbesondere für die Alphabetisierungskampagne für Frauen und Mädchen. Den meisten unter uns wird der Name AUGUSTE VON SARTORIUS nichts sagen, und deshalb will ich ihn hier erwähnen. AUGUSTE war ein zwölfjähriges deutsches Mädchen, das in Mit-Leid weinte, wenn es von afrikanischen Sklavenkindern und von den kleinen, unerwünschten, verstoßenen und mißhandelten Chinesinnen am anderen Ende der Welt hörte. Es ließ diesem Kinderherzen keine Ruhe, bis es verstand, daß es etwas zu tun gab. Im Jahre 1846 ist das KINDERMISSIONSWERK aufgrund von AUGUSTEs unaufhörlichen Impulsen gegründet worden, und dieser Baum der Liebe blüht seit 150 Jahren fort... (Spendenaufkommen in ständiger Millionenhöhe).

Nun will ich Ihnen, meine lieben Freunde, am Ende dieses Kapitels über das starke Tun der Frau gestehen, daß ich mit einer starken Frau reise. In meinem Köfferchen befindet sich seit Jahr und Tag das Porträt der KLEINEN THERESE VON LISIEUX. Ihr übertrage ich meine Anliegen, denn ihr Tun ist stark, sehr stark, das wissen und erfahren mit mir unzählige Menschen in allen Teilen der Welt. Dieses Mädchen, das mit 24 Jahren in einem Kloster starb, hat in seiner kurzen Lebensspanne das Leben von Tausenden gelebt und überholt, denn *„es trug die Unendlichkeit im Herzen"*, wie Julien Green es nannte. Ich fühle, daß die KLEINE THERESE alles Wesentliche unserer Existenz erfaßt hatte. Alles. Restlos. Ihr konzentriertes, ganzheitliches Sein wurde zum denkbar stärksten Tun – überzeitlich wirksam.

„Ich finde es nicht der Mühe wert,
die Dinge halb zu tun."

(hl. Therese von Lisieux)

Kapitel 2

NUR EINE FRAU

In einem Interview 1995 beschwor die international bekannte Frauenforscherin GERDA LERNER, die in den USA seit drei Jahrzehnten konsequent kämpft und konsequent glaubt:

„Wenn sich die Gleichberechtigung der Frau durchsetzt, dann werden wir das nächste Jahrhundert überleben."

Denn noch immer gähnt ein peinlicher Abgrund zwischen den diversen Absichtserklärungen großer Konferenzbeschlüsse, feierlich unterzeichnet und damit einem Kurswechsel zustimmend, und der realen Existenznot der Frau im physischen und psychischen Bereich. Auf dem Papier besitzen die Frauen immerhin offizielle Anerkennung ihrer Rechte und die Bestätigung ihrer Würde..., das sich allein dem sich immer heftiger artikulierenden weiblichen Selbstbewußtsein verdankt. Geschenkt bekamen sie nichts. Eine indische Braut sagte zu einem ausländischen Fernsehjournalisten:

„Wir erwarten von den Männern nichts. Eigentlich gar nichts."

Auch Unterzeichnungen der Allgemeinen Erklärung der Menschenrechte haben die Frauen listenweise gesammelt und in Ordnern verwahrt, und die in diese Sache involvierten Männer möchten aus diesem Grunde schon vom etablierten Recht der Frauen sprechen: *„Hergeschaut! Ein verankertes Grundrecht!"* Doch Papier ist bekanntlich unendlich geduldig...

Nehmen wir Indien. Dort steht die Gleichberechtigung der Frau schon länger auf dem Papier als in der Schweiz, die Wahrheit aber gibt ein verheerendes Bild von Ungleichheit und menschenverachtender Erniedrigung der weiblichen Person. Und nicht nur dort, sondern im Süden wie im Westen, im Mittleren wie im Fernen Osten, in den streng islamischen Gesellschaften wie in den frei-natürlichen animistischen Kulturen, in den christlichen, demokratischen Staaten wie in den Ländern der heute vielgepriesenen asiatischen Spiritualität. Überall!

Die oft zitierte Konklusion der UNO-Konferenz-Papiere der II. Weltfrauenkonferenz in Kopenhagen vom Jahre 1980 nährt noch immer die Willenskraft und Kampfbereitschaft der Frauen, weil sich im Gros seit 17 Jahren wenig verändert hat, *„die eingefleischten Machos"*, sagen die Enttäuschten, *„agieren noch immer nach der alten Masche"*. Das besagte Zitat über die FRAUENARMUT:

> *„Die Frauen der Welt leisten zwei Drittel der Arbeit und erhalten dafür nur ein Zehntel des Welteinkommens und verfügen nur über ein Prozent Besitz."*

Was bedeuten uns die Internationalen Menschenrechte als geschriebenes Wort, wenn in der Praxis sorglos in Millionenfällen diskriminiert und gegen das weibliche Geschlecht grausam gesündigt wird? Eine Bekanntgabe von 1996:

> – MILLIONEN FRAUEN werden weltweit zu Invaliden geschlagen, zu Tode gesteinigt, in Racheakten erstochen oder bei lebendigem Leibe verbrannt. – MILLIONEN MÄDCHEN sterben an Gewaltakten gegen sie oder an den Folgen allgemeiner Diskriminierung. – MILLIONEN KINDER, vorwiegend Mädchen, werden in Asien, Lateinamerika und Afrika sexuell ausgebeutet, sie sind lebenslang psychisch geschädigt und in wachsender Zahl mit AIDS infiziert. Wie einst die schwarzen Sklaven werden sie heute für die Prostitution entführt, verkauft, verladen, eingesetzt – und zugrundegerichtet. – MILLIONEN FRAUEN, vorwiegend in Afrika und einigen asiatischen Ländern, müssen die qualvolle Verstümmelung durch die Zwangsbeschneidung erleiden. – MILLIONEN FRAUEN und MÄDCHEN werden bei bewaffneten Auseinandersetzungen zum Sachwert Kriegsbeute degradiert und vergewaltigt. Eine Anklage von 1993 lautete: In Bosnien-Herzegowina sind 35.000 Mosliminnen im Alter von 7–80 Jahren vergewaltigt worden. In Afrika wird die Vergewaltigung der Frau auch in Friedenszeiten als wirksames Mittel zur Demütigung in Streitfällen eingesetzt.

Wenn ich mir das alles vergegenwärtige – und ich bitte Sie, dasselbe zu tun –, dann denke ich an den Titel eines Vortrags der Wiener Rundfunkjournalistin DOLORES BAUER, den sie vor zwei Jahren in Österreich gehalten hat:

„VERGIB IHNEN NICHT,
DENN SIE WISSEN, WAS SIE TUN."

Diese Formulierung eines auf den Kopf gestellten Jesus-Zitats hat mich lange beschäftigt. Ist sie nicht der stärkste Schrei eines schmerzenden Mit-Leids und einer persönlichen Empörung?

Der Westen ist von der Diskriminierungssünde nicht ausgenommen, ich denke an das mir am besten bekannte Frankreich. Dort hat eine Untersuchung ergeben, daß 34 Prozent der Ehemänner ihre Frauen regelmäßig schlagen, über die Dunkelziffer mag ein jeder selbst reflektieren und auch über die Schwere der Fälle. Da fliegen Fäuste und Möbelstücke, es wird gewürgt und getreten, die Unfallstatistiken von Hospitälern geben Auskunft über die Zahlen von Rippenbrüchen, Messerstichen, Platzwunden am Kopf – nächtliche Dramen in den Schlafzimmern Europas, Tragödien, von denen kein menschliches Auge Zeuge ist, und das im aufgeklärten und liberalen Westen! Hunde und Katzen werden dort keineswegs malträtiert, sondern in Millionenexemplaren verhätschelt, aber eine Frau ist nur eine Frau ... Während der Pekinger Weltfrauenkonferenz 1995 hat man auf einem sechsstündigen „Menschenrechtstribunal" 20 Frauen gehört, darunter eine Irin, die täglich und jahrelang von ihrem Mann geschlagen und gefoltert wurde. Die brutale Gewalt, mit der man gegen die Frauen insgesamt vorgeht, entzieht sich jeder Vorstellungskraft, es ist unfaßbar, und daher muß der weltweite Befreiungsprozeß unterstützt und gesegnet werden.

Ich weise mit dem Zeigefinger nicht auf Europa, ohne die häusliche Gewalt in unseren ägyptischen Familien zu denunzieren. Im Februar 1997 hat die Kairoer Tageszeitung „Al Ahram" (Die Pyramiden) das Ergebnis einer lange unter Verschluß gehaltenen Umfrage veröffentlicht. Demoskopisch belegt: Jede dritte Ehefrau wird verprügelt. Doch das Ärgste ist wohl der Kommentar der Betroffenen: 86,4 Prozent von ihnen empfindet das als normal, vor allem dann, wenn sie ihren ehelichen Pflichten nicht nachkommen wollen. (Authentische Aussagen!)

Dieses menschlich Widersinnige reicht zurück bis in biblische Zeiten. Heute lesen wir solche Schreckensszenen in ihrem Zeitrahmen und soziologischen Kontext. Wir denken an die Nomadenkulturen mit ausgeprägt patriarchalischen Lebensregeln und wissen, das Alte Testament hat nun mal diese geographischen Breiten als Schauplatz und reflektiert seine damalige Epoche und keine andere. Deshalb empört uns der Wahnsinn heutiger Frauendiskriminierung umso mehr, wenn im 20. Jahrhundert und fast im 21. noch an diesen antiken Mustern festgehalten wird. Auch die Aussagen des hl. PAULUS „gegen" die Frau sind heute für viele schmerzbereitend, selbst wenn seine Briefe mit geschichtsorientierten Augen gelesen werden und im klaren Wissen, daß sie nicht an die heutige Frau gerichtet sind.

In seinem ersten Korintherbrief befaßt er sich mit der absolut verpflichtenden Unterordnung der Frau unter den Mann und bezieht sich dabei auf die Erschaffung des Menschen: *„Der Mann ist das Abbild und der Abglanz Gottes, die Frau aber ist der Abglanz des Mannes. Der Mann stammt nicht von der Frau, sondern die Frau vom Mann. Der Mann wurde auch nicht für die Frau erschaffen, sondern die Frau für den Mann." (1 Kor 11,7-9)* Und im Brief an die Epheser müht er sich um eine neue, christliche Familienordnung: *„Einer ordne sich dem andern unter in der gemeinsamen Ehrfurcht vor Christus. Ihr Frauen, ordnet euch den Männern unter wie dem Herrn Christus, denn der Mann ist das Haupt der Frau wie auch Christus das Haupt der Kirche ist. Wie aber die Kirche sich Christus unterordnet, sollen sich die Frauen in allem den Männern unterordnen." (Eph 5,22-24)*

Meine lieben Freunde, jede Trauzeremonie der koptischen Kirche nährt in Ägypten bis zum heutigen Tage den Männlichkeitskult mit dieser PAULUS-Lesung, und dieser bräuchte in unserem Land wahrhaftig keine Unterstützung und Absegnung durch die Kirche, weil er schrankenlos blüht. Völlige Unterwerfung, lebenslange Ergebenheit und Abhängigkeit vom Mann. Seit Jahrtausenden wird den Frauen gesagt, daß sie zweitrangig sind und sich deshalb zu unterwerfen haben. Die Frau unterliegt einer vollkommen anderen Betrachtungsweise als der Mann, und das ist bereits die im wahrsten Sinne des Wortes „verdammte" Ungleichheit.

Nehmen wir den Ehebruch im Alten Testament, der uns später in der unvergleichlichen Szene mit Jesus neu begegnet, vom Gesetz her unverändert, doch geistig verwandelt. Und man versetze sich beim Lesen der Verurteilung der Frau zugleich in die Sitten des Alten Orients, wo ein Mann alles besitzen durfte, erkaufte Ehefrauen (der Preis am Kaufpreis von Nutzvieh gemessen), Nebenfrauen, Konkubinen, Sklavinnen, Dienerinnen, denen gegenüber er sich als Mann sämtliche Freiheiten nahm. Hören wir:

> *„Das ist das Eifersuchtsgesetz für den Fall, daß eine Frau ihren Ehemann betrügt (...), dann ist dieser fremde Mann von seiner Schuld frei, die Frau aber muß die Folgen ihrer Schuld tragen."*
>
> (Numeri 5, 29-31)

Einer Frau wird, wenn man diesen Text vollständig liest, die Möglichkeit, ihren Ehemann rechtens oder fälschlichwerweise des Ehebruchs zu verdächtigen oder anzuklagen, überhaupt nicht erst zugestanden. Die juridische Situation der Frau unter dem israelitischen Gesetz war ungleich schlechter. Heute hören wir kaum Besseres aus manchen Teilen Lateinamerikas. Dort duldet ein offizielles Gesetz die Ermordung der Frau durch ihren Mann, wenn er sie beim Ehebruch überrascht. Umgekehrt aber, so berichten Vertreter der UNO-Entwicklungsorganisation, gibt es keine Entschuldigung. Auf Ehebruch steht der Tod.

Gehen wir in unserer Bibel nach vorn bis zur Anklage der Ehebrecherin im Neuen Testament. Hätte man diese Verzweifelte nicht zu Jesus getrieben, um neugierig sein Urteil zu hören, so hätte jene Männergruppe sie augenblicklich gesteinigt. Und ich suche jemanden in dieser dramatischen Szene auf Leben und Tod, ich suche den Liebhaber der Frau, denn sie hat wohl den Ehebruch nicht allein begangen. Weshalb hetzt man sie allein zur Hinrichtung durch die Straßen, und er macht sich unbehelligt aus dem Staub?

Kommen Sie mit ins heutige Ägypten: Ein junges Mädchen, das mit einem Burschen „gesündigt" hat, kann auf der Stelle und in der brutalsten, ja grausamsten Weise vom eigenen Bruder getötet werden, um die besudelte Familienehre wieder reinzuwaschen – mit seinem Blut. Ort des Geschehens: unsere Dörfer im Delta und entlang des Nils. Eine Ordensschwester, die in dieser Region arbeitet, hat es einmal miterleben müssen und gab mir ihren persönlichen Bericht:

Die noch unverheiratete Fünfzehnjährige war mit einem jungen Mann in einem Zuckerrohrfeld ertappt worden. Die zu Tode Erschrockene und schreiend Fliehende wurde von den Zeugen gepackt und, bis in den elterlichen Hof getrieben, vor ihren Vater gebracht. Der Vater rief den Sohn, und dieser wußte, was jetzt zu tun war. Unverzüglich schnitt er der Schwester die Kehle ein, so wie man es ständig mit den Hühnern zu tun pflegt, die sich dann jämmerlich zu Tode zappeln. Ebenso wurde das junge Mädchen blutüberströmt vor den Augen der Umstehenden auf dem Hof umhergehetzt, taumelnd Halt suchend an dieser oder jener Hauswand, bis es tot in sich zusammensackte. Ritual beendet. Niemand hatte eingegriffen, niemand vergab, sondern im Gegenteil, schreiend und anfeuernd wurde dem Bruder noch applaudiert, denn beim Eintritt des Todes war die Familienehre wieder hergestellt. Auch in dieser Szene suche ich den Mann, den Verursacher dieses menschlichen Dramas. Wen interessiert er? Am kommenden Tag wird er ein anderes Mädchen verführen, und kein Hahn kräht nach ihm.

Diese Tötungen, „Crime d'honneur", werden wohlgemerkt nicht vom islamischen Recht gefordert, sondern sind schreckliche Volkstraditionen, die im gesamten Mittelmeerraum vorkommen. *„Mit diesem Akt bewertet man das Opfer und nicht den Schuldigen"*, hörte ich kürzlich die jordanische Anwältin Souheil el-Tall auf dem Arabischen Frauenkongreß im Libanon, Juli 1995, über die „Crimes d`honneur" sagen. Endlich, dachte ich, werden diese Skandale öffentlich beim Namen genannt, endlich ist es so weit! Am 8. 11. 1995 war in unserer englischsprachigen „Egyptian Gazette" zu lesen, daß selbst im Kairoer Stadtbezirk Imbaba eine 30jährige Frau ermordet aufgefunden worden war. Ihr Bruder gestand der Polizei, daß er den „Lebenswandel" der vor kurzem geschiedenen Schwester nicht dulden wollte. Mit 20 Messerstichen hat er dieser „Schande" ein Ende gemacht. Und die

Männer? Sie prahlen mit ihren Abenteuern, und je toller sie es treiben, umso angesehener sind sie. Die Frau handelt sich den Tod damit ein – der Mann Bewunderung.

Die Brücke zu dem nun folgenden Buchzitat des Syrers BASSAM TIBI aus „Die Verschwörung" (1993) werden Sie selber schlagen. Dieser Intellektuelle, Professor für Internationale Politik, hält Vorlesungen und Vorträge in der weiten Welt und zeigt, wie bunt die schaurige Palette der Diskriminierung ist und zu welchen Auswüchsen es gegenwärtig noch kommt:

> *„Das Emirat von Kuwait wird seit 1756 nach dynastischen Prinzipien von der al-Sabah-Familie regiert, die aus 1.500 Prinzen und Prinzessinnen besteht, der Emir selbst jedoch, Djaber al-Sabah, beteiligt sich so gut wie nie an den politischen Gesprächen des Clans. Er habe keine Zeit für Politik, sagen die Kuwaitis, da ihn seine meist weniger als eine Woche währenden und allwöchentlich neu geschlossenen Ehen mit jungfräulichen kleinen Mädchen, die aus den benachbarten arabo-islamischen Ländern importiert werden, voll in Anspruch nehmen."*
>
> (Bassam Tibi)

Das ist kein Märchen aus 1001 Nacht und auch nicht Altes Testament. König Salomo *„hatte 700 fürstliche Frauen und 300 Nebenfrauen"*, lesen wir in unserer Bibel (1 Kön 11,3). Nach islamischem Recht kann sich ein Mann durch die dreimalige Wiederholung der Formel ICH VERSTOSSE DICH im selben Augenblick scheiden lassen, ohne daß er auch nur einen einzigen Grund vorzubringen hätte. Die Frau dagegen muß vor Gericht nachweisen, daß ihr Mann sich in seinem Verhalten gegen das Gesetz verschuldete. Erst dann kann sie sich – vielleicht – von ihm trennen. Da die Verstoßung der Frau tatsächlich im Blitzvollzug gesagt und getan ist, fürchtet sie, eines heiteren Tages plötzlich ausgesetzt zu werden, mittellos und allein. Deshalb trägt sie bei Tag und Nacht ihren gesamten Schmuck am Körper. Denken Sie einmal daran, wenn Sie im Orient reisen und die beschwerlich dicken Silber-Fußringe, die vielen Armreifen oder die glitzernden Goldblechmünzen an den Gewändern bewundern.

JEHAN SADAT bringt in ihrer Autobiographie starke Szenen zur Vielehe in Ägypten. Ein Mann durfte sich in jedem Stadtteil eine Ehefrau halten, ohne Verpflichtung, diese davon in Kenntnis zu setzen. Einst war ein Mann in einem Mietshaus auf zwei Etagen verheiratet, und erst nach seinem Tod erfuhren die Frauen durch die Verwirrung stiftenden Kondulenzbesuche voneinander. Im Jahre 1976 hatte Präsident SADAT diesen und jenen frauenfeindlichen Gesetzespassus abschaffen können, z. B. die Polizeigewalt über fliehende Ehefrauen und ihre gesetzliche Inhaftierung.

Die fortwährende Begünstigung der Männer ist Teilbestand des Lebens der Dritten Welt. Können Sie es für möglich halten, daß in den Gefängnissen Indiens Frauen die Strafen für ihre Ehemänner, Brüder, Onkel oder Vettern absitzen? Von zehn inhaftierten Inderinnen, sagt man, büßen acht für eine fremde, männliche Schuld. Ich habe das aus einer Schweizer Zeitung, in die Gerichtsakten geschaut habe ich nicht, aber es würde ins Bild passen. Doch die sogenannten „Küchenunfälle", die in Wahrheit grausame Mitgiftmorde an jungvermählten Frauen sind, deren Väter sich als nicht zahlungskräftig erweisen, sind verbucht und weltweit bekannt geworden. Allein im Jahre 1994 soll es 5000 dieser „Unfälle" am brennenden Herd, *„wo doch der duftige Sari so leicht Feuer fängt"*, gegeben haben, zwei pro Tag in Neu Delhi, hieß es 1996. Die Unglücklichen werden gefesselt, mit Kerosin übergossen und lebendig verbrannt, um dem Sohn des Hauses den Weg frei zu machen für eine lukrativere Heirat. Ich möchte Sie sehr bitten, hier nicht an der Zahl 5000 hängen zu bleiben, sondern sich einen einzigen dieser Fälle mitdenkend und mitfühlend ins eigene Herz zu schreiben.

Einige von Ihnen werden Ägypten besucht haben, und gewisse Straßenbilder, die Ihnen hoffentlich nicht nur als pittoresk und fotogen willkommen waren, werden noch in Ihnen lebendig sein. Da lief neben Ihnen eine hochschwangere Frau, auf ihrem Kopf einen prall gefüllten Korb, ein Kind auf der linken Hüfte, ein zweites an der rechten Hand, ein drittes im Bauch, zwei weitere in ihrer unmittelbaren Nähe herumturnend, gefährdet im chaotischen Straßenverkehr – und hinter ihr gemächlich schlendernd, stolz erhobenen Hauptes der Mann. Mit freien Händen! Und in seiner ganzen Manneswürde! WIE LANGE NOCH? frage ich mich bei diesen Alltagsszenen. WIE LANGE NOCH? WIE LANGE NOCH?

Auch die Vorgänge in den Familien daheim empören mich. In unserer französischsprachig geprägten Kairoer Jesuitenschule, dem Collège de la Sainte Famille, an der TEILHARD DE CHARDIN einige Zeit Lehrer war, kommen die Kinder aus dem sogenannten besseren Milieu, so daß man von ihnen wohl ein etwas vernünftigeres Verhalten erwarten dürfte. Wer sie aber privat erlebt, kann das nicht feststellen. Da lümmeln die Burschen auf Sesseln und Sofas herum und befehlen der abgearbeiteten Mutter wie einer Dienstbotin, ihnen eine Cola aus dem Kühlschrank zu bringen. Kein „bitte“, kein „danke“, und die Mutter läßt alles stehen und liegen, um dem Sohn zu gehorchen. Und seiner 18jährigen Schwester kann ein 10jähriger Bub verbieten, das Haus zu verlassen, wenn es ihm so beliebt. Oder er schreibt ihr die Kleidung vor. Sie gehorcht, denn der Befehl kommt aus einem männlichen Mund. Das sind beizeiten geübte Pascha-Allüren des männlichen Geschlechts. Frühprägungen.

Ein drittes Beispiel aus Ägypten: Da kam eine fahlgesichtige, nervöse Studentin zu mir: *„Mein Pater, ich bitte Sie um die Absolution, denn ich habe mich vergessen, ich bin durchgedreht, habe geschrien und bin aus dem Haus gelaufen. Um fünf Uhr morgens muß der Frühstückstisch für meinen Vater und meine drei Brüder gedeckt sein, dann der große Haushalt, den die Mutter versorgte, als sie noch lebte, dann die ständige Hetze zur Uni, nach den Vorlesungen die langwierigen Einkäufe am Markt, das Kochen und Vorkochen, die liegenbleibende Wäsche – ich komme nicht nach! In meinen Büchern kann ich nur noch nachts arbeiten, mir bleiben nur wenige Stunden unruhigen Schlafs – ich bin fertig!“* Das Mädchen war außer Atem. Ich hielt sie mit der Frage auf: *„Und Ihre drei Brüder?* Welche Arbeiten übernehmen sie in dem großen Haushalt?“ Sie war sprachlos. Mit weit aufgerissenen Augen sagte sie:

„Aber wieso meine Brüder? Das sind doch Männer!“

Die Männer des Orients recken die Hälse und spielen die Prinzen, denen die Frauen zu dienen haben – bis zum Zusammenbruch und darüber hinaus. Die Frau leidet. Hier ist es nicht nur das physische Erschöpfungsleid, sondern zusätzlich eine seelische Quälerei.

GHASSAN ASCHA, ein liberal denkender Islamologe und selbst Moslem, hat im Westen ein Buch veröffentlicht unter dem Titel „Der niedere Status der Frau“ (Paris 1987). Hier werden uns über 200 Seiten von extremer Dichte geboten, auf denen ein profunder Kenner der Situation mit reichen Referenzangaben die ungeschminkte Wahrheit präsentiert, die nicht schwärzer sein könnte. Unter Angabe vieler anderer moderner moslimischer Autoren, lebendiger Zeitzeugenaussagen und aktueller Presseberichte und ausgehend von islamischen Grundtexten wie dem Koran und der Sunna will er aufzeigen, wie sehr die Frau in ihrer religiösen und sexuellen Existenz benachteiligt wird und wie auch in allen anderen Lebensbereichen ihr Unterlegenheitsstatus ständig aufs neue gepflegt und genährt wird. So erinnert er unter Nennung der entsprechenden Korantexte an das Erbrecht der Frau:

> *„Hinsichtlich eurer Kinder hat Allah folgendes verordnet: Männliche Erben sollen so viel haben wie zwei weibliche.“*
>
> (Koran 4, 12)

An dieser Stelle mahnt GHASSAN ASCHA, man solle sich einmal in allem Umfang vorstellen, wie sehr diese wenigen Zeilen die männliche Mentalität der arabischen Welt und die Verhaltensweise gegenüber der Frau geprägt haben. Denn hier greift ja eines ins andere, auch die Aussage einer Frau vor Gericht wiegt dann nur halb so viel wie die eines Mannes:

> *„Und nehmt zwei Männer aus eurer Mitte zu Zeugen. Sind aber zwei Männer nicht zur Stelle, so bestimmt einen Mann und zwei Frauen, die sich eignen zu Zeugen. Irrt sich dann eine, so kann die andere ihrem Gedächtnis nachhelfen.“*
>
> (Koran 2, 283)

Aus dem Munde eines moslimischen Islamologen (!) ergibt sich damit ohne jeden Zweifel, daß die Ungleichheit der Geschlechter vor dem Gesetz in islamischen Grundtexten zu finden ist und aus dieser Quelle gerechtfertigt wurde. Eine weitere Sure: *„Männer sollen vor Frauen bevorzugt werden, weil Allah auch die einen vor den andern mit Vorzügen begabte und jene diese erhalten. Rechtschaffene Frauen sollen gehorsam, treu und verschwiegen sein, damit auch Allah sie beschütze. Denjenigen Frauen aber, von denen ihr befürchtet, daß sie euch durch ihr Betragen erzürnen, gebt Verweise, enthaltet euch ihrer, sperrt sie in ihre Gemächer und züchtigt sie. Gehorchen sie euch aber, so sucht keine Gelegenheit, gegen sie zu zürnen, denn Allah ist hoch und erhaben." (Koran 4,35)*

Ägypten ist mein Geburtsland, meine lieben Freunde, und ich kenne den Orient. Ich weiß, was hier unter dem Thema Frau gespielt, gelitten und leider geglaubt wird. Ich weiß, daß schon in der Kindheit der Bruder die Schwester bedenkenlos schlägt, warum sollte er seine spätere Ehefrau besser behandeln? Ich will hier nichts verallgemeinern, Ausnahmen der Menschlichkeit gibt es überall. Dennoch, ein Gesellschaftstypus, der nach solchen archaischen Rollenmustern den Alltag inszeniert, schafft frühzeitig dem Mann massive Vorrechte, die in der Praxis noch über die genannten Korantexte hinausschießen. Das Gute im Koran sähe man gern im Alltag verwirklicht! Gewiß ist, daß es der moslimischen Frau wesentlich besser ginge, wenn man konsequenter auf Allahs Stimme hörte. Das Problem ist sehr vielschichtig, sehr kompliziert und komplex und über den weiten arabischen Raum gestreckt länderweise verschieden. Bei näherem Studium findet man sogar vier Kategorien von Frauen, deren Rechte der Koran als viermal voneinander verschieden beschreibt! Der gemeinsame Nenner: Die Mosliminnen betrachten sich im allgemeinen als dem Manne gleichwertig vor Allah, aber ungleichwertig und ungleichberechtigt vor dem Gesetz. An diesem Punkt hat der Selbstbefreiungsprozeß der orientalischen Frauen eingesetzt, und die arabische Frauenbewegung ist voll im Gang.

Ausgehend von einer negativen Auffassung über den Begriff der weiblichen Intelligenz hat der Islam, wie auch das Christentum, die Frau als ungenügend begabt ausgewiesen. Im „Hadith" bestätigt der Prophet MOHAMMED diese Tatsache, und ich gebe sie Ihnen im arabischen Original:

„Fa innayonna naquisat aqlan wa dinan",

übersetzt: *„Den Frauen mangelt es an beidem, an Verstand und an Gottesfurcht"*, eine andere Übersetzung entschied sich für: *„Den Frauen mangelt es an beidem, an Verstand und an Barmherzigkeit."* Auch das Christentum, sagte ich, ist an dieser Weltschuld beteiligt, die schon im 16. Jahrhundert von einer couragierten Heiligen scharf verurteilt wurde:

„Ich werfe unserer Zeit vor, daß sie starke und zu allem Guten begabte Geister zurückstößt, nur weil es sich um Frauen handelt."
(Teresa von Avila)

Vor allem in der Dritten Welt gilt das Taubstellen gegen jeden vernünftigen Anruf zur Korrektur des Unterlegenheitsstatus der Frau noch immer als eine Tugend. Wohl auch aus dem Grunde sind in manchen Ländern doppelt so viele Frauen Analphabetinnen geblieben als Männer. Vorsätzlich? In Indien ist das Verhältnis gar zwei Drittel Frauen zu einem Drittel Männer, die behaupten, es sei *„nicht gut, wenn Frauen zu viel wissen"*. Wie können Frauen mit dem Handicap der Unwissenheit behaftet Rechte einfordern? Wissen ist Macht. Unwissen ist Ohnmacht.

Vor fast 20 Jahren, im Jahre 1979, wurde die UNO-Konvention zur Aufhebung der Frauendiskriminierung verabschiedet und trat 1981 in Kraft. Seitdem wirft eine Gruppe von unabhängigen Experten verschiedenster Nationalitäten ein strenges Auge auf die Geschehnisse vor Ort, um Praxis und Theorie gegeneinander zu verrechnen und gegebenenfalls die Regierungen beim geschriebenen und signierten Wort zu nehmen. Doch hatten bis zum Jahre 1995 41 Mitgliedsstaaten der UNO diese entscheidende Konvention noch nicht einmal unterzeichnet.

Bei allem Aufbegehren gegen unsere Zeit sollten wir nicht das Ausmaß und die erfinderische Vielfalt begangener Schuld vergessen, die Frauen nicht nur brutal leiden machte, sondern vorsätzlich vernichtete. Am Claremont College (Kalifornien/USA) lehrt die Frauenforscherin KAREN JO TORJESEN und erinnert:

„Als die Inquisition über Europa hinwegfegte, wurden vermutlich mehr als eine Million Frauen wegen Hexerei auf Scheiterhaufen verbrannt."

Kapitel 3

UNHEIL – EIN MÄDCHEN!

ABDALLAH RAMADAN AL ABASSI, ein betagter Mann im Golfstaat Bahrain, wurde stolzer Vater eines 60. Sohnes. Man gratulierte ihm überschwenglich. Als eine anwesende Ausländerin ihm die naive Frage nach der Anzahl der Töchter stellte, zuckte er die Achseln. Mädchen sind Nebenprodukte, die man nicht einmal zählt …

Die grundsätzliche Glorifizierung des männlichen Geschlechts in unserer arabischen Region beginnt schon zur Stunde der Geburt: Über einem Jungen bricht der laute Sippenjubel aus, und über ein Mädchen senkt sich Trübsinn, Bedauern, Scham. Diese Dinge gehen sehr weit zurück und sind nicht auf Arabien beschränkt, sie werden auch aus den heiligen Schriften des Hinduismus abgeleitet. Das Resultat ist überall das gleiche, der Sohn wird verherrlicht, die Tochter mißachtet. Noch wahnwitziger wird das Zeichen völliger Verachtung des weiblichen Geschlechts bei der Bezahlung der ägyptischen „daya" (Hebamme), denn sie wird schmerzhaft von diesem „Unglück" mitbetroffen, wenn sie ein Mädchen vorzeigen muß, sozusagen als ihre schwache Leistung. Sie erhält dann für dieselbe Arbeit nur ein Zehntel der Honorarsumme vergleichsweise zu einer Bubengeburt. Bitte erklären Sie mir diese Logik!

Ein kleines Wesen ist seit seiner ersten Lebensminute gezeichnet, wenn es mit der „Schuld" geboren wird, weiblich zu sein. Unheil für die Familie! Furchtbar waren im arabischen Raum die sofortigen Gegenmaßnahmen, die Beseitigung, das rasche Begräbnis, um sich Hohn oder Mitleid im Umfeld zu ersparen. Man nannte es AL-WAD. Konsultieren wir aber den Koran und lesen wir in der 16. Sure darüber, dann finden wir einen Text, der diese Haltung damals schon hinterfragte und als schlecht erachtete:

„Wird einem von ihnen (der Männer) die Geburt einer Tochter verkündet, dann färbt sich sein Gesicht aus Kummer schwarz, und er ist tief betrübt. Wegen der üblen Kunde, die ihm zugekommen ist,

verbirgt er sich vor den Menschen, und er ist im Zweifel, ob er die Tochter zu seiner Schande behalten oder ob er sie nicht im Sande vergraben soll. Ist ein solches Urteil nicht schlecht?"

(Koran 16, 59-60)

Diese Koransure bezieht sich auf einen vorislamischen Brauch, der über lange Zeitepochen sehr weit verbreitet war. Das Entsetzliche, das der „Ritus" forderte, war, daß das Baby nicht einmal „gnädig" getötet wurde – wie im heutigen Indien hunderttausendfach –, sondern es mußte lebendig begraben werden! Diese unerklärlichen Praktiken dringen leider nicht nur als bunte Legenden aus finsteren Zeiten an unser Ohr, sondern sind noch immer in manchen Teilen der Erde grausige Aktualität. In ländlichen Gebieten der Dritten Welt – bis in den Fernen Osten, wo das Patriarchat noch in voller Pracht regiert – lebt dieser Brauch ungehindert fort.

Die INTERNATIONAL HERALD TRIBUNE berichtete am 15. 2. 1993 ausführlich von einer indischen Mutter namens RANI und ihrer Schwiegermutter, die sofort nach einer Mädchenentbindung gemeinsam ein Giftgebräu mischten, das sie dem Baby gewaltsam in die Kehle gossen und in den Magen trieben. Dann schafften die beiden Frauen das zu Tode gequälte Kind ans Flußufer und begruben es in der weichen Erde. Eine andere Mutter aus RANIs Nachbardorf hat dem Presse-Team freimütig ausgemalt, wie sie ihre beiden Töchter losgeworden war, jeweils am Tage der Geburt. Sie hatte sich nicht um einen Gifttrunk bemüht, denn auf der Herdstelle brodelte die Hühnersuppe, von der sie dem Neugeborenen so lange einfiltrierte, bis der Tod duch Verbrühen und Ersticken eingetreten war.

Diese Praktiken des Mädchenmordes sind auf dem indischen Subkontinent weit verbreitet. Unter den 1.500 befragten Müttern hatten sich die Hälfte ohne Umschweife dazu bekannt. Man hat allerlei Methoden erfunden, die von den Generationen wie ein Handwerk weitergegeben werden, von der systematischen Vernachlässigung bis zum geschickten Brechen des Rückgrats des Babys. Auf die Frage, was sie alle in solcher Überzeugung dazu triebe, antworteten die Mütter mit einer Gegenfrage, die erschüttert:

„Ja, ist es denn nicht weit besser für ein Mädchen, gleich zu sterben, als zu einem tödlichen Leben verurteilt zu werden? Zu einem Leben der niemals endenden Erniedrigung, der bodenlosen Ausbeutung und der Versklavung an die Männer?"

(eine Südinderin)

Und noch etwas wurde klar: Auch die junge Mutter selbst ist betroffen, wenn sie ein Mädchen gebar; der Fluch ereilt sie, denn das Unheil wird an ihrer Person gerächt: Mit einem weiblichen Säugling an der Brust wird sie von den Männern der Sippe verspottet, verachtet und nicht selten von ihrem eigenen Mann mißhandelt.

Ein Silberstreif am Horizont? Internationale Hilfsorganisationen und die indische katholische Bischofskonferenz haben es im Einvernehmen mit der Regierung geschafft, im ganzen Land den TAG DER MÄDCHEN auszurufen. Am 8. September 1997 soll er zum ersten Mal begangen werden. Bis dahin wird die landesweite kirchliche Bildungsarbeit daran erinnern, *„wie wertvoll für Welt und Gesellschaft die uns in göttlicher Vorsehung geborenen Mädchen sind"*. Derzeit gibt es in Indien 30 Millionen weniger Frauen als Männer, das stimmt bedenklich.

Hier werden meine Gedanken zu einem kultur- und länderübergreifenden Problem geleitet – der Abtreibung. Auf der UNO-Weltbevölkerungskonferenz in Kairo 1994 konnte ich erleben, wie kräftig das heiße Eisen des Schwangerschaftsabbruchs angepackt wurde und wie schnell sich zwei Kampflinien formierten, die ihre Attacken gegeneinander ritten. Plötzlich befand man sich im Schnittpunkt einer außerordentlich „frauenbewußten" Polarisierung des Themas, und bei diesem heftigen Schlagabtausch mußte jeder Anwesende, zumindest innerlich, Stellung beziehen. I: Die PRO-CHOICE-Richtung, die lodernd das Abtreibungsrecht der „modernen Frau" verteidigte, und II: die PRO-LIFE-Richtung in ihrem ernsten Kampf um die Lebenserhaltung des Embryos in jeder Situation und um jeden Preis. Es braucht nicht angemerkt zu werden, daß sich PRO CHOICE im liberalen, feministischen Geist begreift und daß hinter PRO LIFE die konservativen Familienverbände stehen oder die Katholische Frauenbewegung. Ich höre auch von der in den USA gegründeten Anti-Abtreibungsbewegung HUMAN LIFE INTERNATIONAL.

Hier plagt mich eine Verständnisschwierigkeit, meine lieben Freunde. Ich fürchte, daß gerade hier und paradoxerweise im Namen des Feminismus die eigene Weiblichkeit an der Wurzel verletzt und damit geschädigt wird. Wenn eine Frau das sich in ihrem Innern regende Leben negiert, dann negiert sie zugleich sich selbst. Mir sticht der Widerspruch einer bestimmten Auffassung von „Feminismus" ins Auge und mitten ins Herz, Widerspruch deshalb, weil genau das, was er so wortstark zu verteidigen sucht, frei entschieden selbst vernichtet. Treibt die Frau ruhigen Gewissens ab, dann geht sie gegen sich selber vor, ohne zu spüren, daß dieses Tun, wozu sie gewiß auch andere ermutigt, ein frauenverachtendes Tun im Namen des Feminismus bedeutet. Der Widerspruch ist für mich eklatant. Der sehr militante Feminismus zweigt zuweilen auf Seitenpfade ab, die ihn keineswegs ins Ziel führen können. Hört man nicht immer wieder von größeren weiblichen Säugetieren, die sich verlassener Menschenkinder annehmen? Kürzlich soll ein in einem Gebüsch ausgesetzter Säugling von einer Hündin mit gesundem Mutterinstinkt (!) aufgegriffen und in deren Hütte geschleppt worden sein, um ihn den eigenen Jungen beizugesellen und ihn gemeinsam mit ihnen zu säugen. Kein Kommentar. (Das Baby wurde beizeiten entdeckt und konnte – dank dieser Hündin – gerettet werden.)

Die abtreibende Frau geht gegen einen Wert und ein Wunder vor, das unser menschliches Begreifen übersteigt. Wissen Sie, daß der abgetriebene Embryo eine lebendige Genkarte von drei Milliarden Informationen ist? In der soeben befruchteten Eizelle ist schon das vollständige genetische Programm eines Individuums enthalten. Leben ist von Anfang an Leben und ein unfaßbares Rätsel! Erst jetzt nähert sich eine Gruppe von Wissenschaftlern aus 40 Nationen vom „Institute of Genome Research" in Rockeville (Maryland, USA) diesem Wunder menschlichen Lebens. Sie haben uns aber wissen lassen, daß sie wohl kaum vor Beginn des nächsten Jahrtausends die rund drei Milliarden Buchstaben menschlichen Erbguts entschlüsselt haben werden („Human Genome Organisation" auf einer Tagung 1996).

Wunder über Wunder! Auch in dem berühmten schwedischen Bildband „Ein Kind entsteht" von LENNART NILSSON (Stockholm 1990) kehrt die demütige Feststellung mehrmals wieder:

„Wir wissen es nicht, wie ...“ Ich entnehme diesem Buch einige Informationen:

> *„In der 4. Woche nach der Befruchtung ist der Embryo erst 6 mm lang, doch sind sein Gehirn und Rückgrat bereits fototechnisch zu ermitteln; das kleine Herz pumpt bereits Blut in die Leber und Hauptschlagader. Ab der 5. Woche wächst er 1 mm pro Tag und ist bald 10 mm lang, Mund und Nase werden erkennbar.*
>
> *In der 6. Woche zeichnet sich der Grundriß eines menschlichen Wesens ab, in den Zellen pulst das Leben, das Herz schlägt, Blut wird durch die Nabelschnur gepumpt, der Embryo ist ständig in Bewegung. Sein Herz macht 140-150 Schläge in der Minute, doppelt so viele wie das der Mutter. In der 7. Woche haben die Gehirnzellen angefangen, durch kleine Auswüchse zueinander Kontakt aufzunehmen. Es ist enorm, in welcher Geschwindigkeit sie entstehen, jede Minute 100.000 neue Nervenzellen!*
>
> *In der 8. Woche ist der Embryo 4 cm lang, und alle Organe sind angelegt. Jetzt fehlt nur noch das Wachstum und die Entwicklung dessen, was bereits geschaffen wurde. Die Funktionen werden verfeinert. Innerhalb von 50 Tagen haben sich viele Millionen Zellen gebildet. Wie die phantastische Steuerung geregelt wird, ist immer noch ein Rätsel, denn jede der Zellen enthält 100.000 Erbanlagen. Wie weiß sie, was sie aufzubauen hat und was nicht, wie weiß sie, was sie werden soll? Der einzige Beitrag, den die Mutter leisten kann, ist, so zu leben, daß die Entwicklung nicht gestört wird.“*
>
> (Lennart Nilsson)

Es schaudert uns, wenn wir von Frauen hören, die mit Granatwerfern herumfuchteln oder mit dem Maschinengewehr in eine Menschenmenge feuern, und wir nennen es eine Monstrosität. Noch viel mehr ist es – ein Sakrileg! Denn jede Frau ist gerade für das Gegenteil geschaffen, sie soll das Leben der Welt fördern und nicht umbringen. Deshalb wiederhole ich mich: Die Kindestötung ist für sie das Widernatürliche par excellence, da ein existenzverneinendes Tun. Unsere Urmutter Eva wird im Arabischen HAWWA genannt, das auf die Wurzel HAYAT-HAYY zurückgeht und „Leben, Lebendigsein“ heißt. Indem Frausein Leben und Lebensquelle bedeutet, ist, logisch zuende gedacht, der bewußte

Tötungsakt ihres eigenen Geschöpfes zugleich Selbstverleugnen. Anstelle blindwütiger Verdrängung sollte die Frau ihr Vorhaben selbst absurd nennen, denn indem sie gegen ihr Kind Hand anlegt, legt sie Hand gegen sich selber an, wobei sich ihre Selbstverneinung manifestiert. Jetzt werde ich mir einige Feindinnen gemacht haben.

Während unserer Kairoer Konferenz wurde übrigens auch die mehr oder weniger unbewußte Kulturbefangenheit in der Argumentation deutlich, sodaß bedauerlicherweise viel aneinander vorbeigestritten wurde. Frauen aus der Dritten Welt wunderten sich, gelegentlich kopfschüttelnd flüsternd, über die vehement vorgetragenen *„sehr individualistischen Probleme"* der westlichen Frauen. Ich darf Sie mit einem einzigen Beispiel versorgen: Eine stark engagierte Frauenbewegung in Burkina Faso fordert in ihren Hauptzielen die Abschaffung 1. der Polygamie, 2. der Zwangsehe, 3. der Kinderehe, 4. der Mitgiftpflicht, 5. der Mädchenbeschneidung – und sie fordert 6. die Alphabetisierung des weiblichen Geschlechts und 7. eine Verbesserung der Wasserversorgung. (Weltweit haben 1,3 Milliarden Menschen weder sauberes Wasser noch eine sanitäre Anlage.) Gewiß nicht alles, aber vieles, ist relativ …

Und wie sollen die verzweifelten chinesischen Frauen, die mit der indirekten staatlichen Zwangsabtreibung oder Sterilisierung konfrontiert und zur Einkindehe „fremdbestimmt" sind, mit Zahlen aus Deutschland zu Rande kommen, wo im Namen der Freiheit, der Demokratie und des Wohlstands jeder vierte Mensch im Mutterleib getötet wird? Ohne Order von oben, von rechts oder von links! Einfach so! Seit dem 1. Januar 1983 ist die Einkindehe als staatliche Familienplanung im chinesischen Riesenreich konfuzianisch geprägter Tradition verordnet, weshalb man dort Zahlen über 10 Millionen unfreiwilliger Abtreibungen finden kann. Im krassen Gegensatz zum Westen müssen die Mütter in dieser Gesellschaft ihre Kinder vor oder nach der Geburt aus der Welt schaffen, sie müssen es! Und die Katastrophe ist dann vollkommen, wenn das zweite oder dritte unerlaubt geborene Kind zu allem Unheil noch ein Mädchen ist! Das wollen nicht einmal die Verwandten auf dem Lande für Geld und gute Worte bei sich verstecken. So wird es wie zu Sklavenzeiten zum Verkauf geboten oder mit Tausenden und Abertausenden anderer unerwünschter kleiner Mädchen in überfüllten Waisenhäusern ausgesetzt.

GOTTESKINDER

Herr,
Du bist gekommen,
um die Menschen zu lehren, frei zu sein
und in dieser Freiheit einander zu lieben,
Du bist gekommen, um die Menschen
mit ihrer Verantwortlichkeit zu konfrontieren.

Herr,
Du bist gekommen, Wege zu öffnen,
die über jede Form von Knechtschaft hinausführen,
über jede Gesetzesstarre,
über jeden Formalismus und Moralismus.
Du bist gekommen,
um uns dein Gesetz zu offenbaren,
Dein Gesetz der Freiheit und der Liebe
und des ständigen Wachstums.

Herr,
diese gute Nachricht, für die ich Dir danke,
und die mich zittern und frohlocken läßt,
darf ich nicht für mich allein verwenden,
ich muß sie teilen und mehren,
tausendfältig,
ich muß sie hinaustragen in alle Welt.

Hilf uns,
die wir Deine Botschaft vernommen haben,
sie vorzuleben,
damit wir ein Beispiel geben können
von Deinem Gesetz.
Damit wir fähig werden,
miteinander die Welt zu verändern,
um unterschiedslos alle Menschen

zu jenen Wesen erblühen zu lassen,
zu denen Du sie berufen hast,
zu GOTTESTÖCHTERN und GOTTESSÖHNEN.

Hilf uns,
in einer befreiten und erlösten Menschheit,
gemeinsam mit Dir
das wahre Reich der GOTTESKINDER heranzubilden,
zusammengeführt in der unauflöslichen Einheit
Deines Sohnes Jesus Christus.

Amen

Eine „Abtreibungsgesellschaft" ist leider auch die russische, laut Staatsduma-Report gab es im Jahre 1995 2,8 Millionen registrierte Abtreibungen, das sind doppelt so viele wie Geburten! Und die Dunkelziffer? Wie oft vernahmen wir schon den Herzensschrei der Frau des Jahres 1989, MUTTER TERESA: *„Jeder Frau, die ihr Kind nicht austragen will, sage ich, gib mir Dein Baby!"* Im Juni 1995 kamen ihre Worte aus dem New Yorker Hauptquartier der Vereinten Nationen, wo sie am Mikrofon kämpfte:

„Jedes Kind ist ein Abbild Gottes
und die Ermordung eines Kindes durch seine Mutter
das größte Übel dieser Welt."

Und bei einem Gespräch mit dem UNO-Generalsekretär Boutros Boutros-Ghali unterrichtete sie ihn davon, daß sie am nächsten Tag in Washington amerikanischen Familien 3.500 indische Babys und Kleinkinder zur Adoption anbieten werde. Vorwiegend Mädchen.

Kapitel 4

DAS GRAUEN DER TAHAARA

Auf derselben Linie schmerzensreicher Mißachtung der Weiblichkeit liegt auch der millionenfach geübte Brauch der Exzision – ein ethnologischer Begriff für die genitale Mädchenbeschneidung. Meinen Leserinnen und Lesern wünsche ich für dieses Kapitel gute Nerven, denn ein Vogel-Strauß-Verhalten brächte uns nicht voran, wir alle machten uns dann mitschuldig. Im Arabischen nennt man diese gnadenlose Prozedur TAHAARA, welche Reinigung bedeutet und auch für die männliche Beschneidung verwendet wird. Hinter dieser Maßnahme steht eine sehr alte und gewiß verschwommene Vorstellung, daß die operative Entfernung von Klitoris oder Vorhaut die Kinder von einem Makel befreit, denn sie werden „befleckt" geboren. Doch gibt es noch ganz andere triftige Gründe aus der Sicht der Männer für diese urafrikanische, vielleicht pharaonische Tradition, die auch in einigen islamischen Ländern praktiziert wird, aber animistischen und letztlich unbekannten Ursprungs ist.

Die für Außenstehende theoretisch nicht nachvollziehbare Qual, der im Laufe eines jeden Jahres etwa zwei Millionen kleiner Mädchen im Alter von vier bis zwölf Jahren gewaltsam ausgesetzt werden, empört uns wegen der primitiven und rohen Methoden doppelt und dreifach. Langsam wurden auch Zahlen bekannt über die Sterberate durch Schmerzschock, rettungsloses Verbluten an Ort und Stelle oder tödliche Wundinfektion in den Tagen danach; auch schwere bleibende gesundheitliche Schäden verschiedenster Art wie Harnleiterverwachsungen sind registriert, die Liste der lebenslangen Leiden ist lang und erschüttert. Mit der genitalen Verstümmelung, sagen Ärzte und Psychologen, wird auch die Zukunft des Kindes verstümmelt.

Dieser Eingriff wird an den schmerzempfindlichsten Stellen und unter miserablen hygienischen Verhältnissen vorgenommen. Aus Gründen der Armut zumeist ohne Anästhesie. Die verbreitetste Form besteht nicht „nur" im Spalten oder Kappen, sondern im vollständigen Herausschälen der Klitoris. Das „Operationsbesteck“ der nicht dafür ausgebildeten Person (Hebamme, Dorfbarbier, eine erfahrene ältere Frau etc.) besteht, wenn man Glück hat, aus Küchenmesser und Haushaltsschere, andernfalls muß man sich mit nicht sterilisierten Glasscherben oder scharfen Blechstücken begnügen. Die verursachte Blutung ist enorm. Zur „Desinfektion“ und Blutstillung wirft man Herdasche oder gemahlene Kaffeebohnen in die offene Wunde, oder man bestreut sie mit Kräutern.

Anderen Volksbräuchen entsprechend wird die Klitoris durch Abätzen und Ausbrennen zum Verschwinden gebracht, am Vorabend eingeleitet durch Bearbeiten mit einer starken Brennesselart zum Anschwellen über Nacht. Mit einem glühenden Holzstück wird dann das Ausbrennen vollzogen. Das sind die Bräuche in 28 Ländern Afrikas, in diversen Gebieten der arabischen Welt und in einigen Teilen Asiens. Bitte lassen Sie Ihr inneres Auge über die Weltkarte schweifen und befassen Sie sich innerlich mit einem EINZELFALL. Bitte!

Die brutalste und dazu sehr häufige Form der TAHAARA nennt man den „pharaonischen Schnitt“, bei dem auch die inneren oder kleinen Schamlippen entfernt und die äußeren oder großen Schamlippen kräftig eingekerbt werden, um ein gutes Verwachsen und eine möglichst harte Vernarbung zu schaffen, die jeden Geschlechtsverkehr ausschließt. Warum „pharaonischer Schnitt“? Erst kürzlich habe ich erfahren, daß es im Londoner Museum einen Papyrus gibt, dessen Hieroglyphen aus dem Munde einer Mutter über den bevorstehenden „Initiationsritus“ der Tochter plaudern – ihre Beschneidung. Wie kann sich ein solcher Brauch über viele Jahrtausende hinwegretten und heute noch immer eine Selbstverständlichkeit für Millionen sein? Nach pharaonischem Vorbild? Weder in der Bibel noch im Koran findet sich diese Forderung.

Ich bringe Ihnen hier einen betäubenden Fachreport aus Somalia, wo 98 Prozent aller Mädchen beschnitten werden, verfaßt von einer Frau, die es erlebt hat, einer „doctor of nursing“, die als Expertin beratendes Mitglied der Weltgesundheitsorganisation im arabischen Raum war. Sie beschrieb in diesem Text für die WHO die Zeremonie des pharaonischen Schnitts:

„Das Kind hockt am Boden oder auf einem flachen Schemel, hinter ihm werden seine Ärmchen mit sicherem Griff von einer starken Frau gehalten, zwei andere Frauen zu den Seiten zerren ihm die Beine auseinander. Sodann nimmt die 'Chirurgin', meist die Matrone des Dorfes, eine Rasierklinge oder ein Messer zu Hand und schneidet zunächst die Klitoris heraus, dann die kleinen Schamlippen vollständig, und schließlich werden die Innenwände der großen Schamlippen tief eingeschnitten. Dann beginnt das Zusammennähen der großen Schamlippen. Man sticht in jede eine Reihe von Akaziendornen hinein, um die man kreuzweise ein Garn windet und es straff zieht, um beide Schamlippen fest zu verschließen. Nur eine ganz winzige Öffnung, nach hinten verlaufend, darf für Urin und Menstruationsblut bleiben. Um das zu garantieren, setzt die Matrone ein Streichholz oder einen dünnen Bambussplitter in diese Öffnung. Dann bestreicht sie die genähte Wunde mit einer Mischung aus Zucker und Gummi arabicum, um sie hermetisch abzudichten.

Jetzt werden die Fesseln des Mädchens fest zusammengebunden, um eine ungestörte Vernarbung zu gewährleisten. Zu diesem Zeitpunkt hat das erschöpfte kleine Wesen aufgehört zu schreien und wird auf eine Matte gebettet. Bevor die Matrone das Haus verläßt, erwartet sie noch den ersten Urinabgang, um sicher zu sein, daß die notwendige Öffnung geblieben ist. Diese erste Miktion verursacht ein höllisches Brennen.

Nach einer Woche werden die Dornen herausgezogen. Man gibt dem Kind eine Gehhilfe, obgleich die Beine noch aneinandergekettet sind, trotzdem soll es sich im Haus ein wenig bewegen. Nach einigen Tagen macht die Matrone ihren Kontrollbesuch. Sollte das Ganze kein Erfolg gewesen sein, so wird es wiederholt."

(Dr. Edna Adan Ismail, Somalia)

Wir wechseln den Berichterstatter, bleiben aber im Lande Somalia. Einige Jahre später folgen die Hochzeitsnacht und die Stunde des Gebärens. Diese somalischen Rituale hat der Franzose JACQUES LANTIER in seinem Buch „Die magische Stadt" (Paris 1972) eindringlich vermittelt. Ich selbst kenne es nicht, habe aber meinen Archivpapieren einen Teilabdruck der LE MONDE-

Wochenzeitung (1.-7.3. 1979) einverleibt, der wie eine Fortsetzung des obigen TAHAARA-Grauens unsere Kenntnis bereichert:

> *„Die Braut wird im Hause ihres Mannes erwartet. Er entkleidet und schlägt sie so lange mit einer Peitsche aus schmalen Lederriemen, bis das Blut rinnt. Auf natürliche Weise kann er seine junge Frau als Infibulierte (Beschnittene, Vernähte, Vernarbte) nicht entjungfern, sondern muß sich eines zweischneidigen Dolches bedienen. Ein starker Stoß, ein Schnitt, ein Blutbad. Jetzt kann er sein Glied einführen. Und nun geht es, im Gegensatz zur Beschneidungsoperation, um das Verhindern eines Zusammenwachsens der frischen Schnittwunde. Daher muß die junge Ehefrau während der ersten acht Tage einen ständig wiederholten und zeitlich verlängerten Geschlechtsverkehr haben, der von seiten des Mannes als Arbeit gewertet wird. Die Frau muß in den Zwischenpausen ausgestreckt und möglichst bewegungslos liegen bleiben, um die Wunde offen zu halten.*
>
> *Die Kindgeburt findet im Sitzen statt oder auf einem niedrigen Schemel wie bei der Beschneidung. Die bereitstehende Matrone öffnet mit einem Küchenmesser die unelastisch gewordene, verhärtete Vulva, doch nur so weit, daß das Kind sich hindurchzwängen kann. Gegebenenfalls wird nachgeschnitten. Nachdem das Kind geboren wurde, gießt man nahezu siedendes Wasser über die Geschlechtsteile der Frau, wodurch sich hoch aufwölbende Blasen bilden. Währenddessen geschieht die Prozedur des Vernähens unter Verwendung von pflanzlichen Nadeln oder Dornen. Schließlich werden der Frau die Brandblasen abgezogen, und man verordnet ihr völlige Unbeweglichkeit bis zur Verheilung der Wunde.“*
>
> (Jacques Lantier)

Über die teils fatalen Folgen bei Kindgeburten von Beschnittenen hat mich ein erfahrener Gynäkologe informiert: Die unnatürliche zeitliche Verlängerung des Geburtsvorgangs wegen der inneren Verwachsungen seit der Beschneidung hat schon unzählige Kinder das Leben im Mutterleib gekostet, sie bleiben stecken. Oder durch das hastige und zu tiefe Aufschneiden kostet es das Leben der Mütter, sie verbluten. Einem WHO-Report von 1995 zufolge stirbt jährlich eine halbe Million Frauen bei der Entbindung! Es kommt auch vor, so sagte mir der Arzt, daß durch den Schädel des Kindes die seit der TAHAARA lädierte Wand zwischen Scheide und Mastdarm platzt und die Frau damit für ihr Leben irreparabel gezeichnet ist, weil sie ihren Stuhl nicht halten kann. Und viel Grauenhaftes mehr.

Diese Tatsachen, von denen wir heute vermehrt hören, lassen uns erstarren, und man versteht, daß auf der IV. Weltfrauenkonferenz in Peking über dieses Thema nicht mit vorgehaltener Hand diskutiert wurde, sondern in Mahnrufen an die Welt, unterstützt von den anwesenden Medien:

*„Achtung! Mädchenbeschneidung ist Menschenverstümmelung!
Und Menschenverstümmelung ist Menschenrechtsverletzung!"*

Die Frauen haben die genitale Verstümmelung in ihr Kampfprogramm aufgenommen und mit einem jahrtausendealten Tabu-Thema gebrochen. Einige Monate vor Peking fand im Libanon eine Arabische Frauenkonferenz statt, an der ich teilgenommen habe. Danach las ich in der wichtigsten libanesischen Tageszeitung „L'ORIENT LE JOUR" am 7. 7. 1995 die Äußerung einer westlichen Teilnehmerin an dieser Konferenz bezugnehmend auf die dort in allen Farben des Entsetzens geschilderte und in Weißglut angeprangerte weibliche Beschneidung:

*„Ich finde überhaupt keine Worte, um meine eigene
Erniedrigung und Demütigung wiederzugeben, die ich angesichts
solcher Berichte als Frau empfinde."*

Nun ist auch der Westen aufmerksam geworden, das kann in einer Welle der Schamröte zur Wende in den Beschneidungsländern beitragen. Mit Freude höre ich von dem wachsenden Solidaritätsgeist und einem erwachenden weiblichen Mitgefühl unter Schwestern, es formieren sich „Anti-Beschneidungsorganisationen", z. B. in Deutschland: Im Jahre 1996 hat CHRISTA MÜLLER in Saarbrücken die ehrenamtliche internationale Hilfskampagne „(I)NTAKT" gegründet, sie sucht Sponsoren – und findet sie! Möge ihr Signal weit in die Welt hinausleuchten! Ein Jahr später, im Frühjahr 1997, wurde im Bonner Frauenmuseum eine Foto-Ausstellung unter dem Titel

„SPRECHT ÜBER DAS UNAUSSPRECHLICHE!"

wortwörtlich zum Stadtgespräch. Auch auf dem 99. Deutschen Ärztetag wurde das öffentliche Bewußtsein alarmiert, und schließlich haben am 28. 4. 1997 „Bündnis 90/Die Grünen" im Deutschen Bundestag eine Anhörung zum Thema „Weibliche Genitalverstümmelung" veranstaltet – gemeinsam mit „Kampagne-Frauen" aus Ägypten und Gambia. Das waren gleich vier Meldungen aus Deutschland, die mir wohlgetan haben. Und im Juni 1997 haben drei UNO-Organisationen (WHO, UNICEF, UNFPA) gemeinsam einen Plan vorgestellt, der das Verbot dieser Zwangsbeschneidung fordert. Zu dritt und in vereinter Kraft will man auf die entsprechenden Regierungen einwirken, man will mit Ärzten zusammenarbeiten und – nicht zu vergessen – mit den religiösen Mächten dieser Länder! Mit Erstaunen entnehme ich unserem „Progrès Egyptien" vom 4. 8. 1997, daß Ende September in den USA eine Gesetzesvorschrift in Kraft treten soll: Reduzierung der Bankkredite und Hilfen an solche afrikanische Staaten, die eine wirksame Aufklärungsarbeit über die Tahaara verweigern. Der amerikanische Finanzminister ist beauftragt, die wichtigsten internationalen Finanzinstitute entsprechend zu informieren, unter ihnen die Weltbank und den Internationalen Währungsfond.

WARUM ABER DAS GANZE? WAS IST DER HINTERGRUND? Meine lieben Freunde, das Dahinter ist ebenso schauerlich wie der Akt der TAHAARA selbst, die man auch „Infibulation" nennt, und hier kommen wir der Sache auf den Grund. Infibulation geht auf das lateinische Wort „fibula", der Ring, zurück, weil die Römer durch die Vorhaut von jungen Männern einen Ring gezogen haben, um sie zur Keuschheit zu verpflichten. Später hat man denselben Begriff großzügig auf die Wahrung weiblicher Keuschheit ausgedehnt, denn um diese geht es. Dem jungen Mädchen soll im wahren Wortsinn die Lust vergehen, bevor es sie gekannt hat, weshalb man von aufgeklärter Seite heute von der „frauenverachtenden" Beschneidung spricht. Sagt man nicht, die Frauen brauchen so viel mehr als Sex? Hier aber erstickt man auch ihn, und schon im Kindesalter, bevor er erwacht ist! Ein Mädchen soll davor bewahrt werden, voreheliche Sünden zu treiben oder als Ehefrau für Seitensprünge „lustbar" zu werden, obwohl es in dieser polygamen Kultur nur eine unter mehreren Ehefrauen ihres Mannes sein wird. Ein unbeschnittenes

Mädchen kommt für einen Mann nicht in Frage, doch heiraten muß es, wenn es nicht unversorgt bleiben will. Also sorgen Mütter, Großmütter und Tanten aufrichtig für die Beschneidung. Dreht es uns mit in diesem Teufelskreis der schuldlosen, geplagten Frauen?

Daß sie beim sehr häufigen Geschlechtsverkehr völlig taub für jede Stimulierung sind, ist für die Männer seit Jahrtausenden ein bedeutungsloser Aspekt. Nicht existent. Und hier lautet meine Anklage: Mit der vorsätzlichen Vernichtung ihrer Fähigkeit zur Liebesfreude hat man der Frau einen Teil ihrer Weiblichkeit geraubt, und das ist verbrecherische Fremdbestimmung! Etwas Kostbares wird im Keim gebrochen, das zu ihr gehört und einen wesentlichen Teil ihres Lebens bildet. Ein ungeheurer Skandal, und je länger man darüber nachdenkt, umso heftiger reagiert man. Es heißt, das Verlangen bleibt trotz Beschneidung lebendig, doch die wirkliche Erregung und Erfüllung bleiben aus und ein Leben lang unbekannt. Daher greifen nicht wenige Frauen zu Drogen. Der Vorteil für den Mann: Indem einer Frau das Recht auf eigenen Genuß vorenthalten wird, liegt sie dem Mann als Besitzobjekt in den Händen, das er nach seinen Wünschen nutzt, benutzt, vernutzt. Die Beschneidung dient ihm als Mittel zur völligen Dominanz. So denken wir bitte über den teuflischen Schmerz der Mädchenbeschneidung hinaus an die damit eingeleitete grundsätzliche Erniedrigung der heranreifenden Frau und die Mißachtung ihrer Person.

Während meiner vielen Jahre bei der CARITAS ÄGYPTEN haben wir gemeinsam mit unserem Gesundheitsministerium eine furchtlose ägyptische Ärztin, Dr. AZZIZA HUSSEIN, nach allen Kräften unterstützt. Ich nenne sie furchtlos, denn seit 16 Jahren kämpft sie für die gesetzliche Abschaffung dieses blutigen Rituals, und das läuft der radikalen Auffassung fundamentalistischer moslimischer Gruppen diametral entgegen, die auf Biegen und Brechen diese Volkstradition aufrechterhalten wollen. Trotzdem hat Frau Dr. HUSSEIN eine mutige Schrift verfaßt „Fakten über die weibliche Beschneidung“, deren sich die UNICEF bereits bedient, die ihrerseits diese Ärztin unterstützt. Unsere CARITAS hat mit der UNICEF lokale NGO-Einsätze auf dem Lande durchgeführt, Aufklärungskampagnen in drei Gouvernoraten, und dabei auch Vier-Tage-Workshops abgehalten. Wir haben 10.000 Exemplare eines gemeinsam verfaßten UNICEF-CARITAS-Lehrheftes verteilt – und anderes mehr.

Die Medien sind heute zur Macht Nummer eins avanciert. Und so war letztlich von durchschlagender Wirkung auf die entsprechenden Regierungsstellen zur Durchsetzung eines Verbotes der TAHAARA ein spektakulärer Fernseh-Skandal:

Bei der Kairoer UNO-Konferenz für Bevölkerung und Entwicklung im September 1994 wurde dieses Thema als eines der vorrangigen behandelt. Da blitzte der Funke bei einem TV-Journalisten des amerikanischen Nachrichtensenders CNN (Cable News Network), der seit Jahren rund um die Uhr die ganze Welt versorgt, Sendezentrale Atlanta, vielleicht kennen Sie die bekannten Programme CNN HEADLINE NEWS, CNN INTERNATIONAL und CNN INTERACTIVE. Dieser Mann nahm sich auf der Stelle vor, eine solche Mädchenbeschneidung zu filmen, zu kommentieren und sofort senden zu lassen! Es gelang ihm – das Opfer war mit Bakschisch rasch gefunden, acht Jahre alt. Und binnen 24 Stunden hat über CNN die Welt das Grauen der TAHAARA miterlebt. Als weltweit größter und wirksamster Nachrichtensender erreicht CNN täglich 500 Millionen Menschen. Diese Sendung wurde später als „traumatische Reportage" kommentiert, da sie den Zuschauern sehr arg zugesetzt hatte. Und die Reaktion in Ägypten? Die Regierung stand Kopf. Ihre erste Reflexhandlung war das sofortige Inhaftieren der Beteiligten und aller Helfershelfer, sie hatten diese Landesschande zunächst zu büßen. Zwei Jahre später hörte ich aus dem Tschad, daß die Fernsehjournalistin ZARA YACOUB aufgrund einer Fatwa (islamisches Rechtsgutachten) für dasselbe Delikt zum Tode verurteilt worden war. Nur eine internationale Protestwelle hatte ihr um Haaresbreite das Leben gerettet.

Dieser CNN-Streifen vom Nil war nicht umsonst gesendet worden. Dank seines Aufruhrs, den er auslöste, regten sich die Dinge im Lande endgültig. Jeder diskutierte mit jedem dieses Thema, und alle begehrten ein Regierungsgesetz, wozu es später tatsächlich kam. Jedoch, derartige Neuerungen, die es wagen, in den jahrtausendealten Alltag einzudringen, um Tabus aufzubrechen, leben zunächst ihr stilles Leben auf dem Papier; die uralten Vorstellungen und festen Sitten, die religiösen Vorurteile und persönlichen Ängste und der gesellschaftliche Druck auf den einzelnen führen noch für lange Zeit die kräftige Oberhand.

In Ägypten wird dieser Brauch keineswegs nur in den moslimischen Familien gelebt – er folgt auch keiner koranischen Vorschrift oder ist Teilbestand der „gottesstaatlichen" Scharia, sondern in derselben tief-traditionellen Weise auch unter den ägyptischen Christen, den Kopten. Der koptische Papst, SCHENUDA III., lehnt z. B. die Mädchenbeschneidung nicht ab! Seine Gründe sind mir nicht bekannt. Eine Erhebung im Auftrag des Staates, die in „Al-Achram/Hebdo" in der letzten Juniwoche 1997 veröffentlicht wurde, ergab, daß derzeit 97 Prozent aller Ägypterinnen genital beschnitten sind. Die gebildete Kairoer Oberschicht glänzt durch Abwesenheit in der Statistik: 0 Prozent. Hingegen sind die Armen und Unwissenden auf dem Lande mit 97–100 Prozent vertreten. Das sich ergebende Bild spricht Bände über Wert und Dringlichkeit der Alphabetisierung, um Zugang zum entsprechenden Informationsmaterial zu bekommen. *„Erziehungsprogramme für Mädchen"* fordert der Chef des Entwicklungsprogramms der Vereinten Nationen JAMES GUSTAVE SPETH, *„damit unsere Kinder später unsere Nachlässigkeit nicht ausbaden müssen"!*

In gemächlichen Schritten ging es auch deshalb nur vorwärts, weil sich der ägyptische Staat nicht mit den religiösen Verlautbarungen der höchsten Instanz des sunnitischen Islam, der Kairoer Al-Azhar-Universität, um der kleinen Mädchen willen überwerfen wollte, war doch eben noch vom Großscheich ein neu aufpoliertes religiöses Gutachten über die tatsächliche Pflicht der TAHAARA beider Geschlechter herausgegeben worden, obwohl der echte Islam Menschenverstümmelungen verbietet! Mädchenbeschneidungen sind Menschenverstümmelungen hohen Grades und wurden inzwischen weltweit eingereiht unter die Delikte der Menschenrechtsverletzungen. Doch der fromme Moslem argumentiert anders; er kämpfe, so sagt er, um die Erhaltung der Keuschheit der arabischen Frau, die heute durch das Satellitenfernsehen ständigen Anschluß an den morbiden Westen hat und von dessen Sittenverfall mitgerissen werden könnte. Im neuen Afghanistan des Taliban, der schon vorbeugend alles ausmerzen will, was eine westliche Note haben könnte, wird der heimliche Besitz eines Fernsehgeräts bestraft.

Im Frühjahr 1996 verstarb der höchste islamische Gelehrte der Al-Azhar-Universität, der Großscheich GAD EL-HAQ ALI GAD EL-HAQ. Die Kairoer Vorbereitungen zur Weltfrauenkonferenz in Peking verfolgend hatte er noch einige Monate zuvor kritisch Stellung genommen und den Begriff der „sexuellen Rechte" angeprangert, um die es dort gerade vielen Frauen gegangen war. Er nannte die sexuelle Freiheit eine *„eklatante Verletzung des Islam"*. Nun aber kam auch für Ägypten die Wende: Der Nachfolger von Großscheich GAD EL-HAQ, die neue führende Lehrautorität an der Al-Azhar, Rechtswissenschaftler Dr. MOHAMMED SAJJD EL-TANTAWI, hat in einem religiösen Rechtsgutachten endlich offiziell erklärt, die Beschneidung sei kein islamisches Gesetz! El-hamdulillah! Und der Staat, der die Gesetze macht? Ende Juli 1996 kam es auch zu einer ministeriellen Entscheidung. Der ägyptische Gesundheitsminister ISMAIL SALLAM hat zur Beschneidung sein Machtwort verkündet, sie galt in allen staatlichen wie privaten Krankenhäusern:

„HARAM" (verboten),

und er trat sogleich mit Strafandrohungen für Zuwiderhandlungen hervor. Es ergingen Appelle zur Mithilfe an die Bevölkerung und zur „Courage des Umdenkens". Auch der neue, als gemäßigt geltende Großscheich, MOHAMMED SAJJD EL-TANTAWI, formulierte überraschend:

„Das Gebot der Stunde heißt Aufklärung."

Happy End? ... Noch nicht. Ein Jahr später, am 24. 6. 1997, gab es auf der Gegenseite Grund zum Feiern. Einer der Wortführer der Fundamentalisten, Scheich JUSSEF EL-BADRI, hatte gegen den Gesundheitsminister geklagt und beim Kairoer Verwaltungsgericht gewonnen. Damit ist das Verbotsgesetz für die TAHAARA für unser Gesundheitspersonal wieder aufgehoben (für nicht ausgebildete Personen bleibt es weiterhin bestehen). Die ägyptische Menschenrechtsorganisation OEDH erließ 24 Stunden nach dem Verdikt einen Appell an die Justiz, die Intellektuellen und die

Feministinnen verurteilten ihn in gleicher Weise mit Empörung und hoffen, daß die Regierung Berufung einlegt, und in einem Hospital verstarb bei der Beschneidung AMAL – ein 13jähriges Mädchen. Ich entnehme einem Interview mit Scheich EL-BADRI zusammenfassend die Argumente seiner Klage:

> *„Das Verbot der Beschneidung war unrechtmäßig, weil die Regierung damit ihre Kompetenzen überschritten hat. Es bedeutete Einmischung in eine religiöse Angelegenheit. Die Beschneidung ist ein Gebot des Propheten. Aischa, die Lieblingsfrau des Propheten, hat die Töchter ihres Bruders beschneiden lassen, und wir halten uns an das Vorbild des Propheten. Selbst Abraham und seine Nebenfrau Hagar ließen Mädchen beschneiden, ich habe darüber Unterlagen. Daß dieser Eingriff qualvoll sei, ist ein amerikanisches Komplott. Die USA wollen uns Moslems ihren Willen aufzwingen. Das hat überhaupt der Westen auf der UNO-Frauenkonferenz in Peking und auf der UNO-Weltbevölkerungskonferenz bei uns in Kairo versucht. Ich habe auch unseren Erziehungsminister verklagt, weil er die Beschneidung in den Schulbüchern als unislamisch ausgibt. Ich werde mit meinen Freunden allen Gottesfeinden auf die Schliche kommen. Alle Islamfeinde sollen sich vor mir hüten."*
>
> („Der Spiegel", 7. 7. 1997)

Und in den beiden Wochenausgaben der „Al Achram" (letzte Juniwoche und erste Juliwoche 1997) jubelte derselbe Scheich der Islamisten:

> *„Allah sei gepriesen! Wir haben gewonnen! Wir werden mit dem Islam durchkommen! ... Dieser Gerichtsbeschluß gibt uns die legalen und notwendigen Rahmenbedingungen, um die Feinde des Islam zu verfolgen. Jetzt sind auch die Richter verpflichtet, dem fortschreitenden Islamisierungsprozeß zu folgen."*

Tag für Tag, teils ganzseitige Artikel mit verschiedenen Auffassungen zum einstigen Tabuthema der TAHAARA. Der Großscheich EL-TANTAWI bestätigte erneut seine Ablehnung: *„Das ist eine medizinische Angelegenheit und keine religiöse, und wenn uns Fachärzte sagen, sie sei überflüssig, dann haben wir ihnen zu folgen!"* Der berühmte Freitagsprediger, Scheich AL-CHAARAWI, hingegen sagte zur Zeitschrift »Al-Moussawar": *„Der Prophet hat die übertriebene Beschneidung verboten, eine leichte jedoch empfohlen, um die Ehre der Frau zu schützen, denn sie darf nicht in Lüsternheit verfallen."* Der Chirurg Dr. ACHMED HASSAN proklamierte die negativen Konsequenzen für die Gesundheit der Frau: *„Die Beschneidung ist ein schweres Vergehen gegen Mädchen, sie ruiniert ihr ganzes Leben! Religion und weiblicher Anstand dürfen nicht als Vorwände dienen, um die kleinen Mädchen dieser demütigenden Operation auszusetzen."*

„Der Zorn wächst", schreibt DALIA CHAMS in „Al Achram/ Hebdo" in der ersten Juliwoche 1997, *„keine Rechtsregelung am Horizont, obgleich die Beschneidung ein Verbrechen ist gegen jedes Recht. Sie besteht im Amputieren eines weiblichen Körperteils ohne Einwilligung, also ein Aggressionsdelikt."* Wütend äußerte sich auch der Leitartikler der „Al Achram"-Tageszeitung, MOHAMAD ABDEL MONEIM: *„Die Beschneidung der Mädchen ist ein barbarischer und heidnischer Eingriff, der aus dem afrikanischen Busch zu uns gekommen ist, und es will uns nicht gelingen, uns von ihm zu befreien. Was als eine rituelle Beschneidung ausgegeben wird, ist zugleich eine Gehirnbeschneidung."*

Wenn gläubige Moslems die weibliche Beschneidung weiterhin als ererbte Tradition praktizieren, so haben sich doch schon eine ganze Reihe islamischer Staaten offiziell von dieser Pflicht entbunden, beispielsweise bezeichnet der Mufti des Jemen die weibliche Genitalverstümmelung als eine *„verachtenswerte und unislamische Sitte"*. In einigen Teilen Asiens, wo die Religionen predigen, keiner Fliege etwas zuleide zu tun, hält man umso konsequenter an diesem Wahnsinn fest ... Ganz viel menschlicher Einsatz wird für den schwarzafrikanischen Kontinent gebraucht. Die Verbreitung dieser Sitte ist je nach ethnischer Stammeszugehörigkeit dort verschieden, dennoch ist sie fast überall blutige Realität, in den animistischen Gesellschaften ebenso wie in den moslimischen oder in den christlichen. Tag für Tag vollzieht man im afrikanischen Busch, in den Dörfern und Städten das Grauen der TAHAARA.

Die Gesamtzahl der derzeit beschnittenen Frauen in unserer Welt hat acht Nullen: einhundert Millionen! Das dachte ich bisher ... Inzwischen haben jüngste Recherchen die Zahl 130 Millionen ergeben. Denken Sie bitte an ein einziges kleines Mädchen, an seine hochbrandende Angst in den vergangenen Tagen und an seine Schmerzen – heute – zu dieser Stunde.

DAS ROTE KROKODIL

„Obwohl ich bereits zwölf Jahre alt war, wollten mir Cousinen und Freundinnen, die es bereits hinter sich hatten, nicht erzählen, was auf mich zukommen würde (...) In den frühen Morgenstunden wurde ich mit anderen Mädchen zu einer entlegenen Hütte einer einflußreichen, aber gefürchteten Frau gebracht. Meine Mutter sagte mir, ich solle tapfer sein. Der Moment sei gekommen, wo ich das GROSSE TIER besiegen müsse. Ich stellte mir vor, daß es eine Art rotes Krokodil ist. Und ich hatte große Angst."

(Binta Sidibe, Gambia)

Kapitel 5

DER BEFREIUNGSWILLE DER FRAUEN UNTER DEM HALBMOND

Ein mir gut bekannter Alexandriner emigrierte mit Frau und Kindern in die USA. Die Tochter war 18 Jahre alt. Eines Tages hatte die inzwischen 22jährige wohl ein genügendes Maß an westlicher Freiheit getankt und so viel Selbstbewußtsein entwickelt, daß sie die gelegentlichen Ohrfeigen ihres Vaters nicht mehr hinnahm, obgleich es sich dabei für ägyptische Familienverhältnisse um nichts Außergewöhnliches handelte. Sie ging zu Gericht – und der Vater ins Gefängnis.

Die Emanzipation der arabischen Frau ist auch in ihren heimatlichen Gefilden irreversibel, und selbst Männer, die progressiven Denker, setzen auf das immer stärker werdende gesellschaftsverändernde Element der Frau im Demokratisierungsprozeß der arabischen Welt. Heute sind im Orient die Frauenbewegungen nicht weniger herausfordernd und scharfzüngig als im Okzident. Ich beschränke mich zunächst auf Ägypten, wo die ersten Förderungsbestrebungen der leidenden, permanent unterjochten Frau schon vor 150 Jahren eingesetzt haben … und den Startschuß hat seltsamerweise ein Mann gegeben!

Es begann mit europäischen Studienreisen einiger intellektueller Ägypter im Auftrag von MOHAMMED ALI im Zuge seiner Erneuerungsbewegung, die auf allen Ebenen gleichzeitig eingesetzt hatte. Unter ihnen befand sich Scheich RIRFA'A AL-TAHTAWI (1801–1873), den man den ersten modernen Denker der arabischen Geschichte nennt. Mit großem Mut hat er sich für die brennenden Anliegen der Frau engagiert, für ihre Erziehung im besonderen und für die notwendige Anhebung ihres beleidigend niedrigen Status im allgemeinen, denn ihr Sozialprestige war gleich Null. Sein Buch „AL MURSHED AL-AMIN" („Der treue Führer"), erschienen im Jahre 1870, ist das, was man die erste Charta der arabischen Frauenemanzipation nennen könnte, und drei Jahre später, in seinem Todesjahr, öffneten die ersten beiden Mädchenschulen Ägyptens ihre Tore. Eine Sensation! (Einschaltung: Unter der weißen Flagge des neuen Afghanistan haben sich im September 1996 die Schultore für Mädchen wieder geschlossen, Unterrichtsverbot für Mädchen, Arbeitsverbot für weibliche Lehrkräfte – ein neues Aus!) AL-TAHTAWIs Buch „"TAKHLIS AL-IBRIZ FI TAKHLIS PARIS" („Gold läutern im läuternden Paris") erschien erst 1934, Jahrzehnte nach seinem Tod, und erstrahlte sofort als Grünes Licht für die Frauenbewegungen in der gesamten arabischen Welt.

Ein anderer ägyptischer Intellektueller namens QASSEM AMIN, der ebenfalls durch mehrere Jahre Frankreichaufenthalt beeinflußt war, veröffentlichte im Jahre 1899 ein Buch mit dem Titel „TAHIR AL MARA'A" („Die Emanzipation der Frau"), das ähnlich Furore machte, weil es starke Gegenreaktionen und heftigste Kontroversen auslöste. In Blitzpublikationen erschienen sage und schreibe einhundert Bücher und eine ungeheure Menge polemischer Artikel aus dem traditionalistischen Milieu Ägyptens, das Gift und Galle spritzte gegen diese „neumodischen liberalen Ideen". Der Autor wurde in Grund und Boden gestampft und verteufelt, doch reagierte dieser und antwortete schon im nächsten Jahr mit einem zweiten Buch „AL-MARA'A AI-JADIDA" („Die neue Frau"), das ebenfalls Epoche machte. Diesen Pioniergeist darf man als wahren Frauenrechtler loben, er war ein glühender Kämpfer für die Ägypterinnen und alle anderen arabischen Frauen. Seine Bücher rechnen zu denen, die den stärksten Einfluß auf das arabische Denken zu Beginn des 20. Jahrhundert hatten.

Andere Persönlichkeiten sind diesem Mann mit der Feder in der Hand auf dem Fuß gefolgt, unter ihnen der Nationalheld SAAD ZAGHLUL (gest. 1927), Urheber des Aufstandes von 1919 gegen die fast 40 Jahre währende Fremdherrschaft der Engländer im Land. Ferner eine Reihe couragierter Schriftsteller wie MOHAMMED HUSSEIN HEIKAL, SALAMA MOUSSA, ACHMED HASSAN AL-ZAYYAT, ACHMED CHAWKI, HAFEZ IBRAHIM – und vor allem der in seiner Kindheit erblindete und hoch verehrte TAHA HUSSEIN, der als Autor und Erziehungsminister die Ausstreuung liberalen Ideengutes unterstützte. Sie alle nahmen sich ohne Furcht vor Gegenschlägen des Frauenthemas an, sie alle waren Männer, die begriffen hatten, daß die Geringschätzung der Frau und das verübte Unrecht gegen sie zum Himmel schrie.

Zeitungen und Zeitschriften wie „AL-MANAR“ („Der Leuchtturm“) und „AL-JARIDA“ („Das Journal“), herausgegeben von RACHID REDA und AHMED LOUTFI AL-SAYYED, sind dem Aufruf in die geistige Schlacht gefolgt. Als letzterer zum stellvertretenden Rektor der sich soeben formierenden Kairoer Universität ernannt wurde, machte er sich sogleich zum Verfechter extrem progressiver Ideen und verkündete die Frau als ein Wesen, das dem Manne zur Gänze ebenbürtig sei und folglich Anspruch auf dieselben Rechte und Aufgaben habe wie dieser. Die jetzt brennende Fackel wurde später von der Revolution NASSERs (1952) aufgenommen und weitergetragen, um endgültig mit dem konservativen Geist des Landes zu brechen, der in seinen Töchtern nicht mehr sehen wollte als gebärfreudige Mütter großer Kinderscharen, möglichst männlichen Geschlechts.

Die arabische Frauenbewegung wurde demnach von Männern ins Leben gerufen, doch sind die Frauen begeistert auf diesen Zug aufgesprungen, als sie erlebten, daß der Befreiungsprozeß in Gang gesetzt war. Zusätzlich zu diesen männlichen Initiativen rangen nun auch sie selbst um ihre Anerkennung und begannen, um einen effektiven Anstieg ihrer Lebensqualität hart zu kämpfen; jetzt griffen sie ein ins Räderwerk ihrer eigenen Geschichte; auch wenn sie kaum an rasche Verbesserungen glauben konnten, so wollten sie wenigstens für ihre Töchter und Enkelinnen die Weichen anders stellen.

Zwei damals führende Frauengestalten werden bis heute sehr verehrt, HODA CHAARAWI und SAFIA ZAGHLUL, die Frau des Revolutionshelden. Die erste Frauenzeitschrift „MIRAAT AL HASNAA“ („Der Spiegel der Schönen“) war bereits im Jahre 1896 erschienen, zwischen 1897 und 1913 folgten ihr weitere: „EL RIHANA“ („Süßes Basilikum“), „FATAT EL-SHIRKA“ („Das geteilte Mädchen“), „EL GUENS EL-LATIF („Das schöne Geschlecht“) und „FATAT EL-NIL“ („Das junge Mädchen am Nil“). Auch französischsprachige Frauenzeitschriften wie „LA FEMME NOUVELLE“ („Die neue Frau“) oder „L'EGYPTIENNE“ („Die Ägypterin“) waren am Kiosk zu haben. VIVENT LES FEMMES! …

Der 16. März 1919 wurde zum Markstein. Über 300 Frauen und Mädchen der Kairoer Oberschicht rissen sich ihre Schleier herunter und liefen unter Kampfparolen in geschlossener Front durch die Straßen, angeführt von HODA CHAARAWI. Das war physisch gesehen die erste Selbstdarstellung moslimischer Frauen überhaupt, die aber um Haaresbreite zu einem Bürgerkrieg umgekippt wäre, denn der Skandal war perfekt. Trotzdem wurde die Manifestation von den Beteiligten tapfer durchgestanden und gleich am folgenden Tag noch einmal wiederholt, während der Funke auf andere Städte übersprang. Am 8. Januar 1920 fanden sich 500 Frauen zu einem Kongreß zusammen, wiederum unter dem Vorsitz von HODA CHAARAWI. Treffpunkt die Kairoer Markuskathedrale. Dort ließen sie deutlich hören, daß sie ihre Anliegen in den nationalistischen Kampf des von britischer Fremdherrschaft zu befreienden Landes einbringen werden. Schlußpunkt.

Man versuche bitte, sich heute die Epoche vorzustellen, in der das gewagt wurde. Und die erwarteten Gegenmeldungen ließen auch nicht auf sich warten. Erst heute erkennen wir, welch unerhört kühne Rolle die ägyptische Frau 1919 beim Aufruhr gegen die britische Besetzung gespielt hat. Der damalige Ägypten-Korrespondent der LONDON TIMES hat die Welt von den spektakulären Mutproben dieser Frauen wissen lassen, denn sie haben, um die Öffentlichkeit auf ihre Belange aufmerksam zu machen, sogar Züge entgleisen lassen, Telegrafenmasten halbiert und Kairoer Straßenbahnen im Sturm genommen – all das generalstabsmäßig geplant. Hierzu ein Wort aus Indien, ca. 150 Jahre danach:

„Es trifft zwar zu, daß wir Frauen manchmal zu weit gehen,
aber man hört uns ja nur, wenn wir zu weit gehen."

(Indira Gandhi)

Wenige Jahre später, 1923, tagte der Internationale Frauenkongreß in Rom mit HODA CHAARAWI und ihrer Kameradin CIZA EL-NABARAWI unter den Teilnehmerinnen. Heimgekehrt gründeten sie die UNION FEMINISTE EGYPTIENNE, die mit Erfolg von der Regierung die ersten Rechte einforderte: Abschaffung der forcierten Frühehe der noch unreifen kleinen Mädchen, dafür Zugang zu allen Ausbildungszweigen und eine grundsätzliche Reform ihres Personenstatus. Nach einigen Jahren erkämpften sie sich das Scheidungsrecht, bisher alleiniges Privileg der Männer, und seit 1956 kann die Ägypterin volles Wahlrecht in Anspruch nehmen, aktiv und passiv, d. h. sie ist auch wählbar und den männlichen Kandidaten gleichgestellt.

Doch dieses Ringen um die eigenen Rechte hält seit nunmehr drei Generationen an, vieles ist erreicht worden, vieles noch nicht. Die Frauenbewegung lebt fort; beharrlich verfolgt sie ihre Ziele und nimmt in Kauf, daß sie seit einem Vierteljahrhundert von den Fundamentalisten feindlich bedroht wird. Trotz dieser Widerstände verkünden heute zahlreiche Frauenorganisationen, daß sie eine nur formale Gleichstellung zwischen Mann und Frau nicht länger akzeptieren.

Unter den vielen Tapferen gibt es gegenwärtig herausragende Persönlichkeiten wie die Kairoer Ärztin Dr. NAWAL AL-SADAAWI, die ich persönlich erlebte, als sie vor einigen Jahren in unserem Jesuitenkollegium eine schneidige Rede hielt. Dabei beobachtete ich neugierig ihren Mann, ebenfalls Arzt, der still und gelehrig unter den Zuhörern saß und verfolgte, was seine Frau in ihren hautengen Jeans (eine Signalkleidung im Orient zur beabsichtigten Provokation!) an umstürzlerischen Thesen vorbringen werde ... Die Bücher, Broschüren und Tageskolumnen sowie die Vorträge dieser modernen Streiterin sind von hoher Geistesklarheit und geben Zeugnis von einer zähen Kampfbereitschaft. Ich nenne Ihnen nur einen einzigen ihrer Buchtitel: „DIE FRAU IST NICHT DAS SPIELZEUG DES MANNES". Doch wie sie könnte ich Ihnen noch zehn weitere „Anwältinnnen der ägyptischen Frau" nennen, die zur Stunde bei uns aktiv sind.

Beträchtlich ist die Zahl der Ehefrauen, die schon längst nicht mehr unter der Knute ihres Mannes zu leben gewillt sind, schon längst haben sie ihre Männer in der Arena des Alltagslebens besiegt. Ich denke an eine mir gut bekannte vollberufliche Akademikerin in Alexandria, die ohne eine Silbe der Widerrede zu dulden ihren Mann von A–Z unter der Fuchtel hat. Nach feministischen Vorstellungen setzt sie alles daheim durch und sagt, sie habe damit ihrem Mann aus seiner Selbstverblendung herausgeholfen! Und das in einer arabischen, moslimischen Ehe!

Die Frauen wissen, daß sie ihr Schicksal selber lenken müssen, denn es wird ihnen kein Krümchen geschenkt. Doch möchte ich hier im Lichte des weiblichen Ringens etwas Wichtiges anmerken: Es gibt unter unseren streitenden und heftig reagierenden Feministinnen keine, die ihre Weiblichkeit leugnen wollen. Sie sind in ihrem Aussehen und in ihrer Ausstrahlung ganz Frau geblieben, ihren Charme lassen sie sich das Engagement nicht kosten, einer Vermännlichung der Frau bin ich in unserer Welt bisher noch nicht begegnet. Vergleiche ich diesen Aspekt mit anderen Ländern auf meinen Reisen, so kann ich das leider nicht immer finden.

Unsere CARITAS ÄGYPTEN ist überzeugt, daß die Frau den Schlüssel für das Eingangstor zu neuen Lebensräumen in Händen hält. In naher Zukunft werden weltweit gesellschaftliche Veränderungen durch die Frauen vorgenommen werden, mit denen wir heute kaum rechnen. Die verkrusteten Strukturen bröckeln dahin ... Andererseits müssen wir in Ägypten noch an der Basis arbeiten – der Alphabetisierung auf dem Lande, und diese ist seit vielen Jahren eines der großen Programme unseres CARITAS-Engagements. Wir haben gemeinsam mit dem „Ökumenischen Komitee" Bildungszentren mit Hunderten von Klassen eingerichtet und nennen diese Maßnahme „TA'ALLAM TAHARRAR" („Lerne und befreie dich!") Seit etwa 20 Jahren konnten Zehntausende von Analphabetinnen wenigstens lesen und schreiben lernen, viele von ihnen eine Berufsausbildung erhalten und angeregt werden, sich erstmals für die Gesellschaft und die Welt zu interessieren. Sie konnten ermutigt werden, sich ihre Persönlichkeit bewußt zu machen und lernen, sich zu behaupten, um ihren Selbstwert endlich zu entfalten. Sie wurden angeleitet, mit diesem geistig erworbenen Material ihre Frauenrechte geltend zu machen. Dank dieser wichtigen Basisinformation und kontinuierlichen Instruktion verändern sich die Dörfer tatsächlich, eine neue Lebensweise beginnt sich zu regen – sehr langsam, aber sehr deutlich. Und weiterhin läßt es die UNESCO die Welt bei jeder Gelegenheit wissen:

Zwei Drittel aller Analphabeten sind Frauen.

Soweit über Ägypten. In Pakistan, Bangladesch, Tunesien, Algerien und im Iran in besonderer Weise, aber auch in anderen moslimischen Staaten beobachten wir denselben mutigen Kampf der Frauen und Mädchen. Sie protestieren nicht nur sprachgewaltig, sondern handgreiflich gegen die staatlichen Rechtsvorschriften, weil ständig aufs neue versucht wird, den herkömmlichen Status der Ungleichheit und Abhängigkeit, der völligen Unterwerfung der Frau unter den Mann, zu halten und Aufgelockertes neu auszuzementieren. Nun wollen sie den Status der Erniedrigung endgültig überwinden: *„Es gibt kein Zurück mehr in die Sklaverei!"* Aber die Widerstände sind massiv, z. B. in China. Chinesinnen, die sich für Menschenrechte und Demokratie offen einsetzen, finden sich hinter Gittern wieder, werden gefoltert und sexuell mißbraucht (Aussage von amnesty international 1995).

In Algerien ist die Welt heute Zeuge eines weiblichen Aufstandes, der nur heroisch zu nennen ist. Die Tapferkeit der algerischen Frauen wird in der Weltpresse fast täglich bewundert, denn gerade dort kämpft der Fundamentalismus mit besonderer Hartnäckigkeit darum, allen femininen Einfluß fernzuhalten und das Gesicht der Frau wortwörtlich zu verschleiern. Deshalb protestieren die Frauen und Mädchen zu Zehntausenden, laufen demonstrierend durch die Straßen, und nichts entgeht ihrem wachen Verstand von dem, was im Staate gekocht wird. Dabei sind sie sich vollkommen im klaren, daß sie an der nächsten Straßenbiegung zum Rendezvous mit dem Tod erwartet werden. Sie wissen es genau, man hat sie gewarnt, das Haus nicht ohne Hidschab, den Schleier, zu verlassen ... Die algerischen Frauenrechtlerinnen nennen ihn „die Fahne des Islamismus". Nein, zeichensetzend laufen sie aufrechten Ganges lieber dem Tod ins Messer und sagen:

„Lieber wollen wir in Würde sterben
als in Erniedrigung leben."

(eine Algerierin)

Man verbiete sich, aus solchen Worten einen theatralischen Klang herauszuhören, denn hier geht es um heldenhaftes Tun! Die Bluttaten seit 1992 werden inzwischen mit 120.000 beziffert (CiG am 24. 8. 1997), und selbst im heiligen Fastenmonat Ramadan, Januar 1997, klagten nationale Zeitungen („La Nation", „Le Matin") über Hunderte von Massakern, die oftmals gezielt an Frauen und Mädchen begangen werden; diese Meldungen überstürzen sich und werden in der gesamten Weltpresse kommentiert – *„Fünf algerische Mädchen im Alter von 15 bis 21 Jahren mit durchgeschnittenen Kehlen aufgefunden“* – *„Neun algerische Frauen brutal ermordet – erwürgt, enthauptet oder lebendig verbrannt“* – *„Im ersten Halbjahr 1995 wurden 160 Frauen und Mädchen Opfer der Islamisten“* – *„Militante Islamisten töten 28 Menschen in Algerien mit Messern und Äxten“*. Als „Orgie von Gewalt“ beschreibt die INTERNATIONAL HERALD TRIBUNE am 13. 6. 1997 ein neues Blutbad, in dem 34 Männer, Frauen und Kinder bestialisch ermordet wurden, darunter ein vier Monate altes Baby in den Armen seiner Mutter. Dieselbe Zeitung berichtet am 3. 8. 1997 von *„51 Massakrierten in Larbaa südlich von Algier: Den Männern die Kehlen aufgeschlitzt, die Frauen mit Äxten in Stücke gehackt, die Kinder lebendig verbrannt.“*

Richten wir doch unsere Sinne einmal auf diese aktuelle Gegenwart der algerischen Frauenbewegung, die sich unter tödlichen Umständen dennoch aufrichtet und kämpft, weil sie an den Sieg ihrer Bewegung glaubt – an den Sieg der Vernunft. Die 4 Millionen Moslems in Frankreich, darunter 750.000 Algerier, unterstützen ihre algerischen Schwestern moralisch, sie zeigen sich mit ihnen voll solidarisch. Einer der ihren schreibt:

> *„Frauen und Kinder umzubringen ist ein in der Geschichte der Barbarei selten erreichter Höhepunkt und ein Symptom für eine Irrationalität, die sich jeder Analyse entzieht – wo bleiben die europäischen Intellektuellen? Ihr Schweigen ist ohrenbetäubend!“*
>
> (Tahar Ben Jelloun)

Die „Bewaffnete Islamistische Gruppe“ (GIA) kündigte im August 1997 in ihrem Mitteilungsblatt „Al Djamaa“, das sie auch in Madrid und Paris erscheinen läßt, weitere Gewalttaten an: *„Die GIA wird den Feinden des Islam, vom jünsten Kind bis zum ältesten Greis die Kehle durchschneiden“*. Und ganz generell sagt das Blatt: *„Frauen sind verdorben.“*

Aufklärend für den Westen sind die zahlreichen Veröffentlichungen des Syrers BASSAM TIBI. In seinem bereits erwähnten Buch („Die Verschwörung“ (1993) zitiert er aus dem Richtlinienkatalog der Islamischen Heilsfront (ein 14-Punkte-Programm seit 1982 fixiert), was der politische Islam plant: *„Ferner wird die Entfernung von Frauen und suspekten Elementen aus staatlichen Institutionen, die Abschaffung der Mischung der Geschlechter im Erziehungswesen und am Arbeitsplatz (...) und die strikte Anwendung der Scharia gefordert."* All das ist den algerischen Frauen bekannt. Sie widersetzen sich unter Einsatz des Lebens.

Neben der algerischen weiblichen Tapferkeit nenne ich die sich soeben manifestierende Willensstärke der türkischen Frauen. Die INTERNATIONAL HERALD TRIBUNE berichtet am 17. 2. 1997 über einen sensationellen Protestmarsch zwei Tage zuvor von Tausenden von Türken und Türkinnen durch Ankara, zwei Drittel davon Frauen, gegen die islamisch geführte Regierungspolitik und ihre anwachsende Tendenz in Richtung der Durchsetzung der Scharia. Auf den farbigen Spruchbändern war zu lesen:

- *„Frauen existieren!"*
- *„Frauenrechte sind Menschenrechte!"*
- *„Wir marschieren gegen die Dunkelheit!"*
- *„Wir wollen eine säkularisierte, demokratische Türkei!"*
- *„Nieder mit dem Schariagesetz!"*

Mutige Türkinnen heute. Eine Zeichensetzung anti-fundamentalistischer Gefühle und großer Ängste, eine Kundgebung für Freiheit und Demokratie. Eine Frau trug ein Banner:

„Ich weiß, worauf die Scharia abzielt: mich als Frau draußen zu halten – außerhalb der Menschheit!"

Die Türkinnen wissen, wie die Algerierinnen, wovon sie sprechen und was sie aufhalten wollen. Verfolgen sie doch mit Skepsis und Furcht die Expansion der Imam-Hatip-Schulen im Lande, die „Schulen des predigenden Imam", die nach ihrer Auffassung den laizistischen Staat aufweichen sollen. Über 600 Schulen mit insgesamt 750.000 Schülern soll es bereits geben, die mit dem staatlichen Abitur in der Tasche gleichzeitig wie aus einer „Hohen Koranschule" entlassen werden. Diese gesellschaftliche Entwicklung, gezielt über den Erziehungssektor, läuft den Freiheitsbestrebungen der modernen türkischen Frau genau entgegen. Sie reagiert.

Zwischen dem 16. März 1919 in Kairo und dem 15. Februar 1997 in Ankara liegen fast 80 Jahre, und das sind mehrere Generationen! Es scheint, auf diesem Feld geht es nur im Zeitlupentempo voran. Man möchte diesen Frauen wünschen, daß ihre Drangsal, Angst und Empörung einmal endgültig der Vergangenheit angehören werden. Gegen Rückschritt gibt es kein anderes Mittel, als unbeirrt von neuem zu beginnen. Eine Sisyphosarbeit also? Nein, das ist die arabische Frauenbewegung in ihrem bereits glühenden Selbstbewußtsein ganz gewiß nicht. Die nahe Zukunft wird es bezeugen, denn die Frauen sind in ihrem redlichen Anliegen die Avantgarde im Demokratisierungsprozeß dieser Länder. Sie sind überzeugt, daß es keine vollständige Demokratie geben wird ohne ihre vollständige Teilnahme an dieser Entwicklung. Der neue iranische Staatspräsident Mohammed KHATAMI hat soeben eine dritte Frau auf leitenden Posten in seine Regierung berufen, SAHRA SHOYAEL, zuständig für Frauenfragen…

Hören Sie die starken Mahnworte einer Frau von der Rutgers University (New Jersey/USA) im Juli 1997:

> *„Gewalt gegen Frauen ist ganz einfach die weitverbreitetste Verletzung der Menschenrechte in der heutigen Welt. Sie hat viele Gesichter, von der offenen Gewalt physischer oder sexueller Übergriffe gegenüber dem weiblichen Geschlecht jeden Alters bis zur passiven Gewalt der Vernachlässigung, die Mädchen gegenüber ihren Brüdern benachteiligt in der Ernährung, in der medizinischen Versorgung und in der Erziehung. Und Tatsache ist, daß wir alle an dieser Verschwörung beteiligt sind."*
>
> (Charlotte Bunch,
> Direktorin des Zentrums für
> „Women's Global Leadership")

Ich ende mit einer noblen Absicht, die unsere Bewußtseinsveränderung spiegelt: Im Juni 1997 haben zwanzig Friedensnobelpreisträger einen Appell an die UNO und alle Regierungen der Welt gerichtet, das erste Jahrzehnt des dritten Jahrtausends als das Jahrzehnt gegen die Gewalt ausrufen zu lassen. Mit besonderem Augenmerk auf die physische, psychische und politische Gewalt gegen Kinder in allen gegenwärtigen Gesellschaften.

Kapitel 6

DAS FRAUENDEKRET DER JESUITEN

Vom 5. Januar bis zum 25. März 1995 tagte in Rom die 34. Generalversammlung – in der Fachsprache Generalkongregation – der Jesuiten seit ihrer Ordensgründung im Jahre 1540. Mit ihren 22.580 Mitgliedern (Stand 1996), bestehend aus 16.837 Priestern, 2.603 Brüdern und 4.121 Scholastikern (die jungen Jesuiten in der Ausbildung) ist dies noch immer die größte Ordensgemeinschaft der katholischen Kirche. Die Generalversammlung der Jesuiten setzt sich zusammen aus dem Ordensoberen und seinen Mitarbeitern in Rom sowie den Provinzialen der Welt und den gewählten Vertretern aller Provinzen: den Jesuiten-Delegierten. Sie bildet die höchste, gesetzgebende Versammlung, die auch den Generaloberen wählt.

Während dieser 77 Tage haben unter der Leitung des 29. – zutiefst respektierten – Generaloberen Peter-Hans Kolvenbach 223 Delegierte aus 110 Ländern miteinander beraten. Während der Vollversammlungen in der Aula gab es insgesamt 864 Interventionen und mittels einer elektronischen Anlage 950 Abstimmungen. Es wurden 3.470 Kilo Papier verbraucht, und jeder Delegierte mußte 1.113 Seiten sorgfältig lesen. Diese 34. Kongregation hat schließlich 26 Dekrete (Beschlüsse) verabschiedet sowie 416 normative, teils juridische Erklärungen zu den Konstitutionen, der Verfassung des Ordens, gegeben. Etwa die Hälfte der Arbeitszeit entfiel auf die Beratung in 16 thematisch verschiedenen Kommissionen, aus denen der einzelne zu Beginn der Kongregation wählen konnte, um sich in diesem speziellen Kreis in besonderem Maß zu engagieren. Es wurde auch eine Neuformulierung des internen Ordensrechts vorgenommen.

Die 26 erarbeiteten Dekrete sind neben Einleitungs- und Schlußdekret in fünf Kapitel eingeteilt. Im 3. Kapitel ist das FRAUENDEKRET zu finden, das sich zur

SOLIDARITÄT MIT DEN FRAUEN IN ALLER WELT

bekennt. Für die internationale Pressekonferenz war gerade dieses Dokument eine Bombennachricht, die augenblicklich um den Erdball sprang. Die Jesuiten! Ein reiner Männerorden! ... Zum ersten Mal in ihrer Geschichte haben sie zur Situation der Frau offiziell Stellung bezogen und sich am begangenen Unrecht mitverantwortlich gezeigt. Sie schonten ihren Ordensnamen nicht, setzten Dinge ins grelle Medienlicht, nannten gewisse Geschehnisse und Versäumnisse detailliert beim Namen und prangerten sie an. Dieses neue Dekret besagt, daß die Jesuiten sich nun mehr denn je verpflichten werden, mit ihren besten Kräften für massive Änderungen zum Wohle der Frau einzutreten.

Und nun, meine lieben Freunde, wird es persönlicher. Ich war als einer der Delegierten in Rom dabei und hatte von den 16 angebotenen Arbeitszirkeln die Kommission „Gerechtigkeit" gewählt. Eine Probe:

> *„Unser Einsatz zur Förderung der Gerechtigkeit findet in einer Welt statt, in der die Probleme von Unrecht, Ausbeutung und Zerstörung der Umwelt globale Ausmaße angenommen haben. Religionen sind mitverantwortlich für diese Strukturen der Sünde. Deswegen müssen wir in unserem Einsatz für Gerechtigkeit und Frieden, Menschenrechte und den Schutz der Umwelt mit Gläubigen anderer Religionen zusammenarbeiten. Die Kirche, an deren Sendung wir beteiligt sind, besteht nicht um ihrer selbst, sondern um der Menschheit willen ... Ihr Ziel ist die Verwirklichung des Reiches Gottes in der ganzen menschlichen Gesellschaft, und das nicht nur im kommenden, sondern auch schon jetzt in diesem Leben."*
>
> (Text aus der 34. Generalversammlung 1995)

So fühle ich mich auch ein klein wenig mitbeteiligt an diesem Frauendekret, denn über die bodenlose Ungerechtigkeit gegenüber den Frauen wurde in unserer Kommission heftig debattiert und gründlich nachgedacht. Das gemeinsam erkämpfte und neu erworbene Schriftstück über die Frauen ist ein engagierter und meines Erachtens interessanter Text. Urteilen Sie selbst, denn ich lege Wert darauf, Ihnen den vollständigen Wortlaut hier zur Verfügung zu stellen, auf Ehrenwort ohne Kürzung! Denn es gäbe darin nichts, um es vor der Öffentlichkeit zu verheimlichen – im Gegenteil! Ich denke, dieses Frauendekret zeugt von einem klaren Bewußtsein der bislang schwelenden und schmerzenden Frauenfrage und von dem endgültigen Willen zum Handeln.

JESUITEN UND DIE SITUATION DER FRAUEN IN DER KIRCHE UND IN DER BÜRGERLICHEN GESELLSCHAFT

Das 14. Dekret der 34. Generalkongregation

1. Die 33. Generalkongregation hat die „ungerechte Behandlung von Frauen" nur kurz erwähnt im Rahmen einer Liste von Ungerechtigkeiten im Zusammenhang mit neuen Nöten und Situationen, auf welche Jesuiten in der Ausübung „unserer Sendung" eingehen müssen. Wir wollen gegenwärtig diese Frage mehr im einzelnen und grundsätzlicher angehen. Der Hauptgrund ist, daß wir aufgrund des allgemein gewachsenen Bewußtseins in dieser Frage deutlicher als früher erkennen, daß es sich um ein zentrales Anliegen für unsere gegenwärtige Sendung handelt, in der es darum geht, für Glaube und Gerechtigkeit zugleich einzutreten. Dieses Anliegen hat eine universale Dimension und betrifft Frauen und Männer an jedem Ort. In steigendem Maß übergreift es Klassen- und Kulturgrenzen. Es betrifft auch diejenigen in ihrer Person, die in unserer Sendung mit uns zusammenarbeiten, insbesondere Mitarbeiterinnen, Laien und Ordensschwestern.

DIE SITUATION

2. Die Vorherrschaft von Männern in ihrer Beziehung zu Frauen hat vielfältigen Ausdruck gefunden. Sie umfaßt die Diskriminierung der Frauen in ihren Zugangsmöglichkeiten zur Ausbildung, ferner die unverhältnismäßige Last, die im Familienleben von ihnen zu tragen verlangt wird, sodann daß ihnen für gleiche Arbeit geringerer Lohn gezahlt und ihr Zugang zu einflußreichen Stellungen, sofern sie überhaupt zum öffentlichen Leben zugelassen werden, eingeschränkt wird und daß leider nur zu oft direkte Gewalt gegen sie angewendet wird. In einigen Teilen der Welt

gehören zu dieser Gewalt noch heute weibliche Beschneidung oder, daß die Frau beim Tod des Ehegatten ebenfalls sterben muß, und der Mord an unerwünschten weiblichen Säuglingen. Frauen werden weithin als Werbeobjekte und in den Medien ausgenützt. Sie werden durch die Förderung des internationalen Sextourismus zur Handelsware degradiert.

3. Diese Situation hat vorwiegend aufgrund des kritischen Erwachens und des mutigen Protests der Frauen selbst sich zu ändern begonnen. Aber auch viele Männer haben sich den Frauen angeschlossen, um Haltungen zu bekämpfen, die gleicherweise gegen die Würde von Männern und Frauen verstoßen. Dennoch stehen wir immer noch unter einem Erbe systematischer Diskriminierung von Frauen. Dieses Erbe liegt in den wirtschaftlichen, sozialen, politischen und sogar sprachlichen Strukturen unserer Gesellschaften impliziert. Es ist oft Ausdruck noch tieferer kultureller Vorurteile und Klischees. Viele Frauen spüren, daß Männer nur sehr langsam das volle Menschsein der Frauen anerkennen. Sie erfahren oft eine Abwehrreaktion von seiten der Männer, wenn man sie auf diese Blindheit aufmerksam macht.

4. Natürlich nimmt die Benachteiligung von Frauen in verschiedenen Kulturen unterschiedliche Formen an. Es bedarf der Sensibilität, um nicht nur einen einzigen, zu einfachen Maßstab dafür zu gebrauchen, was als Diskriminierung gelten soll. Aber es handelt sich doch um eine universale Realität. In vielen Ländern, in denen Frauen bereits grausam benachteiligt sind durch Krieg, Armut, Verlust der Heimat oder aufgrund ihrer Rasse, werden sie zusätzlich benachteiligt, weil sie Frauen sind. Es gibt eine „Feminisierung der Armut" und ein bezeichnend „weibliches Gesicht der Unterdrückten".

DAS VERHALTEN DER KIRCHE ANGESICHTS DIESER SITUATION

5. Die Soziallehre der Kirche hat insbesondere während der letzten zehn Jahre energisch gegen diese fortgesetzte Diskriminierung und Benachteiligung reagiert. Vor allem Papst Johannes Paul II. hat alle Männer und Frauen guten Willens und besonders die Katholiken aufgerufen, die wesentliche Gleichheit der Frauen zu

einer gelebten Wirklichkeit zu machen. Dies ist ein echtes „Zeichen der Zeit". Wir müssen uns interkirchlichen und interreligiösen Gruppierungen anschließen, um diese soziale Umwandlung zu fördern.

6. Die Lehre der Kirche fördert die Rolle der Frauen in der Familie, aber sie betont auch die Notwendigkeit ihres Beitrags in der Kirche und im öffentlichen Leben. Sie baut auf dem Text des Buches Genesis auf, wonach Mann und Frau nach dem Bild Gottes geschaffen sind (Gen 1,27), sowie auf der prophetischen Praxis Jesu in seiner Beziehung zu Frauen. Diese Quellen rufen uns dazu auf, unsere Haltungen zu verändern und für einen Wandel der Strukturen einzutreten. Der ursprüngliche Plan Gottes bestand in einer liebenden Beziehung der Achtung, der Gegenseitigkeit und der Gleichheit zwischen Mann und Frau, und wir sind berufen, diesen Plan zu erfüllen. Diese kirchliche Reflexion über die Schrift drückt sich auf eine Weise aus, welche die Dringlichkeit der Forderung unterstreicht, die Theorie in die Praxis zu übersetzen, und zwar nicht nur außerhalb, sondern auch innerhalb der Kirche selbst.

DIE ROLLE UND VERANTWORTUNG DER JESUITEN

7. Die Gesellschaft Jesu nimmt diese Herausforderung und die Verantwortung an, das uns als Männern und als einem männlichen Orden Mögliche zu tun. Wir beanspruchen nicht, für die Frauen selbst zu sprechen. Aber wir sprechen auf dem Grund dessen, was wir von Frauen über uns selbst und unsere Beziehung zu ihnen gelernt haben.

8. Mit dieser Antwort wollen wir im gewandelten Bewußtsein unserer Zeit unserer Sendung treu bleiben: dem Dienst am Glauben, der die Förderung der Gerechtigkeit unbedingt einschließt. Wir antworten zugleich im Bewußtsein unseres begrenzten, aber wichtigen Einflusses als Jesuiten und Ordensmänner in der Kirche. Wir sind uns des Schadens bewußt, der dem Volk Gottes dadurch zugefügt wird, wie in manchen Kulturen Frauen entfremdet werden und sich nicht mehr in der Kirche zu Haus fühlen und auch nicht mehr in der Lage sind, die katholischen Werte aufrichtig ihren Familien, Freunden und Kollegen weiterzugeben.

UMKEHR

9. Als Antwort bitten wir Jesuiten zuerst Gott um die Gnade der Umkehr. Wir selber waren an der bürgerlichen und kirchlichen Tradition beteiligt, die sich gegen die Frauen verfehlt hat. Und wie viele Männer sonst haben auch wir selber die Tendenz, uns einzureden, daß gar kein Problem besteht. Wenn auch unbewußt, haben wir häufig zu einer Weise des Klerikalismus beigetragen, welcher männliche Herrschaft mit angeblich göttlicher Sanktion zu verstärken sucht. Durch die vorliegende Erklärung möchten wir als einzelne und gemeinsam reagieren und das tun, was wir können, um diese bedauerliche Situation zu verändern.

ANERKENNUNG

10. Wir sind uns dessen bewußt, daß die Entfaltung unseres eigenen Glaubenslebens und unser Dienst großen Schaden leiden würden ohne die Hingabe, Großzügigkeit und Freude, die Frauen in unsere Schulen, Pfarreien und andere gemeinsame Arbeitsfelder einbringen. Dies gilt ganz besonders von der Arbeit von weiblichen Laien und Ordensleuten bei den Armen in der Stadt und auf dem Land, die oft in äußerst schwierigen und herausfordernden Situationen geschieht. Darüber hinaus haben viele weibliche Ordenskongregationen die GEISTLICHEN ÜBUNGEN und die SATZUNGEN DER GESELLSCHAFT JESU als Grundlage ihrer eigenen Spiritualität und Lebensführung übernommen und bilden so eine erweiterte ignatianische Familie. Frauen als Laien oder Ordensschwestern sind in den letzten Jahren zu Expertinnen geworden, die Geistlichen Übungen zu geben. Als Exerzitienbegleiterinnen besonders für die Übungen im Alltag haben sie unsere ignatianische Tradition und auch das Verständnis unserer selbst und unseres Dienstes bereichert. Viele Frauen haben mitgeholfen, unsere theologische Tradition in einer Weise umzuformen, die sowohl für Männer wie Frauen befreiend war. Wir wollen unsere Anerkennung für diesen großzügigen Beitrag von Frauen ausdrücken und hoffen, daß diese Gegenseitigkeit im Dienst sich fortsetzt und gedeiht.

WEGE IN DIE ZUKUNFT

11. Es ist unser Wunsch, wenigstens einige Wege konkreter zu benennen, wie Jesuiten dieser Herausforderung für unser Leben und unsere Sendung besser entsprechen können. Wir behaupten nicht, daß es nur ein Modell männlich-weiblicher Beziehung gibt, das zu empfehlen oder gar aufzuerlegen wäre, weder weltweit noch auch nur in einer gegebenen Kultur. Vielmehr erkennen wir eher, wie notwendig eine wirkliche Feinfühligkeit in unserer Antwort ist. Wir müssen uns davor hüten, in einer Weise einzugreifen, die eine Entfremdung der Kultur bedeutete. Unsere Zielsetzung muß vielmehr darin bestehen, einen eher organischen Prozeß des Wandels einzuleiten. Vor allem sollten wir sehr vorsichtig sein, um nicht eine Pädagogik zu übernehmen, die nur noch eine größere Kluft zwischen Männern und Frauen entstehen ließe, welche manchmal bereits ohnehin unter großem Druck durch andere spaltende kulturelle oder sozio-ökonomische Kräfte stehen.

12. Erstens laden wir alle Jesuiten ein, mit Sorgfalt und Mut auf die Erfahrung von Frauen zu hören. Viele Frauen haben den Eindruck, von Männern einfach nicht angehört zu werden. Es gibt keinen Ersatz für solches Hinhören. Mehr als irgend etwas anderes wird es den Wandel mit sich bringen. Ohne Zuhören wird jedes Handeln auf diesem Gebiet, mag es noch so gut gemeint sein, wahrscheinlich an den wirklichen Anliegen der Frauen vorbeigehen und nur männliche Herablassung bestätigen und männliche Herrschaft untermauern. Zuhören im Geist von Partnerschaft und Gleichheit ist die praktischeste Antwort, die wir geben können. Es ist die Grundlage für eine gegenseitige Partnerschaft bei der Reform ungerechter Strukturen.

13. Zweitens laden wir alle Jesuiten ein, als einzelne und durch ihre Institution in Solidarität mit Frauen einzutreten. Die praktischen Weisen, dies zu tun, werden von Ort zu Ort und von Kultur zu Kultur unterschiedlich sein; aber es ist doch leicht, viele Beispiele aufzuzählen:

13.1 Ausdrücklich ist in unseren Arbeiten, vor allem in Schulen, Kollegien und Universitäten, die wesentliche Gleichheit von Mann und Frau zu lehren.

13.2 Befreiungsbewegungen, welche die Ausbeutung von Frauen bekämpfen und ihren Eintritt in das politische und soziale Leben befördern, sind zu unterstützen.

13.3 Dem Phänomen der Gewalt gegen Frauen ist besondere Aufmerksamkeit zu widmen.

13.4 Frauen sollen in geeigneter Weise in Arbeiten und Institutionen der Gesellschaft Jesu beteiligt werden, wobei auch der Dienst bei der Ausbildung nicht ausgeschlossen werden soll.

13.5 Frauen sind an Beratung und Entscheidung für unseren Dienst als Jesuiten wirklich zu beteiligen.

13.6 Mit unseren Kolleginnen ist in gemeinsamen Aufgaben in gegenseitiger Achtung zusammenzuarbeiten.

13.7 In Reden und offiziellen Dokumenten ist in geeigneter Weise auf eine Sprache hinzuarbeiten, die Frauen und Männer als gleichberechtigt einschließt.

13.8 Die Ausbildung von Frauen ist zu fördern; insbesondere sind im Erziehungsprozeß alle Formen von Diskriminierung zwischen Jungen und Mädchen zu beseitigen. Zu unserer Freude werden viele dieser Beispiele an verschiedenen Orten in der Welt bereits praktiziert. Wir bestätigen ihren Wert und empfehlen ihre noch universalere Anwendung.

14. Es wäre töricht zu meinen, daß wir alle Antworten im Umkreis einer neuen, gerechteren Beziehung zwischen Männern und Frauen bereits gefunden hätten oder daß sie bereits für alle befriedigend seien. Man kann wohl im voraus sagen, daß sicher mit der Zeit einige weitere Fragen zur Rolle der Frau in der bürgerlichen Gesellschaft oder in der Gemeinschaft der Kirche noch reifen werden. Durch engagierte und geduldige Forschung, durch Auseinandersetzung mit unterschiedlichen Kulturen und durch Nachdenken über die Erfahrung hoffen die Jesuiten, daran Anteil zu haben, diese Fragen zu klären und die zugrundeliegenden Forderungen der Gerechtigkeit voranzubringen. Der darin eingeschlossene Wandel in der Sensibilität wird unvermeidlich seine

Auswirkungen auf Lehre und Praxis der Kirche haben. In diesem Zusammenhang bitten wir die Jesuiten, wie stets in der Spannung zu leben, die damit gegeben ist, daß man treu zur Lehre der Kirche hält und doch gleichzeitig sich bemüht, die Zeichen der Zeit sorgfältig zu kennen.

ABSCHLUSS

15. Die Gesellschaft Jesu dankt für alles, was bereits durch den oft aufwendigen Kampf um eine gerechtere Beziehung zwischen Frauen und Männern erreicht worden ist. Wir danken den Frauen für ihre Initiative, die sie ergriffen haben und weiter ergreifen. Besonders danken wir den Ordensfrauen, denen wir uns besonders verbunden fühlen und die auf so vielfache Weise durch ihren einzigartigen Beitrag zur Sendung für Glaube und Gerechtigkeit Pionierarbeit geleistet haben. Wir sind auch dankbar für alles, was die Gesellschaft Jesu und einzelne Jesuiten zu dieser neuen Beziehung beigetragen haben, welche eine Quelle großer Bereicherung sowohl für die Männer wie für die Frauen ist.

16. Vor allem wünschen wir, die Gesellschaft in einem strengeren und ausdrücklicheren Sinn dazu zu verpflichten, diese Solidarität als einen integralen Bestandteil unserer Sendung anzusehen. Wir hoffen, daß auf diese Weise die gesamte Gesellschaft diese Arbeit für die Versöhnung zwischen Frauen und Männern in allen ihren Formen als wesentlich zu ihrer Interpretation von Dekret 4 der 32. Generalkongregation der Jesuiten in der heutigen Zeit betrachten wird. Wir wissen, daß ein wohlbedachtes und dauerhaftes Engagement für diese ehrfürchtige Versöhnung nur von unserem Gott der Liebe und Gerechtigkeit ausgehen kann, der alle miteinander versöhnt und uns eine Welt verheißt, in der *„es weder Juden noch Griechen, weder Sklaven noch Freie, weder Mann noch Frau gibt, denn ihr alle seid einer in Christus Jesus"* (Gal 3,28).

Diese deutschsprachige Version des internationalen Textes ist eine vorläufige, Sie verdanken sie einem deutschen Jesuiten-

Dolmetscher während der Kongregation. Die endgültige Fassung im Feinschliff ist angekündigt und soll mit den 25 anderen Dekreten Ende 1997 publiziert werden. Um etwaigen Anfragen zuvorzukommen: Die Genehmigung zur Integration des zitierten Textes liegt von seiten meines Ordens vor. Als ich unmittelbar nach der Teilnahme in Rom einen Vortrag zum Frauenthema in Österreich hielt und aus diesem neuen Dekret zitierte, knisterte im Saal die Spannung ... ich konnte erleben, wie begierig man war, davon zu erfahren. Jedoch, ein volles Jahr später wollte eine meiner Hörerinnen in München mit einem Jesuitenpater darüber reden und mußte zu ihrer Verblüffung feststellen, daß er von der Existenz dieses Frauendekrets der Jesuiten noch keinerlei Wissen hatte. Auch dieser Vorfall inspirierte mich, Ihnen den gesamten Text hier vorzulegen, weil nun nach fast drei Jahren keine Zeit mehr zu verlieren ist.

Eine weitere gute Nachricht, die vom Ernst der Verpflichtung des Jesuitenordens kündet: Die Auseinandersetzung um die Situation der Frauen in Gesellschaft und Kirche hat nicht nur im Dekret 14 der 34. Generalkongregation ihren Niederschlag gefunden. Das Grundanliegen, die Förderung der Gerechtigkeit gegenüber Frauen, wurde durch diese Kongregation auch in das allgemeine Rechtsbuch der Gesellschaft Jesu aufgenommen. Im Siebten Teil der „Ergänzenden Normen" zu den von Ignatius verfaßten Satzungen des Ordens, der überschrieben ist *„Die Sendung und die Dienste der Gesellschaft"*, wird nunmehr für die Praxis des Ordens verpflichtend festgehalten:

> *„Nr. 247 – § 2: Besondere Begutachtung verdient die Lage der Frauen in der heutigen Welt. Unser Beitrag dazu, ungerechte Strukturen zu überwinden und unsere Solidarität mit den Frauen auszudrücken, beinhaltet: die wesentliche Gleichheit von Frauen und Männern zu lehren; jene Hilfe zu leisten, die sich in Situationen von Mißbrauch und Gewalt befinden; bei unseren Arbeiten und in unseren Institutionen für ihre angemessene Präsenz zu sorgen; sie in unseren Einrichtungen an den Entscheidungsprozessen zu beteiligen; ohne jede Diskriminierung ihre Ausbildung zu fördern; soweit nötig, beim Sprechen und Schreiben eine inklusive Sprache zu verwenden."*

Eingeständnis – Reue – Umkehr – Solidarität. Worten der Reue müssen Taten folgen, aber eine schriftliche Darlegung neuer Ansätze ist schon eine erste Tat. Seit 1994 befaßt sich der Vatikan mit der Gestaltung des Festjahres der Jahrtausendwende, wobei der Papst unüberhörbar für jedes Ohr zu einer Gewissensprüfung – auch der Kirche – aufruft. Man lese u. a. sein Apostolisches Schreiben „Tertio millenio adveniente", 1994. Sein Appell ist derart oft zu vernehmen, daß es einen italienischen Journalisten des „Corriere della Sera" reizte, in den Ansprachen des Papstes Johannes Paul II., die er während seines nun fast 20jährigen Pontifikats zu den unterschiedlichsten Anlässen gehalten hat, zu recherchieren. Was er fand, das hat er in einem Buch zusammengefaßt. Er fand insgesamt 25 Vergebungsbitten für die von ihm klar erkannten und klar benannten Fehler der Kirche in den vergangenen Jahrhunderten. Auch bekannte der Papst 94mal Mitschuld der Kirche an einer falsch gelebten Geschichte, wobei das „Vergehen an den Frauen" nicht fehlte. Autor und Titel dieses beachtenswerten Buches, von dem ich hörte: Luigi Accattoli: „Ein Papst bittet um Vergebung – Johannes Pauls II. 'mea culpa'", 1997.

Übrigens: Das sich in aller Welt ständig verstärkende Sozialengagement der Jesuiten, das gelegentlich als politische Einmischung angesehen wird, wurde zum 500. Geburtstag ihres Ordensgründers im Jahre 1991 von Papst Johannes Paul II. endgültig willkommengeheißen, und bei der Generalkongregation 1995 hat er sie erneut dazu ermutigt. Sie dürfen ihrer Sendung treu bleiben: AKTUALITÄT und WANDLUNGSFÄHIGKEIT sind neben der geforderten VERFÜGBARKEIT und MOBILITÄT Schlüsselworte jesuitischen Ordensgeistes. 65 Prozent dieser „mobilen Truppe" kämpft heute in den Entwicklungsländern für soziale Gerechtigkeit, P. General Kolvenbach bestätigte wiederholt den Einsatz des Ordens für die Armen und Ärmsten. Aktiv sind Jesuiten nicht nur in Ausbildungszentren, Schulen und Universitäten, sondern ebenso unter Aidskranken, in Flüchtlingslagern und in Suppenküchen.

Kapitel 7

GIPFELTREFFEN DER FRAUEN PROVOZIEREN DAS WELTGEWISSEN

Die zehn hochrangigen internationalen Konferenzen der letzten 20 Jahre, die sich ganz, zumindest aber teilweise mit den tiefen Nöten und konkreten Hoffnungen der Frauen befaßten, sind glückliche Zeichen für eine sauberere Zukunft. An den derzeitigen Erfolgsbilanzen, die noch keineswegs funkeln, sollte man diese neue Zukunft nicht ablesen wollen. Vergegenwärtigen wir uns aber ein ungeheures Engagement in dieser relativ kurzen Zeit und, mit TEILHARD DE CHARDIN, eine ungeheure menschliche Energie in Quantität und Qualität, die sich hier bündelt, um die Welt zu bewegen.

1.	Mexico City	– 1975 –	I. Weltfrauenkonferenz
2.	Kopenhagen	– 1980 –	II. Weltfrauenkonferenz
3.	Nairobi	– 1985 –	III. Weltfrauenkonferenz
4.	Rio de Janeiro	– 1992 –	Umweltgipfel
5.	Wien	– 1993 –	Menschenrechtskonferenz
6.	Kairo	– 1994 –	Weltbevölkerungskonferenz
7.	Kopenhagen	– 1995 –	Armutsgipfel
8.	Peking	– 1995 –	IV. Weltfrauenkonferenz
9.	Rom	– 1996 –	Welternährungskonferenz
10.	Istanbul	– 1996 –	Habitat-Städtegipfel

Diese großangelegten UNO-Gipfeltreffen unserer Tage sind etwas ganz Neues, sie erscheinen manchem aus der Ferne als ziemlich formell, und die ewigen Pessimistenköpfe unter uns meinen, solche Megaveranstaltungen, um die Welt zu verbessern, seien vollkommen sinnlos. Nein! Nein! Ihre Wirkung ist mit Sicherheit vorprogrammiert, der Geduldsfaktor einberechnet. Die junge deutsche Frauen- und Familienministerin sagte vor Antritt ihrer Reise nach Peking im September 1995:

> *„Die Öffentlichkeitswirkung dieser Konferenz ist für mich nicht zu unterschätzen. Die Aufmerksamkeit der Weltöffentlichkeit wird auf die WAHRE Situation der Frauen gerichtet und – sensibilisiert!"*
>
> (Claudia Nolte)

Die auf den Konferenzen erarbeiteten Papiere werden heute in vielen Sprachen publiziert und allen zugänglich gemacht, die sie erwünschen. Und ganz besonders denjenigen, die sie nicht erwünschen, denen werden sie gezielt zugänglich gemacht. Das schafft Bewußtwerdung und Erkenntnis, aus der man eines Tages nicht mehr aussteigen kann. Es verpflichtet die Männerwelt, sich dieser Problematik voll zu stellen, ihre eigene Verhaltensweise selbstkritisch zu hinterfragen, wenn sie mit der neuen Zeit mitgehen wollen und nicht gegen sie. Das ist mein persönlicher Glaube, das ist meine Überzeugung, das ist meine Zuversicht. Mit dem Abschlußkommuniqué der Pekinger Weltfrauenkonferenz hat eine zentralafrikanische Delegierte der Presse gegenüber erklärt:

> *„Endlich haben wir ein ordentliches Arbeitspapier,*
> *das wir als ein Druckmittel bei unserer Regierung*
> *einsetzen werden."*
>
> (Teilnehmerin aus Benin)

Die Generalsekretärin der Pekinger Konferenz äußerte über das Abschlußdokument:

> *„Dieses Papier könnte das Schlüsseldokument für die*
> *soziale Entwicklung im 21. Jahrhundert werden."*
>
> (Gertrude Mongella, Tansania)

Und eine lateinamerikanische Ordensschwester, die auf dem Heimflug in Europa interviewt wurde, äußerte sich geradezu enthusiastisch:

> *„Peking war ein Ereignis! Diese Konferenz wird in die Geschichte eingehen! Zum ersten Mal wurde ausgesprochen, daß Frauen auf ökonomischer, juridischer und sexueller Ebene den Männern gegenüber gleichberechtigt sind."*
>
> (Franziskanerin aus Nicaragua)

Das ist es! Peking hat ein umfassendes Weltbewußtsein für Frauenanliegen geschaffen. Die eigenen Rechte und ihre Gleichstellung mit dem Mann sind auch auf den anderen Weltkonferenzen unmißverständlich dargelegt und medienstark verkündet worden, wobei man hier einmal freudig ausrufen kann: „Gott sei Dank ein Medienrummel!"

Die Dokumente sind von vielen Ländern unterzeichnet worden, einschließlich von denen, die bis heute keine positiven Veränderungen vorweisen können. Dasselbe könnte ich aber auch von der Allgemeinen Erklärung der Menschenrechte sagen und mahne dennoch: COURAGE! Obwohl viele dieser neuen Texte keinen verpflichtenden Wert haben, sind Spannweite und Durchschlagskraft erheblich. Visionäre Ideen und neue Formulierungen, die von den Massenmedien aufgegriffen werden, zünden heute sehr viel schneller und millionenfach, denn die Medien sind zur Macht Nummer eins geworden und bilden DAS Mittel bei der Meinungsbildung und Mentalitätsveränderung des heutigen Menschen. Jedes Dorf und jedes Haus wird mit diesen „neuen Thesen" erreicht. Ich denke an die Wiener Frauenkonferenz im Juli 1997, die mit Washington zusammengeschaltet gleich ins INTERNET kam. Auf einer dafür eingerichteten Homepage waren die wichtigsten Reden nachzulesen, dazu gab es Kurzbiographien der prominenten Teilnehmerinnen.

Information ist Allgemeingut geworden, und ich habe gegen hämmernde Wiederholung wichtiger Anliegen durchaus nichts! Man schafft damit bei den Unterzeichnerstaaten gewisser Konferenzdekrete moralische Verpflichtungen. Diese Gipfeltreffen werden zu Ergebnissen führen, denn überall brodelt, flammt und knistert es, die Dinge sind unwiderruflich in Bewegung geraten. Unsere Mammut-Epoche des beharrlichen Wegsehens und Totschweigens ist abgelaufen. Die Chefdelegierte der französischen Frauen in Peking begrüßte die Tatsache sehr, daß diese Frauenkonferenz ein weltweites Medienecho ausgelöst hat, und sagte:

> *„Das Ziel solcher Veranstaltungen ist fürs*
> *erste die Provokation des Gewissens."*
>
> (Hélène Gisserot)

Erwiesenermaßen hat sich das bittere Los der Frauen seit der ersten Weltfrauenkonferenz in Mexico City schon positiv verändert, das darf nicht unter den Tisch kommen, z. B. auf dem Erziehungs- und Ausbildungssektor für Mädchen. Obwohl es noch Länder im tiefen Afrika gibt wie Burkina Faso, wo von 100 Frauen 91 nicht lesen und schreiben können, zeigt heute die Weltstatistik, daß die Alphabetisierungsrate der Frauen während dieser 21 Jahre verdoppelt werden konnte! Die Einschulungsrate der Mädchen ist weltweit auf 86 Prozent gestiegen. In Europa klettert die Lebenserwartung der Frauen weiter nach oben, Ende 1995 lag sie bei 80 Jahren. Mehr als die Hälfte der verheirateten Frauen der Welt greifen regelmäßig zu Verhütungsmitteln, während es 1975 zur Zeit der ersten Weltfrauenkonferenz nur ein Viertel der Frauen wagten oder von dieser Möglichkeit überhaupt wußten.

Die Pekinger Konferenz war bisher die spektakulärste und vielleicht die weltbewegendste aller UNO-Konferenzen überhaupt. Etwa 50.000 Delegierte waren aus 185 Ländern zusammengekommen, das eine und einzige Anliegen in allen Herzen zusammengeflossen: „GLEICHBERECHTIGUNG, FRIEDEN UND ENTWICKLUNG". Eine Marokkanerin wehte mit ihrem bunten selbstgefertigten Wandteppich wie mit einer brennenden Fackel, in mehreren Sprachen hatte sie ihren Appell in dieses wollene Plakat gewebt:

„Betrachtet die Welt mit den Augen der Frau!"

Und an diesem Ort waren die Augen der leidenden Frau gemeint, ihre teilweise buchstäblich mörderische Mißachtung und skrupellose Benachteiligung in allem, was das Leben ausmacht. Ihr Schattendasein in der Gesellschaft, ihre Ausbeutung durch den Mann, ihre ganze Misere. DIE FRAU LEIDET.

In der Rede der First Lady der USA HILLARY CLINTON (zuvor Jura-Professorin und Anwältin) fehlte keine Anklage, von Chinas verordneter Einkindehe, Afrikas Mädchenbeschneidungen und Indiens Mädchentötungen bis zur weltweiten Zwangsprostitution, zum Frauenhandel und zur Lohnsklaverei im Westen. Am Pranger stand die allgemeine Rechtlosigkeit der Frau vor dem Gesetz, und die Anklägerin bekam wogenden Beifall. Desgleichen erstaunte und erfreute am Rednerpult CLAUDIA NOLTE die Welt. Viel Zuspruch bekam auch die neuseeländische

Frauenministerin JENNY SHIPLEY, als sie die Atomtests der Franzosen offener und schärfer nicht hätte angreifen können. Endlich sagen die Frauen NEIN! Endlich klagen die Frauen an! Unerwähnt will ich aber nicht die kritische, weibliche Stimme des Vatikans lassen, Harvard-Professorin MARY ANN GLENDON, Mitglied der Päpstlichen Akademie für Sozialwissenschaft. Mit 22 Mitgliedern aus 14 Nationen war sie nach Peking gekommen, zwei Drittel davon Frauen, die mit ihr den Vatikan vertraten. Die Chefdelegierte kommentierte in ihrer Ansprache bestimmte Konferenztexte und forderte energisch zur Korrektur auf.

> *„Meine Delegation kritisiert einen übertriebenen Individualismus und verarmten Jargon über sogenannte Befreiungsrechte. Ein Dokument, das die Würde der Frau achtet, sollte die Gesundheit der Frau in ihrer Ganzheit im Auge haben. Ein Dokument, das den Geist und den Intellekt der Frau achtet, sollte der Alphabetisierung mindestens eben so viel Aufmerksamkeit schenken wie der Sexualität ... Der Heilige Stuhl billigt keine Gesetzesform, die die Abtreibung als legal anerkennt ... Andererseits kann meine Delegation mit Freude eine enge Übereinstimmung zwischen den Punkten dieser Weltfrauenkonferenz und der Katholischen Soziallehre feststellen ... Der Heilige Stuhl wünscht die Bekräftigung der Würde und der Werte der Frauen und gleicher Rechte von Mann und Frau ... Die internationale Gemeinschaft will daher anerkennen, daß die Menschenrechte der Frau ein unveräußerlicher, integraler und unaufspaltbarer Teil der universalen Menschenrechte sind.*
>
> (Mary Ann Glendon)

Trotz zweijähriger zäher Verhandlungen zur Vorbereitung dieser Weltfrauenkonferenz war kein Konsens unter den Teilnehmerstaaten über die Gleichheit von Mann und Frau gefunden worden. Obwohl MAO TSE TUNG zu sagen pflegte *„Die Frauen tragen die Hälfte des Himmels"*, wiesen das Gastland China und einige islamische, fundamentalitische Staaten das Gleichheitsprinzip energisch zurück. Vielleicht muß das praktische Umsetzen der Pekinger Dokumente letztlich durch individuelle Initiativen geschehen, und diese können heute überraschend stark werden. Das ist sicher zielführender – so betonten die Experten – als ein vielleicht decouragierendes Warten auf die erhofften Änderungen von seiten der Regierungen, besonders jener in den patriarchalischen Gesellschaften. Ich glaube, daß sich die NGOs (Nichtregierungsorganisationen) nun in ganz besonderer Weise dieser neu erarbeiteten Texte bedienen und mit ihnen auf die Regierungen einzuwirken versuchen, so lange, bis die steinernen Strukturen in die Brüche gehen. Auch die von den sehr alten gesellschaftlichen Traditionen aufgerichteten und scheinbar undurchlässigen Mauern werden langsam porös gemacht und eines schönen Tages nicht mehr halten.

Neben dem bekannten UNDP-Report (United Nations Development Report) ist die adorable Arbeit der ai (amnesty international) in 150 Staaten gleichzeitig wie Spürhunde unterwegs und heute besonders scharf den Rechtsverletzungen gegen Frauen auf der Spur. Und wie viele andere Engagements dieser sogenannten „Graswurzelorganisationen" schießen unentwegt aus dem Boden! Kein Mensch kann sie noch zählen. Plötzlich sind sie da, streifen sich die Ärmel auf und beginnen ihre zielgerichtete Arbeit mit Idealismus und Heroismus. Selbst in Indien wurde die auf Gandhis Lehren basierende Frauenhilfsorganisation CHETANA VIKAS gegründet – ein Beispiel unter unzähligen unbekannten, ungenannten femininen Maßnahmen zur Selbsthilfe. So auch „End Child Prostitution in South Asian Tourism" in Thailand oder die 1991 in Gambia gegründete APGWA (Association for Promoting Girls' and Women`s Advancement). Es werden laufend neue Begriffe kreiert wie GEM (Gender Empowerment and Measure), das ist ein neuer Maßstab für Einkommens- und Karrierechancen der Frauen in Politik und Wirtschaft. Und diese unüberschaubare Menge von Aktivitäten vergißt nicht einmal die „globale Vernetzung" der weiblichen Hausangestellten zum Schutz gegen ihre Arbeitskraftausbeutung: Ein NGO-Forum ist dabei, auf Weltbasis bestimmte Arbeitsrechte für diese Frauen und Mädchen durchzusetzen und mit dem würdelosen Verhalten Schluß zu machen, daß man sie je nach ihrer Nationalität lohnmäßig gegeneinander ausspielt. Nach dem Motto:

„Nehmen Sie eine von den Philippinen, die ist spottbillig."

Und auch unsere Nonnen zeigen sich solidarisch und nehmen

teil am internationalen Aufbegehren: 300.000 von ihnen aus 470 verschiedenen katholischen Orden haben ein gemeinsames Protestschreiben gegen sämtliche Formen der Frauendiskriminierung präzis verfaßt und präzis unterzeichnet, in dem sie von den Regierungen

„konkrete Maßnahmen gegen Gewalt,
Ausbeutung und Ausgrenzung von Frauen“

fordern. Diese mutige Liste mit 300.000 geistlichen Namenszügen war in Peking von der italienischen Delegation überreicht worden. Auch hier etwas Neues! Sie sehen, es gibt heute ein Spektrum von Fraueninitiativen, das uns Männer erstaunt. Doch geben wir acht, das ist erst der Anfang, der uns ins „frauenbewußte“ Dritte Jahrtausend führt.

Ein Jahr nach dem Pekinger Frauengipfel veröffentlichte die Zeitschrift „Gala“ am 10. 10. 1996 eine der wöchentlichen Kolumnen der amerikanischen Präsidentengattin, in der sie relativ beglückt die ersten bunten Früchte dieser Konferenz einsammelt und ausbreitet:

„In Namibia verfügen Frauen jetzt über gleiche Rechte in der Ehe wie ihre Männer. In Guatemala gibt es für Frauen Stipendien, um an der staatlichen Universität politische Wissenschaften zu studieren. In Kolumbien beschützen neue Gesetze Frauen vor häuslicher Gewalt. In Brasilien werden Frauen endlich kostenlos Krebsvorsorgeuntersuchungen angeboten. In Ägypten ist die Beschneidung von Mädchen verboten worden. Auf den Philippinen gibt es strengere Strafen für Frauen- und Mädchenhandel. In China setzen Alphabetisierungskampagnen für Frauen und Mädchen auf dem Lande ein. Unsere Regierung der USA arbeitet an schärferen Gesetzen gegen Straßenkriminalität und häusliche Gewalt. Überall entstehen Eigeninitiativen, z. B. führen Schülerinnen z. Zt. selbst Kampagnen gegen sexuelle Belästigung im Internet durch. Ich bin davon überzeugt, daß die Weltfrauenkonferenz von Peking von großer historischer Bedeutung für Frauen und Mädchen in aller Welt gewesen ist. Langsam, aber sicher nähern wir uns jenem Tag, an dem man keinen Unterschied mehr zwischen Frauen- und Menschenrechten machen wird.“ (Auszug)

(Hillary Clinton)

Es geht voran! In den USA wird seit dem 1. 4. 1997 jeder mit fünf Jahren Gefängnis bestraft, der eine dortige Afro-Amerikanerin beschnitten hat. Der Auslöser war das Asylgesuch einer 19jährigen Togolesin, die daheim vor der Beschneidung geflohen war. Durch eine Reihe von Artikeln in der „New York Times" wurde die öffentliche Meinung mobil gemacht. Resultat: Die höchste rechtliche Instanz bei den Einwanderungsbehörden hat die genitale Verstümmelung in den amerikanischen Gesetzestexten als „Verfolgung" deklariert, woraufhin den betroffenen Personen politisches Asyl gewährt werden kann. („Progrès Egyptien", 4. 8. 1997)

Alle wissen wir, die Verfechter des Alten bleiben aktiv, und je mehr das patriarchalische Denken und Verhalten in die Enge getrieben wird, umso stärker versucht es aufzutreten. Zum immer wieder erneuten Erstarken des konservativen Lagers hat JACK LANG, der ehemalige französische Kulturminister unter Mitterrand und einer der Berater von Boutros-Ghali bei den Vorbereitungen des Pekinger Gipfels, gesagt, daß es nun dringend an der Zeit sei, die Demokratien vom Halbschlaf zum vollen Erwachen zu bringen und aus der heiligen Vereinigung des Obskuren endgültig auszusteigen, weil das mit den modernen Freiheitsbestrebungen der Frauen unvereinbar geworden ist.

So JACK LANG, und ich stimme ihm voll zu, denn noch immer liegen Welten zwischen Theorie und Praxis, zwischen Zuversicht und Resignation. Das Unrecht gegen die Frau wuchert weiter – in der Ersten, in der Zweiten und in der Dritten Welt, in den islamischen wie in den hinduistischen und buddhistischen Gesellschaften, in den schintoistischen wie in den christlichen Kulturen. Die geknechteten und übergangenen Frauen in all ihrem körperlichen und seelischen Leid werden wohl noch eine gewisse Zeit aushalten müssen, doch sind die Tore in die Freiheit von der internationalen Frauenbewegung aufgesprengt worden, und das Licht der Vernunft bricht sich Bahn.

Hierzu aus dem mir bekannten Tirol eine absolute Novität: Zehn Innsbrucker Rechtsanwälte haben sich bereiterklärt, kostenlos „FRAUENFREUNDLICHEN RECHTSBEISTAND BEI GEWALT" zu leisten. Dahinter liegt das Tabuthema „Gewalt in den

Familien", das endlich gebrochen wird. Das beweisen grausige Zahlen wie diese: Jährlich suchen dreitausend Frauen Schutz und Hilfe in einem Innsbrucker Beratungszentrum, und man nimmt an, daß nur die Mutigsten sich melden. Zehn Anwälte haben nun reagiert. Sie möchten ihre Initiative ausweiten und erließen im Juli 1997 einen Appell an alle Rechtsanwälte.

VITAL VOICES – WOMEN IN DEMOCRACY nannte sich die letzte internationale Frauenkonferenz vor Drucklegung dieses Buches im Juli 1997 in Wien, und wieder bewegte eine sehr ernste und engagierte Rede HILLARY CLINTONs. Diesmal sprach sie im „Austria Center" vor eintausend Frauen aus 19 west- und osteuropäischen Staaten. Einige Stichworte:

> *„Die Frauenfrage ist keine Frage der Moral, sondern der Vernunft. (...) Der Erfolg einer Nation hängt von der Einbindung der Frauen ab, der Reichtum einer Gesellschaft von der Beteiligung der Frauen! (...) Frauenrechte sind Menschenrechte! Gebt den Stimmlosen eine Stimme! (...) Demokratie ist eine Herzenssache, die nur gelebt werden kann, wenn die Würde von Frauen nicht mißachtet wird. (...) Die Sprache der Freiheit ist unsere gemeinsame Muttersprache."*
>
> (Hillary Clinton)

Starker Beifall – wie in Peking. Man hat den Eindruck, die Frauen schweißen sich geradezu zusammen, ihr „networking" nimmt Formen an, pragmatisch verfolgen sie ihre Ziele. Diese letzten Konferenzteilnehmerinnen wollen über INTERNET in Kontakt bleiben, um das Gedeihen ihrer Aktionspläne auszutauschen, und HILLARY CLINTON stellte drei Millionen Dollar in Aussicht für neue Projekte in der Frauensache, die dieser Wiener Konferenz von 1997 entwachsen. Danke!

Auf allen Gebieten menschlichen Tuns und Lassens hat ein ganz neues Nachdenken über die Schlüsselprobleme gemeinschaftlichen Zusammenlebens begonnen, und dieses Nachdenken geschieht laut. Es sind die Massenmedien, die den Durchbruch forcieren. Eine Erleuchtung des weiblichen Bewußtseins findet weltweit statt, das sich nicht mehr damit begnügt, sich nur zum Wort zu melden, sondern es wird im Handumdrehen tätig. Und wie wir Männer es aus diversen Daseinsbereichen wissen: Wenn Frauen aktiv werden, dann werden sie sehr aktiv, und wenn sie etwas durchkämpfen wollen, dann wissen sie sehr genau, wie sie vorzugehen haben.

Die zukünftige Frau wird sich noch Dinge zu erkämpfen wissen, an die sie heute nicht einmal denkt.

TEIL II

Kapitel 8

DAS GEEINTE UND EINENDE WESEN

Die homogene Gesellschaft von einst, in der sich die Menschen untereinander geeint wußten und in die sie in allen Lebensbereichen voll integriert waren, gehört der Vergangenheit an. In jener hierarchisch gegliederten Ordnung fiel jede Unordnung negativ auf, denn alles hatte seinen festen Platz – im politischen wie im gesellschaftlichen und familiären Alltag. Die Wertvorstellungen, Normen und Prinzipien wurden von Generation zu Generation sorgsam weitergegeben, ohne hinterfragt oder gar in Zweifel gezogen zu werden. Eine stabile Welt der Kontinuität, von der man allerdings sagen könnte, sie sei ungeschichtlich, ja antigeschichtlich gewesen, da einer zyklischen Zeit folgend, in der nichts Entscheidendes für die menschliche Entwicklung geschah. Darüber seufzte schon im 3. Jahrhundert v. Chr. der weise Kohelet in Palästina, das damals zum Ptolemäerreich gehörte:

„Was geschehen ist, wird wieder geschehen,
was man getan hat, wird man wieder tun.
Nichts Neues gibt es unter der Sonne."

(Kohelet 1,9)

Die seltenen Veränderungen, die bei diesem System gelegentlich auftraten, wurden schnell von der wohl funktionierenden Struktur aufgenommen, ohne sich von innen erschüttern zu lassen, des öfteren sogar ohne bemerkt zu werden. In unserer heutigen Welt erleben wir das Gegenteil. In ständigen Extrembewegungen robusten Schwankungen unterworfen, ist die Gesellschaft innerlich labil und ständig auf der Suche nach neuen Dingen, während die tausendjährigen Konzepte mit einer selten dagewesenen Kritik analysiert werden. Die Gesellschaft ist von innen her aufgesplittert, sie ist eine sich selbst ständig umwälzende Welt, die nach kurzer Zeit neu Erarbeitetes und froh Erworbenes schon wieder verwirft. Die heutige Welt ist uneins mit sich selbst.

All das beeinflußt die psychologische Situation des Menschen ungeheuer. Er fühlt sich vom Grunde her beunruhigt, es quälen ihn Ängste, die ihm bitte keiner vorwerfen sollte, denn er ist „aus seinem Korb gefallen", wie man sagt, er ist aus dem von Vätern und Urvätern ererbten Gleichgewicht gekommen und kann keinen Orientierungspunkt mehr erkennen. Und wenn ich diese Tatsache in ihrem Kontext lese, dann werde ich von Tag zu Tag sicherer in meiner Annahme, daß der Frau die wesentliche Rolle als einendes und vereinendes Element zukommt und sie daher in allen Bereichen für die Welt aktiv werden muß, aktiv in ihrem Tun, aktiv in ihrem Sein, denn so entspricht es ihrem Wesen – und vermutlich ihrer Sendung.

Die Frau ist eins, der Mann ist es nicht, er ist geteilt, sogar mehrfach geteilt, also uneins. Die Frau ist eins, weil bei ihr das Körperliche, Seelische und Geistige, aber auch das Mitmenschliche in seiner Strahlkraft, seinem Gewicht und seiner Schönheit ein untrennbares Ganzes bilden. In ihr fügt sich alles zusammen, und alles reagiert auf alles. Die Frau denkt nicht nur vernunftbegabt, sondern zugleich denkt sie mit ihrem intuitiv begabten Herzen und mit ihrem allzeit vibrierenden Leib! Wenn sie denkt, spaltet sie viel weniger auf als der Mann, weil ihre Sicht von den Dingen und Wesen eine grundsätzlich verinnerlichte Sicht ist.

Auch die sexuelle Erfahrung ist für sie eine Totalerfahrung, sie erlebt die Liebe immer ganzheitlich. Den Grund hierfür sehe ich in ihren inwendig angelegten Sexualorganen, sie erlebt ihre Geschlechtlichkeit daher tiefer, einheitlicher, intensiver, vollkommener. Eine Frau wird wohl immer fähig sein, sich selbst und denjenigen, den sie liebt, in ihrem Innersten zu vereinen. Und dieses sexuelle Erlebnis überträgt sie auf die geschöpfliche Umwelt, die sie ebenfalls in sich aufnimmt, um mit ihr zu verschmelzen. Die Frau ist ein geeintes und folglich auch die Umwelt vereinendes Wesen. Die erste und höchste Funktion der Frau ist ihre einigende Kraft, und diese wird immer bestrebt sein, Getrenntes zusammenzufügen, weil die Frau selbst ihrem Wesen nach eins ist.

Nicht so der Mann. Ich habe mit Absicht nicht für ihn das Wort „gespalten" verwendet, sondern sage schlicht, er sei uneins mit sich. Da er von Natur her in sich geteilt ist, kann er auch das Sexuelle ohne weiteres als eine Nebensache erledigen – geringer Personenbezug, wenig Gefühlsaufwand, kaum inneres Engagement. Das gilt nicht absolut, aber es geschieht im überwiegenden Maß. Auch das liegt in seiner Anatomie begründet, denn seine Geschlechtsorgane befinden sich außerhalb von ihm, weshalb er zeitlebens ein gewisses Unbehagen empfindet, er erlebt seine Dualität. Der Mann spürt es, nicht eins mit sich selbst zu sein, sondern gewissermaßen verdoppelt. Möglicherweise bringt ihm das aber auch Vorteile, z. B. beim Reflektieren und Analysieren, und das macht ihn zu einem rationalen Wesen. Als Verstandesmensch hält er Abstand zwischen sich und den andern, er gibt sich nicht vollkommen her, nicht an Dinge und Situationen und noch weniger an den einzelnen Menschen. Daher seine Neigung zu Kritik und analytischem Denken, das ja nur per Distanz geschehen kann, das er dann aber als „seine Objektivität" ausgibt. Doch das ist nicht ganz richtig.

Hierzu kommt ein Un-Sinn unserer Zeit, die Aufsplitterung des Wissens als Konsequenz einer exponentiellen Inflation unserer Kenntnisse. Um diese wachsende Tendenz, die zu immer weiteren Spezialisierungen antreibt und die Wissensgebiete immer weiter voneinander entfernt, endlich einzudämmen, wird es jetzt nötig, ein Zentrum zu finden und darin eine alles umfassende Wissenseinheit zu schaffen. Auch auf dieser Ebene halte ich ein Aktivwerden der Frau für unumgänglich und überfällig, für richtungweisend und heilsam, weil sie aufgrund ihrer natürlichen, inneren Einheit immer einen ganzheitlichen Zugang zur Wirklichkeit nehmen wird. Sie kann dem Mann helfen, sie muß dem Mann helfen, diese ungeheure, um nicht zu sagen verheerende Vielfalt des Wissens in seinem Kopf und in seinen Computern zur Aussöhnung zu bringen. Wie aber?

Sie tut es, leider noch unbeachtet und unverstanden von seiten des Mannes, durch ihre gefühlssichere, intuitive Betrachtungsweise, die aus dem Innern der Dinge schöpft, um die es geht, und die bestrebt ist, dieses Innere miteinander zu vereinen. Instinktiv übt die Frau Ganzheitsschau und hilft dabei dem Mann an ihrer Seite, sein Denken und Fühlen ineinsfallen zu lassen, kraß gesprochen, zwischen seinem Kopf und seinen Eingeweiden endlich eine Verbindung herzustellen. So kann die Frau aus dem geteilten Dasein des Mannes eine Einheit schaffen, in der sich alle Dimensionen seines männlichen Wesens treffen. In ihrer verinnerlichten Sicht sehe ich die ganz wesentliche Rolle der Frau überhaupt.

Weil die normale, gesunde Frau von Natur her Liebe ist, eint sie den Mann. In der Liebe darf er eine Ekstase erleben, die ihn über seine Wesenszersplitterung und inneren Differenzen hinwegreißt. Die Liebe ist die einzige Macht, die das in letzter Konsequenz wirklich vermag, denn sie stößt den Menschen nach vorn, erfaßt ihn und versammelt ihn zur Synthese seines eigenen Wesens. Der Mann wird in der wundervoll-notwendigen Nähe der Frau mit sich eins durch die Liebe. Weil die Frau eins ist, ist sie Liebe, und weil sie Liebe ist, ist sie eins mit sich selbst – und der Welt.

Betrachtet man dieses innere Gleichgewicht der Frauennatur, ihre spürbare Ruhe und doch ihre stets sprungbereite, latente Energie, dann meint man, sie müsse dem Mann überlegen sein. Daran glaubte GOETHE. Lassen Sie mich ein Zitat bringen, in dem der französische Denker JEAN GUITTON seinem Volk den deutschen Denker GOETHE vermittelt, weil er sich ihm verwandt fühlt. Beide Denker haben sich sehr gründlich mit dem Wesen der Frau befaßt, beide haben ihre ganzheitliche Veranlagung und Begabung, das „être total“ entdeckt, bewundert und in ihren Werken gepriesen. JEAN GUITTON steht heute im 97. Lebensjahr und ist einer der größten zeitgenössischen Schriftsteller und Philosophen des christlichen Frankreichs:

> *„Goethe hat bemerkt, daß in der Frau weibliche und männliche Persönlichkeitsmerkmale in all ihren Energien harmonisch zusammenfließen, und das vollzieht sich in einer höheren, universellen Ordnung und vollendet sich auf exemplarische Weise. Die Frau erreicht spontan ein Ideal, um das der Mann über große Zeitstrecken hinweg ringen muß, wobei er vielen Irrtümern anheimfällt. Tatsache ist, daß die weibliche Natur die Gegensätze viel leichter vereint als die männliche. Immerzu muß der Mann zwischen Gegensätzen hin- und herlaufen und einen gelehrten, oftmals künstlichen Widerspruch aufzeigen, um diese Gegensätze zu erklären, während die Frau diese längst vereint und das Problem gelöst hat.“*

Die Konsequenz der Männernatur, die unsere Männergesellschaft geprägt hat, ist eine zerrissene Welt, entstanden nach dem Bilde dessen, der sie erzeugt. Heute stehen wir an der Schwelle eines vollkommen durchprogrammierten High-Tech-Roboterdaseins mit perfektem Elektronengehirn als Liebesersatz. Die sich anschleichende Religion heißt „Virtual Reality", und in den Weltlabors bastelt man schon den nächsten Computer, der mit Eiweißmolekülen, Licht und Quantenteilchen rechnen wird. Die Wissenschaft hat einen Glorienschein bekommen, und man ist überzeugt, auf ihrem hochheiligen Sockel sicher zu stehen. Für andere hingegen wächst sich diese hypertechnisierte Welt zu einem Alptraum aus, und einige Schwarzprognosen mögen auch tatsächlich eintreffen. Unsere heutige Gesellschaft ist dabei, vom Zentrum her auseinanderzubrechen, aus ihrem Innersten meldet sich Wirrsal, aus dem sich verirrenden menschlichen Herzen. Das Geschöpf Mensch ist akut in Gefahr.

Und hier setze ich auf die Frau und mit ihr auf die Zukunft!

Was ich hier sage, meine lieben Freunde, das meine ich in der tiefstmöglichen Hinsicht, denn ich spreche vom Wesen der Frau, von ihrem Sein. In unserer verworrenen Situation wird es zur dringenden Mannespflicht, das Einssein der Frau zu erkennen. Für unsere kopfstehende Welt kann die innere Einheit der Frau Heilung bedeuten. Sie kann in ihrer einigenden und versöhnenden Kraft und in ihrem viel tiefer reichenden Respekt vor dem Leben das Entmenschlichte wieder vermenschlichen. Einer meiner Vorträge in Österreich im Jahre 1995 hatte deshalb den Titel „DIE FRAU – HOFFNUNG FÜR EINE NEUE WELT".

Vom Wesen der Frau erhalten wir nicht nur schlicht einen Wink, sondern eine Mahnung. Der Mann muß heute lernen, das weibliche Denken nicht nur intellektuell zu erfassen und es eventuell gnädig an sich heranzulassen, sondern er muß es selbst gern aufnehmen wollen und in seine eigene, männliche Denkweise integrieren. Freilich nicht nur um das Denken der Frau, sondern um alle ihre Dimensionen sollte er sich zu seinem eigenen Vorteil bemühen. Würde er die feminine Gefühlswelt endlich erforschen und verstehen lernen, so könnte der Mann viel gewinnen. Doch zunächst muß er es wollen, er muß die Emotionen der Frau, die sie Tag für

Tag an seiner Seite in Gestik umsetzt, lesen lernen. Die Frau ist nicht nur Erzieherin des Kindes, die Frau ist auch Erzieherin des Mannes, das haben die Größten unter uns freimütig bekannt:

„Nichts hat sich in mir entwickelt
ohne den Einfluß der Frauen."
(Teilhard der Chardin)

Derjenige, der dieses feinsinnige und ehrliche Geständnis ablegt, war Ordensmann, war Jesuit, war Naturwissenschaftler. Er hat den leisen Fingerzeig der Frau in seinem Leben bemerkt und ihn ernst genommen. Fälschlicherweise wird noch immer von vielen Laien angenommen, daß die Geistlichen bei ihrer Persönlichkeitsentwicklung ohne weiteres auf das andere Geschlecht verzichten könnten. Das ist nicht die Wahrheit. Ich spreche aus eigener Erfahrung und erlebe es bei meinen geistlichen Brüdern. Wir entwickeln uns unter weiblichem Einfluß, sei es aus der Nähe, sei es aus der Ferne, sei es uns bewußt oder nicht, gestehen wir es uns ein oder nicht, der Mann wächst an der Frau, denn sie ist seine Erzieherin seit seinen ersten Lebenstagen und durch alle Lebensphasen hindurch und bis ins hohe Alter.

Erziehung ist Einflußnahme, doch viel weniger im Tun als im Sein. Ständiges, eindringliches Reden und Erklären wäre z. B. ein Tun, doch bezweifle ich die effektive Einflußnahme dieser Erziehung. Nein, das Sein der Frau ist der wortlose Einfluß auf das Wesen des Mannes. Sie IST. Sie IST da. Und sie ist wach und aufmerksam, sie hört ihn, und sie denkt sich in ihn hinein. Erziehung ist zunächst hinhören und das Gegenüber voll annehmen, lange bevor verbale Lektionen erteilt werden. Ein entscheidendes Merkmal der Weiblichkeit ist die Bereitschaft. Intuitiv nimmt die Frau daher tausend und zehntausend Dinge auf, in sinnlicher und in außersinnlicher Wahrnehmung. Und so, wie sie den männlichen Samen aufnimmt und in ihren Leib einläßt, so läßt sie auch den Schlag des männlichen Herzens in ihre Brust dringen, das heißt, sie nimmt seine innere Welt auf und sein ganzes Fragen und verbindet sich mit seinem Geist.

Wenn das keine Funktion ist, meine lieben Freunde, dann ist keinerlei Tun eine Funktion. Offenheit und Aufnahmebereitschaft des weiblichen Wesens manifestieren sich auch in der Gastfreundschaft. Die Frau öffnet ihr Haus und bittet Freunde und Fremde an ihren Tisch. Was steht anderes hinter dieser einladenden Geste, wenn nicht ihr Sein? Auch hier sollte man sich als Mann einmal einfühlen, um zu erleben, welche Tiefenschichten hier mitschwingen. Ja, die Frau öffnet und verschenkt sich, weil ihr die Engel diese wunderbare Gabe in die Wiege gelegt haben – zum Wohl der anderen, die in fraulicher Umgebung nicht nur leiblich gedeihen, sondern ganzheitlich, und die von ihr „profitieren" sollen, sodaß sie selber weiterkommen. Die Frau empfängt und bewirkt damit Dinge, die bis ans Ende der Zeiten nicht aufzurechnen wären.

Ich bezeichne die Frau gern als den INNENRAUM. Durch ihre körperliche Gestalt wie durch ihre Berufung zur Mutterschaft ist die Frau ein Innenraum, der sich physisch, biologisch, sexuell und seelisch offen und empfänglich hält. Das bedeutet Frausein in der Welt. So drückt sie selbst sich aus. Und tiefer betrachtet ist dieser Ausdruck femininen Wesens ein Hinweis darauf, wie sehr das Physische bei der Frau mit dem Psychischen und Spirituellen wie aneinander gebunden gemeinsam agiert und reagiert, denn sie ist ihrem Wesen nach ständig auf dieses Sich-Öffnen und Empfangen eingestellt. Auch wenn es heißt, die Frau setze Kinder in die Welt, dann handelt es sich nicht nur um ein unerhörtes physisches Geschehen, sondern es reicht unendlich weit über diesen materiellen Akt hinaus.

Auch hier werden wir angehalten, tiefer zu schauen: Die Frau läßt den MENSCHEN – Kind, Mann oder Frau – „das Licht der Welt erblicken" und lehrt ihn den „aufrechten Gang" im übertragenen Sinn, sie lehrt ihn, sein mitgebrachtes, aber noch verborgenes Potential freizulegen, Schätze, von denen er selbst keine Kenntnis hat oder die er vernachlässigt. So wundert es keineswegs, daß ein Mann zu ihr geht wie an einen Ort, an dem er „mehr werden" kann, als er ist, in dessen Innenraum er einmal wegtauchen darf, weil er sich dort annehmen, ja lieben kann! Geheimnis tiefster Innerlichkeit ...

Auch dann, wenn wir uns bemühen, realistisch zu argumentieren, und zugeben, daß die Frau zu manchen Zeiten leichtfertig, oberflächlich und frivol anmutet, oder nichtssagend, belanglos und leer, selbst dann kommt mit Sicherheit der Moment, in dem sie ganz sie selbst ist: Sie offenbart sich als ernst und tief empfindend, als bis in die letzten Fasern innerlich. An ihrem tiefsten Grund zeichnen sich die Ereignisse ab, dort erlebt sie ihre Begegnungen mit den Dingen und Wesen. Diese Dimension des Innern ist eines der Hauptmerkmale weiblicher Psyche, aus der sich die Existenzweise der Frau erklärt und selbstverständlich auch ihr Leiden! Alles spielt sich in den Untiefen ihres Wesens ab, und alle Regungen sind im Widerschein dessen zu sehen.

Ihre Intimität und Innerlichkeit weisen auf den Uterus hin, auf diesen ganz besonderen Ort, der dem in sich fest zusammengerollten schutzbedürftigen Kindlein vollkommene Geborgenheit schenkt. Wenn keine ärztlichen Instrumente gewaltsam eindringen, um Leben und Wachstum ein Ende zu setzen, dann ist es dort vor jeder Gefahr sicher. In diesem Sinn ist der Uterus die Inkarnation alles Weiblichen, er ist dieses fundamentale, ontologische Innere. Und er ist zugleich an die Begriffe von Dunkelheit und Geheimnis gebunden wie bei unseren früheren Tempeln und Kirchen das abgeschlossene Allerheiligste, in das nicht einmal der Lärm der Straßen eindringen konnte – Liebestreffpunkt des Betenden mit seinem Gott. Der Brunnen- oder Taufraum für die Osternacht wurde „uterus ecclesiae" genannt.

Es ist unbestreitbar, daß die Frau aufgrund ihrer Natur religiöser veranlagt ist als der Mann, ihr Wesen ist kontemplativ, ihr Gespräch mit Gott verläuft innerlicher. Einer Frau fällt es nicht schwer, sich in ihr eigenes Heiligtum zurückzuziehen, um heimlich in Anbetung und Ekstase mit ihrem Schöpfer zu verweilen. In der knappen Verhaltensstudie der beiden unterschiedlichen Schwestern Martha und Maria, bei denen Jesus eingekehrt ist, drückt die hingebungsvoll lauschende Maria das weibliche Wesen „genauer" aus. Martha legt in ihrer Geschäftigkeit viel mehr ein männliches Verhalten an den Tag ..., nützlich durchaus, aber männlich. „Maria hat das Bessere gewählt", sagte ihr Jesus.

Die Veranlagung der Frau ist ihre Stärke, aber auch ihre Verwundbarkeit. Man sagt, die Frau habe nahe am Wasser gebaut, und will damit lästernd eine Schwäche aufdecken. Ich habe darüber nachgedacht, weshalb die Tränen der Frau so rasch und so leicht aus ihren lebendigen Augen dringen, und bin zu dem Ergebnis gekommen, daß auch dafür der Grund ihr innerlich geeintes Wesen ist. Auch das Kind weint spontan und steht der Frau sehr viel näher als dem Mann, es weint, weil es noch in sich geeint ist, weil es die Dinge der Welt – wie die Frau – an Leib und Seele erfährt, sie ungeteilt aufnimmt und als Ganzes erlebt. Dasselbe gilt für die Heiligen. Menschen, die zu einem hohen Grad die Gottesvereinigung erreicht haben und daher auch mit sich selbst vereint sind, auch sie weinen in sehr großer Einfachheit. In der spirituellen Sprache spricht man deshalb vom Geschenk der Tränen. Tränen sind das Zeichen inneren Gelöstseins. Die Frau, das Kind und die Heiligen sind jene gemütstiefen Menschen, die ein genügend starkes Empfindungsvermögen besitzen, um in jeder Situation ungeteilt alles bis an den Grund zu erleben. Wenn nur eine ihrer Saiten angerührt wird, schwingen sogleich viele andere mit, und wenn sie alle schwingen, dann fließen Tränen. Geeinte Wesen!

Die Frau ist dem Pulsschlag des Lebens ganz nahe, und ebenso nahe steht sie dem Tod, diesem anderen Gesicht des Lebens. Die Frau geht vertrauter mit dem Tode um als der Mann, der ihm fremd gegenüber steht, ihn flieht, ihn mehr fürchtet als die Frau. Die Frau ist der Freude sehr nahe, aber ebenso nahe ist sie dem Schmerz. Und ich verstehe, daß aufgrund dieser glücklichen Synthese ihres Wesens nur vom Mysterium der Frau gesprochen wird und nicht vom Mysterium des Mannes. Die Frau ist umhüllt von einem starken Geheimnis, so wird sie vom Mann erlebt – und sie weiß darum …

Es würde nicht schaden, wenn sich der Mann wieder einmal an die Aussagen der Apokalypse erinnert, die uns die Menschheit nach vielen Kämpfen im Stand der Vollendung versinnbildlichen wollen. Ein neues Menschsein versöhnt mit sich selbst, mit der Natur und mit Gott. Und welches Symbol wird verwendet, welche Gestalt präsentieren uns diese prophetischen Texte, um die neue Menschheit aufscheinen zu lassen? Einen Mann oder eine Frau?

„Da erschien ein großes Zeichen am Himmel:
eine Frau mit der Sonne bekleidet,
der Mond war unter ihren Füßen
und ein Kranz von zwölf Sternen auf ihrem Haupt."

(Offenbarung 12,1)

Die Aussage ist signifikant: DIE FRAU IST DIE ZUKUNFT DER MENSCHHEIT. Und sie ist es nicht nur als ein Versprechen für das Kommende, das wir erhielten, sondern als ein Hinweis zur Umsetzung im Hier und im Jetzt.

Deshalb sollte der Mann versuchen, die Frau in seinem Leben ganzheitlich zu erfahren, was für ihn gleichbedeutend wäre mit seiner eigenen inneren Aussöhnung. Wie unter einer krankmachenden Droge steigert er sich in seinem Leistungsdruck und Leistungswillen bis zu jener seligen Stunde, in der er hoffentlich seinen eigenen Ursprung wiederfindet, seine menschliche Einfachheit, seine Reinheit, die Kindlichkeit seiner Seele, ohne die das innere Himmelreich fern ist. Dann mag er erneut in seiner vollen Lebenskraft erstarken und wie die Frau zu einem harmonischen Wesen runden, bei dem Leib und Herz und Intellekt miteinander tief verbunden im Gleichklang arbeiten. Alle männlichen Eigenschaften müssen zur Einheit gebracht werden, um ganzheitlich denken, fühlen und lieben zu können.

In diesem Sinn ist die Frau die Zukunft des Mannes, denn sie bedeutet LEBEN, und Zukunft beginnt immer im Jetzt.

Kapitel 9

UNSERE ERZIEHERIN ZUR LIEBE

Im Orient heißt es über die Liebe, sie sei „Morgenröte und Vollendung zugleich". Die Frau ist das LEBEN, und sie ist die LIEBE. Fast empfinde ich eine Identifikation beider Begriffe in der Gestalt der Frau, denn es scheint, wie es der Dichter spürt:

„Die Frau gehört an keinen festen Platz,
nicht einmal an ihren eigenen,
sie ist allzeit nur mit der Liebe beschäftigt,
die sie ruft, die sie ruft, die sie ruft."

(Christian Bobin)

Diese wundervolle Formulierung fand ich bei der Lektüre seines in Frankreich preisgekrönten Buches „Le Très-Bas" (Paris 1992), das Sie sich bereits in deutscher Übersetzung zu Gemüte führen können. Die Frau geht nicht durchs Leben, sondern sie tanzt es, sie durchtanzt es, weil ihre innere Welt eine schwingende Welt der Liebe ist. Und von dieser Grundverfassung her lebt die Frau ihr Dasein in Ekstase.

Ich hatte bekannt, die Frau sei die Erzieherin des Mannes, insbesondere ist sie die Erzieherin zur Liebe, und eines Tages könnte sie den Mann vielleicht sogar zur Treue umerziehen! Ich erlebe, daß der Treuebegriff vom persönlichen Ansatz und vom Vermögen her bei der Frau wesentlich stärker entwickelt ist, womit ich nicht behaupte, daß es nicht genügend Ehefrauen gibt, die ihre Männer heimlich betrügen, und nicht genügend junge Mädchen, die jahrelang ein buntes Wechselspiel betreiben, das sie sachlich und sehr treffend mit „cold sex" betiteln. Normalerweise ist der Sinn für Treue in der Frau deshalb stärker ausgebildet als im Mann, weil sie sich auf allen Ebenen ihres Daseins stärker, entschiedener und endgültiger engagiert. Der Partner erfüllt ihre Existenz aus der Glut ihrer Mitte, nichts Zusätzliches begehrt sie, nichts Ablenkendes will sie, sondern nur das Einssein mit dem Erwählten.

Es müssen schon eine besondere Konstellation, äußere Umstände und fremde Einflüsse oder eine tiefe innere Enttäuschung dafür verantwortlich gemacht werden, die den Wunsch nach Untreue in der Frau wecken, ihrem tiefsten Wesen entspricht er jedoch nicht, im Gegenteil, er läuft gegen sie, und sie betrügt, noch bevor sie den Partner betrügt, sich selbst. Ein Dilemma unserer Zeit! Ich nannte die äußeren Einflüsse: Unter dem Vorwand der erworbenen Unabhängigkeiten und erkämpften Freiheiten dürfe und solle sie sich jetzt ausleben, um schleunigst und dringendst das nachzuholen, was ihr die Männer und die von ihnen geschaffenen Sittengesetze verboten haben. Doch geben wir acht, weshalb soll sie eine fremde Natur ausleben, die in ihr in dieser propagierten Form gar nicht angelegt ist? Ihre wahre Natur sehnt sich nach nichts anderem als nach einer treuen, festen Liebe, in der sie sich verwirklicht. Auch in dieser Hinsicht wirkt die Frau beispielgebend für den Mann, ob er ihr folgt oder nicht, ob er es wahrhaben will oder nicht, sie lebt ihm die Bedingungslosigkeit in der Liebesbeziehung und den Altruismus vor. Nichts Notwendigeres für den heutigen Mann! Nichts Notwendigeres für die heutige Zeit!

Und es ist wiederum das ganzheitliche Wesen der Frau, aus dem dieses Treuebedürfnis und diese Treuebegabung strömen. Wenn sie liebt, dann absolut und integral. Die Liebe ist für sie weder eine reine Herzenssache noch bloße sexuelle Lust, sondern das Geschehen greift auf alle Ebenen durch und aktiviert auch den Verstand. O, Tag und Nacht denkt sie über ihre Liebe nach! Ihre gesamte, einheitliche Natur steht in Flammen, und das ist für sie etwas ganz Normales. Der Mann ahnt in der Liebesbegegnung davon, auch wenn er es in diesem Maß nicht – oder noch nicht – voll begreift. Doch, wie JEAN GUITTON es nennt, *„die Liebe des Mannes gestaltet sich nach der Liebe der Frau, denn sie ist die stille Lehrmeisterin des männlichen Elans"*.

In ihrer Hinwendung zum Du, in der sich die Frau vorbehaltlos schenkt, jedoch gleichzeitig – und das ist ihre Größe – tiefinnerlich in sich verankert bleibt, kann sie dem Mann nur ein Lehrbeispiel sein. Hier kann er sich durch die Offenheit der Begegnung im Altruismus üben, um mehr Mensch zu werden! Eine wahrhaft liebende Frau liebt selbstlos, und in diesem Sinn bedeutet sie in ihrer pädagogischen Qualität eine Gabe an die Welt. Daher ist die gegenwärtige Banalisierung der Sexualität und die Pornographisierung der Frau Hochverrat an der Frauenwürde, an der Menschenwürde. Die Liebe wird heute pervertiert ohnegleichen, sodaß man das weibliche Wesen trotz Partnerschaft in die Verarmung und bis in die tödliche Vereinsamung drängt. Wir sagten bereits, der Mann kann die Begegnung als bloße Genitalerfahrung für sich allein – locker gesagt als schnellen, animalischen Vollzug genießen, was aber für die Frau bei jeder Wiederholung ein „ganzheitliches Unglück" ist, ja, auch ein seelisches! Deshalb wird es heute dringend notwendig, die Jugend ganzheitlich in der Liebe zu unterweisen, wobei das Mädchen über seine Berufung zur Erzieherin der Liebe belehrt werden und ihm seine Mission bewußt gemacht werden muß.

Wir brauchen eine Humanisierung des Eros in unserer Zeit, die die Werte der weiblichen Schönheit, des Körperlichen und Sexuellen zu verfehlen droht und vom „cold sex" überschwemmt, in ihm ertrinkt. Aber es kristallisiert sich bereits ein „Evangelisierungswille des Eros" heraus, eine Erziehung besonderer Art für den heutigen Mann, der nun endlich das Frauenwesen in seinem sexuellen Geheimnis ergründen will. Mit Faszination entdeckt er uralte Werte neu und kommt sich noch ein wenig verloren vor. Aber er will lernen! Unsere Epoche versteht sich bisher als eine erotische Epoche, obgleich sie im Grund kaum etwas über das wahre Wesen des Eros weiß. Denn solange der Eros in Werbespots feilgeboten und als Ware vermarktet wird, solange man ihn auspreßt bis zum letzten Tropfen, solange ist man paradoxerweise meilenweit vom Ziel entfernt.

Es ist an der Zeit, sich auf eine gute Reflexion, auf eine gründliche Analyse, auf ein psychologisches und geistiges Studium dessen einzulassen, was den weiblichen Körper und den Eros betrifft, um endlich den entscheidenden Sprung nach innen zu vollziehen – nicht weniger leidenschaftlich! – hin zu einer Verinnerlichung und Vergeistigung des Menschen, hin zur größtmöglichen Humanisierung des Eros und der Liebe. Mit der Auflösung unserer Tabus ist das Glück nicht gefunden worden, sondern eher die große Verflachung des Erotischen und damit eine fortschreitende Desillusionierung.

Interessante Überlegungen hat der französische Philosoph EMMANUEL LEVINAS in seinen berühmten Gesprächen mit PHILIPPE NEMO angestellt (Paris 1962), in denen er sagt, die Transzendenz des Weiblichen bestehe darin, sich „woandershin zurückzuziehen“ als eine Art Gegenbewegung zur Offenlegung des Bewußtseins. Er nennt dafür das subtile Wechselspiel der Frau von Schamhaftigkeit und Entblößung in all seiner Doppeltendenz. Dabei klingt es zunächst, als spräche er von der Schamhaftigkeit als einer weiblichen Tugend, fester Teilbestand der Person. Doch dann will er darauf hinweisen, daß das Bewußtsein eine Entblößung der Wirklichkeit anstrebt, die Schamhaftigkeit dagegen ihre Verhüllung. (Sage mir niemand, der Mann würde das ebenfalls beherrschen oder auch nur verstehen!) ... Die Frau bedeckt ihren Leib, sie verbirgt sich auch in anderer Hinsicht von der Außenwelt – weshalb das „Mysterium Frau“ längst zum Allgemeingut unserer Sprache wurde. In ein Mysterium kann niemand vorstoßen, seine letzte Wahrheit bleibt verschlossen, das Mysterium wehrt sich gegen seine „Entblößung“, so raffiniert man sich ihm auch nähert, so gewaltsam man es auch fordert, das weiß jeder Mann bezüglich der Frau, und es ist ihm recht so, denn mehr Erotik findet er im Geheimnis als in der Enthüllung desselben.

Wie wäre es, wenn der Mann auch hier von der Frau lernte? Denn ungeschickterweise stürmt er, wenn er verliebt ist, mit der Tür ins Haus, was von der Frau keineswegs honoriert wird. Möge er besser diese Art Widerspruch weiblichen Verhaltens studieren! Möge die Fachwelt sich damit näher befassen, denn irgend etwas gänzlich Unerforschtes liegt noch hinter diesen gegeneinanderlaufenden Impulsen, welche die Frau aus ihrem Innersten zu erhalten scheint. Einesteils legt sie es gekonnt darauf an, Aufmerksamkeit zu erregen, sie lockt, sie verführt, sie stellt sich dar, spielerisch leicht, doch instinktsicher setzt sie ihre Werte ins volle Licht. Und immer gleichzeitig reagiert ihre Schamhaftigkeit wie ein natürlicher Reflex. So folgt sie einer Doppeltendenz des Sich-Zeigens und Sich-Verbergens und spielt ihr weibliches Potential voll dabei aus.

Ich bezweifle, ob man ihren natürlich-passiven Charakter von ihrem relativ passiven sexuellen Verhalten ableiten kann, hier kommen ganz andere Dinge ins Spiel. Weil die Eizelle in der Unbeweglichkeit die hereinbrechenden Spermen empfängt, wird das männliche Element als aktiv und erobernd empfunden, das weibliche in passiver Erwartung. Andererseits sagt man der Frau exhibitionistische Züge nach, und weil dieses Wort negativ besetzt ist, lehne ich es ab. Denn letztendlich ist es ihr eine heilige Freude, sich gänzlich entblößt im Raum zu manifestieren, und wie bei allem, was sie tut, sie tut es ganz. Mit viel Bedacht legt sie ihre ganze innere Person in die äußere Erscheinung, sie wird „mehr", als sie soeben noch war. Eine Frau, die sich zeigt, zeigt sich wesenhaft ganz. Wortlos gibt sie Auskunft, wortlos sagt sie dem Partner, wer sie wirklich ist. Auch diese tiefe Schweigsamkeit der Frau in der Liebesbegegnung steht in Beziehung zu ihrer Grundtendenz: In ihrer angeblichen Passivität ist sie hochwirksam – ihr Sein wird zum Tun.

Verdrängen wir einmal für einen Augenblick die weltweite Diskriminierung der Frau, besonders in der Dritten Welt, und denken wir an das kolossale Wertbewußtsein, über das sie unter normalen Verhältnissen verfügt, und das eine höhere Stufe erreicht als beim Mann. Die gesunde Frau identifiziert sich auf idealistischer Basis mit den höchsten Werten menschlichen Seins. Denker und Künstler werden nicht aufhören, dieses Thema zu behandeln, sie werden nicht aufhören, vom „Genie der Liebe" zu sprechen wie der dänische Schriftsteller CHRISTIAN KAMPHAUSEN (gest. 1988), ein Mann unserer Tage und kein Romantiker, denn es ist die ewige Aussage über die Frau. Und dieser weibliche Genius ist in letzter Konsequenz an den Opfergedanken gebunden. Authentische Liebe bedeutet immer, sich an eine andere Person – oder auch an eine große Sache – verlieren zu können, die eigene Freiheit, die eigenen Interessen, das Wohlbefinden, ja selbst die Gesundheit zu opfern, sobald dies erforderlich wird. Davon versteht eine Frau tausendmal mehr als ein Mann. Das bittere Opfer, das jede Liebe im Kern enthält, wer der beiden ist befähigter, diesen Tribut freiwillig zu zahlen?

„Es ist das Eigentümliche der Liebe
sich zu erniedrigen."

(hl. Therese von Lisieux)

Hier mögen sich sofort männliche Stimmen melden, die abschätzend von der masochistischen Neigung der Frau sprechen wollen, von ihrem Leidensbedürfnis, denn ihr Opfermut sei ihre geheime Freude am Leiden. Sogar eine Frau, die Psychoanalytikerin HELENE DEUTSCH (gest. 1982), Jüngerin Freuds, hat seitenlange Analysen über die masochistischen Wünsche der Frau erstellt, über ihre Lust am Opferschmerz, in dem sie sich angeblich selbst genießt. Ich kritisiere bei solchen Studien beides, den Ansatz und die Methode, denn starr beharrt man ohne Lockerlassen auf einem bestimmten Aspekt. In diesem Fall wird die weibliche Intuition grundweg auf biologische Instinkte reduziert oder an psychologischen Tendenzen festgemacht. Nein, die Opferfähigkeit der Frau wirkt auf einem weit höheren Niveau, sie bewegt sich in der Ordnung der Moral, und das ist schon die geistige Ordnung. Ihr Opfergeist und das innere Wissen um dessen Sinn ist mit der weiblichen Natur aufs engste verbunden, weil sie das Leiden in- und auswendig kennt. Die Frau LEIDET.

Ich gebe Ihnen ein Beispiel aus dem Armenmilieu Ägyptens, und zwar das Beispiel eines Kindes, eines Mädchens. Wir alexandrinischen Jesuiten organisieren im Sommer Ferienkolonien an unseren Stränden für extrem arme Kinder aus den Nildörfern. Blaß und dünn sind sie; kein Spielzeug, keine normale Kleidung, kein Schuhwerk, viele kommen barfuß in ihrem Pyjama. Vielleicht tragen sie Plastikpantoffeln, vielleicht besitzen sie einen selbst aus Lumpen zusammengewickelten Ball. Unterernährt schauen sie aus wie Achtjährige und sind doch schon 12 oder 13. Ins Meer gehen sie in ihrer Unterwäsche. Eine unserer Helferinnen, eine sechzehnjährige Alexandrinerin, war dabei, als Wohltäter mit Kleiderpaketen zum Strand kamen und man die Sachen verteilte. Da wurde ein hübsches Kleidchen aus dem Karton gezogen und einem der armen Mädel gereicht. Doch es schüttelte energisch den Kopf: *„Ich möchte ein kleineres"*, flüsterte es. *„Aber wieso? Es paßt Dir genau. Außerdem wächst Du." –*

„Ich weiß. Aber ich möchte ein kleineres.
Für meine Schwester daheim. Ich will dafür keins."

Meine lieben Freunde, das ist weibliches Verhalten und kein männliches, angelegt in der Frau und in diesem frühen Stadium schon ganz lebendig.

Das kleine Mädchen lernt das Leiden bereits auszuhalten, wenn es den viel kräftigeren, oft gewalttätigen und böszungigen Buben standhalten muß, die es mit einem unerklärlichen Lustempfinden verspotten, drangsalieren, quälen. In vielen Teilen der Erde entwickelt es in früher Kindheit schon starke Minderwertigkeitskomplexe, weil es vom Clan wie vom allgemeinen gesellschaftlichen Milieu geringer geschätzt wird als der Bub und beizeiten handfeste Diskriminierung erfährt. Aufgrund seiner körperlichen Unterlegenheit bei Sport und Spiel kommt es zu beleidigenden und violenten Übergriffen von seiten der Buben, und das Mädchen muß damit leben. Dann setzt die Menstruation ein, eine zusätzliche Schwäche; das noch völlig unreife Persönchen muß mit dem beschwerlichen Zyklus zu Rande kommen, und in manchen Gesellschaften fühlt sich die Frau während dieser Tage geächtet, sie darf keinen Tempel betreten, um zu beten, weil sie unrein ist. Die nächsten Leiden sind Schwangerschaft und Geburt, die laut Genesis 3,16 als Gottesfluch auf den Frauen lasten, und wir wissen, wie prägend solche Aussagemuster unterbewußt arbeiten. Physische Schmerzerfahrung, psychische Schmerzerfahrung, das historische Bild zeigt uns die Frau als ein Wesen, das unter dem Manne zu leiden hat, weil er sie demütigt, beschimpft und verhöhnt, und wenn wir alle Leiden der Frau seit ihrer Kindheit zusammenschauend betrachten, dann wird uns klar, wie wehrlos sie immer war – und es noch ist.

Deshalb möchte ich bitte davor warnen, der Frau eine Leidens- und Opferlust anzudichten, weil sie psychologisch oder physiologisch dafür gemacht sei. Nein, die Frau opfert sich nur vernünftig, d. h. im gegebenen Fall aus einem ganz anderen und tiefliegenden Grund: In ihr lebt und wirkt ein altruistischer Trieb, sich vollständig für jemanden oder etwas zu engagieren und zu verausgaben. Diese hohe Begabung zum Selbstopfer hört auf einen geistigen Anruf und findet auf spiritueller Ebene statt. Genauer gesagt handelt es sich um eine geistige Sehnsucht, jederzeit bereit zu sein für ein geliebtes Geschöpf (Gott, Mensch oder Tier) und zu leiden, wenn es notwendig ist. Was hätte diese Haltung jemals mit einem persönlichen Geschmack am Leiden zu tun? Vielmehr offenbart uns die Frau in aller Deutlichkeit das unauflösliche Band, das Liebe, Opfer und Leiden miteinander verknüpft.

Wer das gut verstanden hat, der befindet sich im Herzen der weiblichen Existenz und wird das Wunder der menschlichen Liebe begreifen. Anstelle von Wegsehen, Weghören und Mißverstehen sollte der Mann das erzieherische Element darin erspüren und sich ihm öffnen. Die Frau provoziert, indem sie opferbereit handelt, die Selbstüberwindung des Mannes, sie fördert sein Aus-sich-Herausgehen und sein geistiges Wachstum. Als weibliches Wesen ist sie immer ein Appell an alles Sein und Werden, und der lichte Tag wird kommen, an dem der Mann das begreift und zu ehren weiß.

Die Frau ist GABE. Ihr Glück heißt GEBEN, heißt SICH GEBEN, heißt SICH GANZ GEBEN. Gnadenhaft verfügt sie über diese unbegrenzte Fähigkeit des Schenkens – deshalb ist die Frau eine Lebensquelle. Beim Geburtsgeschehen gibt die Frau schließlich von ihrem Fleisch und Blut und Schmerz und setzt dabei ihr Leben aufs Spiel. Ein für den Mann vollkommen fremdes, undenkbarers Verhalten. Manche Frauen stillen ihre Kinder hingebungsvoll viele Jahre. All das ist das tiefe Bedürfnis der Frau, zu geben, ein Geben, das niemals geizt oder bangt, sondern immerzu risikobereit ist. Ihre beiden nach vorn gestreckten Brüste, sind sie nicht zeichenhaft eine körperliche Umsetzung ihres ständigen Gebebedürfnisses?

Ein der Opferfähigkeit verwandtes Attribut ist die weibliche Geduld. Auch hier das Sich-Verlassen zugunsten eines andern, Person oder Sache, weil dieser oder dieses andere die gestiftete Geduld braucht. Hier haben wir die Fähigkeit der Frau, sich unterzuordnen im positiven Sinn – andernfalls ein Reizwort unserer Tage, doch kommt es auf den Zusammenhang an! Wenn meine Beobachtungen stimmen, dann kann ich nur von der seligen Freude (nicht von der masochistischen Lust!) sprechen, die eine Frau empfindet, wenn sie sich freiwillig zurücknimmt, um ein anderes Wesen stärker hervortreten zu lassen. Achten Sie hier bitte darauf, daß das Wort Unterordnung nicht automatisch negativ verbucht wird, als mindere es in jedem Fall die Würde der Frau, weil sie diese damit eigenhändig untergräbt. In dem Maß nämlich, in dem ihre Ergebenheit frei entschieden gewollt und bewußt gelebt wird, korrespondiert die Unterordnung mit dem Wunsch und der Fähigkeit der Frau, den andern auf ihrer Kosten nach allen Kräften zu fördern. Vielleicht ist das ein ursprünglich in ihr verankerter Muttertrieb, nun aber orientiert und bewußt eingesetzt, wobei dieser ins Spirituelle hineinwächst. Warum ins Spirituelle? Weil der andere meist mehr zählt als sie selbst. Wenn das geschieht, und es geschieht hunderttausendfach in unserer Welt, dann handelt die Frau beispielgebend im höchsten Stand des Menschlichen.

Freilich darf hier ein Nachsatz nicht fehlen: Es gibt gegenwärtig noch Frauen in Millionenzahlen, die Tag für Tag und Stunde für Stunde hilflos an eine vermännlichte Welt ausgeliefert sind und von ihr übermannt werden. Bei all den schönen Gedanken, die wir uns über die freiwillige Opferfähigkeit der Frau als Genie der Liebe gemacht haben, müssen wir einräumen, daß hier voraussetzend von einer relativ aufgeklärten Gesellschaft und einer gewissen Emanzipation die Rede sein muß, damit die Frau zunächst erst einmal ihre volle Wesenspersönlichkeit selbst entfalten und betätigen kann. Vielleicht mit anfänglichen Phasen von Aggressivität, weil sie sich in ihre Freiheit hineinkämpfen muß. Später aber wird sie in einem zweiten Schritt dem Akt ihrer Hingabe und Geduld bis hin zum heute verpönten Begriff der Unterordnung einen positiven Wert geben können. Ein Verhalten also, das nicht unter Druck erlitten, sondern von ihr frei gewählt und gewollt wird.

Unglückseligerweise lehrte uns eine bestimmte kirchliche Tradition das genaue Gegenteil des großen Goethewortes *„Das ewig Weibliche zieht uns hinan"*. Oder, was ERNEST RENAN wie in GOETHEs Atemzug fortsetzt:

„Die Frau bringt uns mit der ewigen Quelle in Berührung,
aus der Gott sich uns entgegenspiegelt",

denn es sei klüger, so hieß es von seiten der Kirche, die Frau zu meiden und sie am besten wie den leibhaftigen Teufel zu fürchten. Nachzulesen bei den heiligen Wüstenvätern.

Die Meinung des hl. CHRYSOSTOMUS, daß die Frau schädigender sei als das Tier, haben wir bereits gehört. TERTULLIAN (gest. 222) empfiehlt der Frau, ständig ein Trauerkleid zu tragen und dazu ein reumütiges Antlitz, weil der Gottessohn durch sie habe sterben müssen, indem ihre Urmutter Eva bereits alle Weltschuld auf sich lud. *„Ihr seid die Tür zum Teufel!"* ließ er die Frauen wissen. AUGUSTINUS (gest. 430) verschonte selbst die Nächsten eines Mannes nicht: *„Ob es in einer Ehefrau oder in einer Mutter steckt, es ist immer die Eva, vor der wir uns in jedem Fall hüten müssen."* Und schon die überwiegend negative Darstellung der Frau in der frühen Antike wundert nicht, da alle schriftlichen Formulierungen von Männern stammen, von Sappho einmal abgesehen. So hielt ARISTOTELES die Frau für einen ewigen Jammerlappen, der zudem wenig vertrauenswürdig sei. PLATO prophezeite jenen Männern, die dieses Leben in Feigheit und Unrecht verbrachten, zur Strafe eine Wiedergeburt als Frau. HOMER bescheinigt der Frau einen niedrigen und teuflischen Geist.

Nach dem Ausflug in die Antike wieder nach vorn ins Christentum: THOMAS VON AQUIN (gest. 1274) nennt die Frau *„einen fehlgeschlagenen Mann"*, womit er die allgemeine Meinung der Antike aufnimmt, wonach eigentlich jedes Zeugungsprodukt männlichen Geschlechts sein sollte. Was dabei auch an Weiblichem entsteht, ist ein Fehltritt der Natur. Und das geht so fort bis in unsere Zeiten. JACQUES BOSSUET (gest. 1704) meinte, die Frau sei nichts Besseres als das Produkt eines überzähligen Knochens. NIETZSCHE (gest. 1900) spricht von der Frau als dem Fluch Gottes, OTTO WEININGER (gest. 1903) nennt sie minderwertig, amoralisch und ungenial und hielt die Frau überhaupt für einen kompletten Unsinn. Etwas humorvoller kritisierte SHAKESPEARE die Frau in einem Sonett: *„Wenn die Frau, die ich liebe, mir schwört, daß sie die Wahrheit sage, dann glaube ich ihr, obwohl ich sicher bin, daß sie lügt."* Und schließlich der herrliche Widerspruch zu meiner eigenen Auffassung über die Frau als Erzieherin des Mannes und Erzieherin zur Liebe, die Stimme von SIR PHILIP SYDNEY (gest. 1586):

„Ich rechne damit, daß die Frau die letzte Sache
sein wird, die von uns Männern zivilisiert wird."

Man könnte endlos fortfahren und solche unverfrorenen und ridikülen Dummheiten aneinanderreihen, die umso peinlicher klingen, als sie aus hochgerühmten Mündern stammen. Es gibt haarsträubende Zitatenschätze bei den Feministinnen nachzulesen, die darüber lachen und weinen zugleich. Und ich werde Ihnen gestehen, was mir als Mann dabei in den Sinn kommt:

Sind solche Texte nicht eine uneingestandene Revanche der Männer gegenüber den Frauen, da sie eine mysteriöse und unwiderstehliche Macht über sie ausüben? Revanche für ihren Charme und ihre weibliche Intuition, die sie ihnen neiden, Revanche für ihre wunderbare, ganz besondere Intelligenz, die sie nicht wahrhaben möchten? Die Unergründlichkeit des weiblichen Wesens stellt für den Mann eine unüberbrückbare Entfernung dar, es ist die Unfähigkeit seines restlosen Besitznehmens der Frau. Die Frau lebt und agiert nach ihrem eigenen, geheimen Gesetz, von dem GOETHE sehr viel gewußt und sehr viel gesprochen hat und das sie letztlich unnahbar, unbegreiflich und demzufolge unberechenbar macht. Hierzu noch einmal der zeitgenössische französische Dichter:

> *„Die Männer haben ein Leben lang Angst vor den Frauen, und das vom Grunde her, nicht etwa nur vor ihren weiblichen Konturen, ihrem Gesicht, ihrem Blick oder den Regungen ihres Herzens, sondern Angst vor der Weiblichkeit an sich, Angst vor dem Leben und Angst vor Gott. Diese drei hängen zusammen, die Frau, das Leben und Gott (…) Die Frauen sind uns Männern weit voraus."*
>
> (Christian Bobin)

Wie tief jedoch diese Verurteilungen – zwölf habe ich Ihnen aus der Feder bekannter Männer genannt (die ich allerdings nicht selber aus den Quellen zusammengestellt habe) – im Bewußtsein des Menschen arbeiten, das erkennen wir Priester und Seelsorger im geistlichen Gespräch. *„Mein Pater"*, heißt es besorgt, *„beim Anblick einer attraktiven Frau packt mich wie vom Teufel inspiriert die Versuchung."* Und ich wünschte mir von Herzen, daß von männlicher Seite heute ein neuer Blick für die Frau entwickelt würde, weit entfernt und hoch erhaben über alle Skrupel und Ängste einerseits, andererseits aber auch erhaben über die tobende Pornokultur, die den Körper der Frau vollends entstellt. Die Frauengestalt muß wieder befreit werden aus den Krallen dieser Geschäftshyänen, weil sie durch diese Dauervergewaltigung erleidet, an ihrem Leib, an ihrer Seele, an ihrer Würde.

Die Versuchung und der Irrtum des Mannes bestehen darin, den Eros einfangen zu wollen, nach der Schönheit zu greifen und Hand an sie zu legen, wie man an einen beliebigen Gegenstand Hand anlegt. Doch ist Schönheit vorrangig Gegenstand der Betrachtung, sie soll erschaut und eratmet werden, weil sie etwas Heiliges birgt. Das muß der Mann verstehen lernen, um es zu akzeptieren. Und alle Erotik unserer Zeit, vom Subtilsten bis zur knallharten Pornographie, zielt auf Aneignung dessen ab, was nur in Furcht und Zittern geschaut und innerlich erfaßt werden sollte, um unzerstörbar zu bleiben – kontempliert in einer Haltung des Respekts, der Anbetung und der bleibenden, inneren Freude.

Es gibt eine Art, die Frau zu betrachten, die wie eine Kunst erlernt werden will. Und es ist die geistliche wie die allgemein menschliche Keuschheit, die sich in dieser Kunst ständig übt. Das Schöne aus der Distanz betrachten, um es dennoch in sich aufzunehmen, aber lebendig zu erhalten – das ist der Lohn! Da gilt es für den Mann zunächst einen weiten Weg zu gehen, teilweise steinig und steil, bei dem eine anhaltende Selbstschulung notwendig ist, der aber letztlich zu verborgenen Schätzen ungeahnten Reichtums führt. Wer diese Kunst der Kontemplation eines Tages beherrscht, wird in der Schönheit kein verwertbares Sachobjekt mehr erblicken, sondern ihre wahre Substanz wird sich ihm erschließen mit einer Fülle geistiger Botschaften.

Die Spiritualität TEILHARD DE CHARDINS könnte hier richtungsweisend helfen, indem man auf ihn hört und seine Aussagen ernst nimmt. Es steht uns frei. Sein Angebot ist gemacht. TEILHARD wußte darum und sprach es aus: In der Frau ist der Weg; zum eigenen Schöpfer zu finden. In der Frau soll der Mann das Wesen erkennen, das für ihn die Transparenz der Gottheit verkörpert:

„La femme – la diaphanie même de Dieu!“

Ich teile mit ihm diese Ansicht. Und ich wünschte mir, man könnte diesen Gesamtaspekt mit einer gesunden Spiritualität der Menschwerdung Gottes verbinden, der Inkarnation Jesu Christi, und diese Spiritualität weiterentwickeln! Gerade jetzt, für eine Zeit, die auf einzigartige Weise die Werte der Liebe, des Körperlichen, des Sexuellen und der weiblichen Psyche erforscht und aufgearbeitet zu haben meint.

Ja, das EWIG WEIBLICHE führt uns tatsächlich hinan! Und deshalb ist das Erlernen dieser Kunst, eine Frau zu betrachten, zugleich eine Gebetsschulung ersten Ranges. Die Frau kann den Königsweg zu Gott bedeuten, wenn ein Mann durch sein distanziertes, kontemplatives Verhalten eingeladen wird, in ihr Wesen einzutauchen, und dabei vom Glanz und der Größe Gottes erfährt.

Und sollte es eines Tages zur vollen Vereinigung kommen, dann werden Gesicht und Körper der Frau die Gestalt des Universums annehmen ... Der Mann vereint sich zugleich mit den entferntesten Sternenkörpern, mit der nahen Natur und mit allem Leben. Der Kosmos wird zur Person, zu einem schlagenden Herzen, mit dem er kommuniziert, und zu einer leisen Stimme, die ihm versichert:

„Ich liebe Dich!"

Kapitel 10

DIE IDENTITÄTSFRAGE IST KEINE FRAGE

Das EWIG WEIBLICHE – kein Mythos? Keine Erfindung der Philosophie? Keine dichterische Schöpfung? ... Fragen über Fragen! Gibt es überhaupt eine weibliche Identität? Kann man die Identität des Menschen aufteilen in eine solche und eine solche? Gibt es zwei grundsätzlich voneinander verschiedene Existenzweisen? Wenn ja, welche Gründe, welche Ursachen wären dafür verantwortlich? Sind wir zwei „gegensätzliche" Geschöpfe oder haben wir zumindest höchst unterschiedliche Naturen? Oder sind es sozio-kulturelle Motive, die aus dem Hintergrund aktiv werden, Fremdelemente also, die wesensbestimmend und wesensverändernd von außen eingreifen? Wer könnte vorgeben, auf einen Fragenkomplex wie diesen schlüssige Antworten zu haben?

Hinlänglich bekannt ist die Meinung der SIMONE DE BEAUVOIR (gest. 1986), französische Schriftstellerin, Jüngerin und Lebensgefährtin Sartres, aber ich muß sie hier einbringen. Für sie wird eine Frau nicht als Frau geboren, sondern durch Außeneinflüsse zur Frau gemacht. Nach ihrer Auffassung gibt es keine weibliche Wesensart, die vorprogrammiert von der Natur mitgegeben wird – vergessen wir also die weibliche Identität! Allenfalls wächst diese als Produkt der gesellschaftlichen und kulturellen Rahmenbedingungen heran und ist dann als die Quittung für eine festgefahrene Erziehung anzusehen, vor allem als das Ergebnis einer männlichen Vorstellung, die er, der Mann, sich aus seinem unveränderlich einseitig maskulinen Weltbild von der Frau zurechtgeschnitten hat. Konsequenz: Jedem neugeborenen Mädchen wird dieses starre Bild aufgeprägt wie ein Mal. Die erste Vergewaltigung, die ein weibliches Wesen in seinem Leben erfährt! International aufsehenerregend war im Jahre 1949 ihr großes Frauenbuch „Le Deuxième Sexe" (deutsch: „Das andere Geschlecht"), in dem sie der Welt verkündete, das Mysterium der Frau sei nichts als eine nette Legende, wenn nicht eine fromme Lüge. Und von dieser Aussage nährt sich begierig seit einem halben Jahrhundert die feministische Bewegung. Warum? Weil die Frau leidet. Für die betroffene Frau ist diese These einleuchtend, aufklärend und trostspendend. Doch ich bin noch nicht am Ende: Die Botschaft der SIMONE DE BEAUVOIR war eine heftige Reaktion gegen FREUD, indem sie die volle Menschlichkeit der Frau ins Licht setzte, die in der psychoanalytischen Fachliteratur viel zu kurz gekommen war. Nein, mahnte sie, keine bloße Natur bestimme die Frau, sondern maßgeblich bestimmend sei die Handhabung ihrer persönlichen Freiheit, die diese Natur annimmt, bejaht. Die unausweichliche Determinierung in der freudianischen Theorie wurde hier vom Tisch gefegt. Nichts ist jemals fixiert! Das, was den Menschen als geistiges Wesen ausweist, ist gerade die Fähigkeit seiner Aktion und Reaktion, der Mut Stellung zu beziehen, selbst gegenüber der eigenen Natur, die keineswegs eine fixierte und schicksalbestimmende Sache ist. Die Frau erschafft sich selbst mittels ihrer Freiheit, sie erschafft ihre eigene Wesensart und somit ihr ganzes Lebensprogramm, d. h. sie programmiert sich selbst, sie entwirft ihr Leben. Es geht hier um eine Relativierung der Rede von der bloßen Natur, die nicht nur ein Ensemble unveränderlicher Eigenschaften und Situationen ist, sondern ein buntes Lebensfeld, das vom Menschen bestellt wird, indem er es mit jedem seiner Wahlakte bearbeitet und die Ernte bestimmt.

Sie wissen, meine lieben Freunde, daß ich meinen Hörern und Lesern ihre persönliche Freiheit in eben dieser Weise immer ans Herz lege. Doch in der gegensätzlichen Auffassung zu SIMONE DE BEAUVOIR meine ich, daß es dennoch eine spezifisch männliche und eine spezifisch weibliche Existenzweise gibt, und dieser Unterschied ist nichts von außen Verordnetes, sondern findet seinen Grund im Leiblichen, d. h. in der körperlichen Konstitution beider Geschlechter. Zu meiner Überraschung teilt diese Ansicht mit mir die bekannte Feministin MARIA TERESA BOCILE SANTISO aus Uruguay, eine freie und brillante Denkerin christlichen Formats (im Gegensatz zu SIMONE DE BEAUVOIR), eine kämpferische Seele, die heute auf internationalen Frauenkongressen in aller Welt ans Mikrofon gebeten wird. Ich habe sie selbst im April 1995 in Kfarhbab im Libanon auf der Arabischen Frauenkonferenz erlebt, auf der sie sehr engagiert zum Thema Identität und Mission der Frau gesprochen hat.

Diese interessante Südamerikanerin widerspricht leidenschaftlich der These, es gebe keine weibliche Identität, und sie geht für eine reine Frauennatur in die Bresche. Immer wieder verweist sie auf den weiblichen Körper und seine Funktionen, indem sie behauptet, daß dieser der wesentlich bestimmende Faktor sei, der Wurzelstock frauenpsychologischen Verhaltens und weiblichen Wesens. Frau BOCILE SANTISO leugnet mit Nachdruck, daß eine Frau nur eine Fremdbestimmung, ein Kulturprodukt, ein Erziehungsresultat sei, was selbstverständlich nicht ausschließt, daß durch diese Bedingungen spezielle Werte entwickelt und gefördert werden, die in der Frau seit Geburt angelegt sind. Ganz gewiß erfährt die Frau in ihrem Selbstverwirklichungsprozeß von seiten der Gesellschaft reiche Unterstützung, in diesem Schulungsrahmen wird das Mädchen zur Frau. Doch wird es nur in dem Sinne zur Frau, als es um seine Weiblichkeit in allen Dimensionen Bescheid weiß, sie annimmt, sich an ihr freut und sie voll ausreifen möchte, um ganz Frau zu werden.

Unsere Ära der allgegenwärtigen Leibbetonung bedeutet für Frau BOCILE SANTISO eine „wahre Kulturrevolution". Sie weiß, wenn wir eine vollständige Anthropologie anstreben, dann gilt es bei der Suche nach der menschlichen Identität im allgemeinen und der weiblichen im besonderen die Körpergestik genau zu beobachten und sie in unsere wissenschaftliche Reflexion zu integrieren, sonst läuft uns das Thema davon. Eindringlich lenkte die Referentin unsere Aufmerksamkeit auf die grundlegende Bedeutung des Körpers der Frau und auf seine vielfältigen Zeichen und Signale, die rückwirkend Einfluß nehmen auf ihre Wesensart, ihr Verhalten und auf ihr näheres Umfeld, das sie prägt, ohne es zu beabsichtigen. Die Impulse werden aufgenommen und verarbeitet, ohne daß die Umwelt es realisiert. Ich bringe einen Auszug aus ihrem viel beachteten Vortrag im Libanon unter dem Titel „Die Frau dem Dienst am Leben geweiht" – das Manuskript war sofort von Hand zu Hand gegangen.

> *„Es lohnt die Mühe, sich einmal zu fragen, ob nicht bei der Vielfalt der Kulturen eine tiefliegende Identität existiert, die man das Frausein nennt. Ich glaube ja. Ja, es gibt diese Grundsituation oder Grundverfassung für alle Frauen und geltend für alle Kulturen, für alle Religionen, für alle sozialen Klassen, für alle*

Altersstufen und für alle Bildungsgrade. Diese Grundverfassung ist der Körper der Frau. Der Unterschied zwischen den beiden Modalitäten des menschlichen Wesens führt durch deren Körper hindurch (...) Der Körper der Frau kann ein viel besserer Offenbarer der Identität sein als das Kulturelle, als das Soziale, als das Historische. Bevor eine Frau weiß oder schwarz ist, außer Haus berufstätig oder daheim engagiert, im 5. oder im 21. Jahrhundert angesiedelt und beurteilt wird, ist sie zunächst einmal Besitzerin dieses einen und einzigartigen Körpers, ihres Körpers (...). Wir glauben, daß die phänomenologische Beschreibung dieses Körpers uns etwas über das Wesen und die Identität der Frau verrät (...), denn dieser ist nicht nur eine biologische Funktion, sondern er selbst ist die Verhaltens- und Seinsweise der betreffenden Person (...). Jede Frau besitzt diese Besonderheit, diese innere und äußere strukturelle Fähigkeit, Leben zu tragen, zu nähren und Leben zu entlassen. Wir dürfen sagen, daß wir es beim weiblichen Wesen mit einer tiefen Identität zu tun haben, die sich ganz außer Zweifel jenseits der vielen Einzelkulturen befindet. Anthropologische Ursprünglichkeit, Gabe an das Leben."

(Maria Teresa Bocile Santiso)

Ich stimme mit dieser These ganz überein. Mann und Frau sind als zwei grundverschiedene Wesen nicht von der ihnen eigenen anatomischen, biologischen, physiologischen und psychologischen Konstitution zu trennen. Tiefenpsychologisch werden beide, Mann und Frau, von dieser Gegebenheit geprägt.

Und hier möchte ich Sie noch auf eine ähnliche Stimme verweisen, auf das existenzpsychologische Buch von F. J. J. BUYTENDIJK „La femme, ses modes d'être, de paraître et d'exister" (Paris 1994), er ist Biologe, Psychologe und Philosoph, und sein Buch ist eine existentielle Analyse der Frau, bei der er eine phänomenologische Methode benutzt. Ich schätze dieses Buch, weil es sich gründlich mit bestimmten Details befaßt, das geht bis zur Aufschlüsselung der verschiedenartigen Gangart von Mann und Frau, welche „vielsagend" sei. Alles ist bei diesem Autor „vielsagend", das gefällt mir! Die Gangart des Mannes sei streng zweckbestimmt, seine Schritte gehen, wenn auch ruckweise, linear, willenshart und sicher. Daneben läßt er eine Frau vorm Auge des Lesers federnd schreiten, schwingen, schweben, und sich in Grazie auf Wellenlinien fortbewegen – ohne Ende! … Dies setzt er mit ihrer Daseinsweise in Verbindung: Die Frau schreitet „in der Zeit“, weil sie ihre Vergangenheit, ihre Gegenwart und ihre Zukunft zusammenfließen und einswerden läßt. Diese Zeitlosigkeit in der Zeit ist eine echte Daseinsbezeugung des Weiblichen, die Frau legt in ihre Schritte weniger deutlich die präzise Absicht, und doch fühlt ein jeder ihr stetes Vorankommen. Sie geht, aber sie geht anders, symbolisch gesprochen bewegt sie sich in Wellen- und Kreisbewegungen fort, sie tut es leicht wie im Spiel, das keinen Zweck erkennen läßt.

Hier steht das zweckfreie Sein dem zweckbestimmten Tun gegenüber.

Und in diesem Sinn kann man ableitend vom allgemeinen Tun der Frau als von einem „spielerischen Tun“ sprechen, das seine Zweckbestimmung in sich verborgen trägt – in konzentrierter Stärke! Diese wunderschöne und scheinbar absichtslose Bewegung, in der sich ihre Weiblichkeit zeigt, ist aktiv und passiv zugleich. Die Frau kommt, leicht daherschreitend, der Welt als ein Geschenk entgegen.

Einer der weiteren Vergleiche, die BUYTENDIJK zieht, ist die Zeitinformation. Ein Mann wirft rasch zwei voneinander getrennte Blicke auf das Zifferblatt an seinem Handgelenk. Er ist informiert. Die Frau hingegen sucht und tastet, sie überlegt, ihre Augen führen in Kreisbewegungen über die Uhr, sie kontrolliert die Zeit nicht, sondern sie lebt sie. Ihr ganzes feminines Wesen legt sie in diese eine, belanglose Geste, das ist kein Tun, sondern Sein, weibliches Da-Sein! Männliche Existenz ist vor allem Tun, reges Tun, selbst in den nebensächlichsten Äußerungen wird das sichtbar. Der Mann existiert in seinem Handlungsakt, während die Frau Sein ist im reinen Zustand. Sie existiert nicht, sie IST. Ihre Existenz entströmt ihrem innersten Kern, und das genügt, denn das ist stark, es ist das „stärkere Sein“ gegenüber dem „starken Tun“.

Suchen Sie nicht den Daseinsgrund der Frau irgendwo außerhalb von ihr manifestiert, nein, in der Mitte ihres weiblichen Wesens liegt er verborgen – im Sein der Frau. Und das ist alles, sie hat es nicht nötig, eine Existenzberechtigung zu dokumentieren, indem sie diese an äußeren Dingen darzulegen versucht. Das sei dem Mann überlassen. Er will seinen Daseinsgrund ständig vor Augen haben und ihn sich selber und der Welt beweisen, deshalb verfolgt er sich und sein Leben in seinem eigenen unablässigen Tun. Immerzu, selbst in der Liebe, hat er ganz Bestimmtes im Auge, ein Ziel, das unbedingt erreicht werden muß im Lichte seiner Selbstbestätigung. Er lebt von seinen Zielen, und seine Arbeiten will er sehr rasch zum Abschluß bringen, um ein Resultat vorzuweisen. Seine Ideen müssen sich materialisieren.

Die Frau bringt es fertig, über große Zeitstrecken in einer reinen Ideenwelt zu leben, sie muß nicht ständig auf Trab sein und irgendwo hineilen, sie lebt nicht linear wie der Mann, dessen Symbol die Linie ist. Die Frau ruht letztlich in sich selbst, ihr eigenes Wesen ist ihre Heimat, deshalb ist sie reine Präsenz. Und das ist ihre außerordentliche Stärke und das Geheimnis ihrer Ausstrahlung. Sie läuft nicht davon, sich selbst verlassend in die Welt hinein, nein, sie bleibt wahre Immanenz – wesenhaft innewohnende Existenz an sich, reines Sein, ein Wesen, das sich selbst gegenüber anwesend ist. Daher ist ihr Symbol der Kreis.

Aus all diesen Gründen ist die Frau so anziehend, so sehr Gegenstand männlicher Sehnsucht! Die Frau – ein Gebirgssee, dessen stille Fläche ungeahnte Tiefen verdeckt und zugleich endlose Weiten des Himmels spiegelt. Die Frau kann sehr irdisch reagieren, aber auch engelhaft, sie kann in ihrem Verhalten animalische Züge annehmen, doch das erschrickt nicht, denn zugleich leuchtet ihre himmlische Nähe durch alles hindurch. Das weibliche Mysterium spottet jeder intelligenten Annäherung, weil es nur jenseits unseres Verstandes zu finden wäre. Und in der Art des berühmten Wortes von PASCAL *„Das Herz hat seine Gründe, die der Verstand nicht kennt"*, so könnte man von der Frau behaupten:

Die Frau hat ihre Gründe,
die der Verstand nicht kennt.

Auch in der Art eines Kunstwerkes ist die Frau beides zugleich, äußeres Erscheinungsbild und dynamisches Innenleben. Wie ein Kunstwerk verfügt sie über beides – über Gestalt und Tiefe.

Und sie lockt uns, wie die Kunst uns lockt, sie ist begehrenswert und gleichzeitig selbst einladendes Begehren. Sie weiß es. Sie provoziert es ... Und so verwundert es nicht, daß die Frau vor jeglichem geschäftigen Tun zunächst Sein ist. Ihre größten Lebensleistungen schafft sie kraft ihrer Seele. Die heute antiquiert anmutenden Namen, die man ihr gab, „Heimstätte", „Herd", „Feuerstätte", waren so falsch nicht, denn sie bleibt dieses Strahlenzentrum, diese unveränderliche Kraft im Zentrum der Familie.

Der Verstand der Frau gehorcht anderen Gesetzen. Man verfolge bitte die derzeitigen neuro-wissenschaftlichen Forschungsergebnisse der sehr unterschiedlichen Denkmechanismen beider Gehirnteile sowohl der Frau als des Mannes, auch wenn beide Geschlechter auf ihren unterschiedlichen Wegen dasselbe Ziel erreichen. Und vermutlich folgt die Frau auch einer anderen Logik, weshalb der ganze Streit über die Intelligenzfrage in der Frauendebatte ein Unsinn ist. Die Frau verfügt über eine frauenspezifische Intelligenz, die sie seit Bestehen der Menschheit gekonnt einzusetzen vermag, ohne daß dieser Tatbestand noch je einem Mann wirklich aufgeleuchtet wäre. Mädchen lernen schneller! Wenn jene Riesengestalten menschlichen Denkens wie KANT kategorisch behaupten, die Frau sei weniger intellektuell begabt als der Mann, so bezeichne ich das als eine unverzeihliche Verurteilung ohne Sachkenntnis.

Erst heute wird uns dieser Unfug deutlich gemacht, indem die moderne Hirnforschung aufzeigt, daß es um 100 Gramm mehr oder weniger Masse nicht geht, das ist nicht die Frage, das ist nicht der „triumphale Unterschied". Sondern es geht um die unterschiedliche Benutzungstechnik beider Gehirne und beider Gehirnhälften. Männer und Frauen gehen an dasselbe Problem verschieden heran, es spielen sich demnach verschiedene Prozesse ab, sodaß für die zeitweilig beklagte Fremdheit der Geschlechter zumindest hier einmal gewisse unverschuldete und verborgene Mechanismen im Schädelinneren verantwortlich gemacht werden können. Und auch die Ergebnisse fallen gelegentlich anders aus, z. B. erfaßt ein männliches Gehirn ein wenig schneller mathematische und geometrische Zusammenhänge, während das weibliche leichter und demzufolge geschwinder Fremdsprachen erlernt. Grenzen fließend.

Außerdem ist an der University of Pennsylvania (USA) eine Forschungsstudie zu dem frauenschmeichelnden Ergebnis gekommen, daß Frauen länger intelligent bleiben als Männer, weil sie über die Jahrzehnte ihr Gehirn besser in Schwung und in innerem Gleichgewicht halten. Bei Männern hingegen schrumpfen mit zunehmendem Alter gewisse Gehirnteile (Ruben Gur, USA). Das fällt umso stärker ins Gewicht, als Frauen von vornherein über 11 Prozent mehr Gehirn-Nervenzellen verfügen als der Mann (Sandra Witelson, USA).

Weibliche Stärke – eine andere Stärke! Es gibt eine äußere und eine innere Stärke des Menschen, wer besitzt von welcher Qualität mehr? Diese Frage sollte in jedem Fall unbeantwortet bleiben, nur das wäre weise. Denn innere Stärke ist unbenennbar, da es hier um qualitative Dinge und geistige Einsichten geht und Mann und Frau verschiedene Werte dafür anzubieten haben – komplementäre Werte, einander ergänzende, auf einander hingeordnete Werte. In den europäischen Sprachen fand ich bisher keinen gemeinsamen Wurzelstamm der Wörter „Mann" und „Frau", um das Gemeinsame im Komplementären anzudeuten, doch im Hebräischen haben wir „Isch" (Mann) und „Ischa" (Frau) und im Arabischen „Mar" (Mann) und „Imra'a" (Frau). Diese sprachlichen Äußerungen treffen sich gut mit der Bildsymbolik der Genesis im Ausruf Adams: *„Das endlich ist Bein von meinem Bein und Fleisch von meinem Fleisch!"* (Gen 2,23a) – und doch ist Eva etwas ganz anderes, ein eigenständiges, neues Geschöpf von personalem Wert.

Auch in der sexuellen Polarität – und welche Lebensäußerung wäre gegensätzlicher – sollen sich die Partner heranbilden. Wenn die Frau in stiller Zweisamkeit ihren Kopf auf der Brust des Mannes ruhen läßt, dann scheint sie eindringen zu wollen, dorthin, woher sie genommen wurde während des Paradiesesschlafes des Mannes. Aber der Mann wird auch aus der Frau genommen! Jeder Mann verläßt den Leib einer Frau, um ins Leben zu treten.

Gleichheit also? Keiner kann zum andern sagen: „Du bist (nichts als) ein Teil von mir!", denn der eine ist vielmehr ein zusätzlicher Teil des andern. Es sollen die beiden Geschlechter im ständigen Geben und Nehmen zueinanderwachsen, wie alles zueinanderdrängt und dem geheimen Schöpfungsplan folgt.

Möge doch dieses Prinzip nicht vollends vom militanten Feminismus ausgeschrien werden, denn auch das Männliche ist geplant. Mögen doch die Frauen gelegentlich etwas großzügiger denken und ihm seinen Namen als „Familienoberhaupt" lassen, wenn es ihn freut. Jede Gesellschaft hat ein Haupt, und eine Familie ist eine kleine Gesellschaft. Muß denn dieser Männertitel die Würde der Frau beschädigen? Sinkt ihr Wert, wenn ihr Mann als Chef des Hauses betrachtet wird? Hier stecken wir wieder fest, hängen am Widerhaken, denn wir verrechnen Dinge, die nicht in dieselbe Rechnung gehören. Denn dann ist es die Frau selbst, die sich niedriger einstuft bei ihrem Wettlauf in Männerdingen und in ihrem grenzenlosen Imitationsbestreben, weil sie ihren Eigenwert erst dort anzusiedeln glaubt, wohin sie sich mühsam hingekämpft hat: Sie will der Männerrolle identisch gewachsen sein. Die Lösung lautet jedoch: Wenn sie ihre andere, geheimnisstarke, feminine Rolle wirklich in vollem Ausmaß ausspielen würde, indem sie diese in ihrer Tiefendimension erkennt, dann könnte sie sich nicht nur selber voll annehmen, sondern würde sich zugleich angenommen wissen, vollkommen anerkannt, respektiert und verehrt. Wenn sie dem Mann den Kopf abschneidet, dann gibt es ihn nicht mehr, und wenn sie ihm das Herz herausreißt, dann gibt es ihn auch nicht mehr.

In jeder Gesellschaft bestehen zwei Pole, auch in der Familiengesellschaft, es ist der Autoritätspol und der Einflußpol. Nach meiner Ansicht steht der Mann für den ersten, die Frau für den zweiten. Der männliche Autoritätspol ist mehr nach außen orientiert, der weibliche Einflußpol mehr nach innen. Der Einfluß der Frau drängt zur Mitte, still aber anhaltend. Der Autoritätspol manifestiert sich meist nur vorübergehend und dann vehement. Und ich rufe es laut: Die heute an ihrer Weiblichkeit zweifelnde Frau muß von ihrem eigenen Höchstwert voll überzeugt werden, um vollmenschlich sie selbst zu sein – doch anders als der Mann. Anders! Von dem Tandembild, die Frau im

Gleichschritt hinter dem Mann, hat sie sich ohnehin verabschiedet, doch hat sie es noch nicht gegen ein neues Bild eingetauscht, das der unschätzbaren Komplementarität. Gleichheit und Gleichwertigkeit selbstverständlich, doch verschieden voneinander! Ich bekam vor einem Jahr eine Spruch-Postkarte aus Berlin mit dem originellen Text:

„Eine Frau, die so sein will wie ein Mann,
hat einfach keinen Ehrgeiz."

Glänzend! Köstlich! Es geht um das Besonderssein als Mann und um das Besonderssein als Frau. Im Gegeneinander und Miteinander verwirklichen sich beide.

Die Natur der Frau – und hier ist sie dem Mann qualitativ überlegen – ist vor allem gekennzeichnet durch das Symbol der freien Gabe. Diese Gabe hat einen Ursprung, es ist die Anlage zur Mutterschaft, eingeschrieben in die biologische und psychologische Struktur der Frau. Vielleicht ist es die ihr innewohnende Zärtlichkeit in der Liebe, die sie befähigt, ein Kind zu empfangen, es auszutragen, es zu gebären, es zu stillen, es sanft zu versorgen und voll zu verstehen, denn die Frau wurde ausgestattet mit der hohen Begabung zur Aufmerksamkeit. Indem die Frau Empfangende, Gebärende und Sorgende ist, ist sie Spenderin von Wärme und Zuneigung, wodurch sie Unsichtbares sichtbar macht, Verborgenes keimen läßt oder Geschwächtes stärkt. Ihre immerwährend positive Erwartung, ihr spontanes Erstaunen, ihr Bewundern und Freuen über ein Gedeihen oder ein Genesen bewirkt Wunder über Wunder, aber die Männer gehen an ihnen achtlos vorüber.

Doch geben wir acht: All das Gesagte muß von einem maskulinen Aspekt oder männlichen Hormon der Frau im Gleichgewicht gehalten werden. So wie eine Mutterschaft die Frau bekanntlich erst zur vollen Schönheit reifen läßt, so kann sie sie in späteren Jahren auch vermännlichen, männlich werdend durch verhärtete Ichbezogenheit im Gesamtansatz ihres Erziehungswesens. Ich sehe das nicht einseitig negativ, sondern erkenne wieder das Ausgleichsbestreben der Natur, die immer und überall ihr Gleichgewicht sucht. Es pulst und agiert ein maskulines Element im Blut der Frau, das sie mit ihren femininen Elementen in Einklang bringen muß.

Beispiel: Eine Mutter mehrerer Kinder wird von ihren Tagespflichten derart überrannt und gereizt, sodaß sie unbewußt mehr und mehr ihre männliche Seite aktiviert und immer mehr verstärkt, das sie aber davor bewahrt, einseitig Frau zu sein und zu bleiben. Warum sage ich das? Weil eine übertrieben mütterliche Frau keine gute Mutter ist. Ihre Mutterexistenz übersteigert sich in Emotionen, sodaß Objektivität und Realitätssinn oftmals auf der Strecke liegen. Was bleibt, ist eine reine, viel zu oft verbal geäußerte Sentimentalität, die am Ende ohne jede Selbstwahrnehmung in purem Egoismus gipfelt – zum Leidwesen der ganzen Familie. Damit ist die gesunde Entwicklung der Kinder gefährdet und – nicht zu vergessen – auch ihre eigene!

> *„Eure Kinder sind nicht euer Besitz. Sie sind die Söhne und Töchter der Sehnsucht des Lebens nach sich selbst. Sie kommen durch euch, aber nicht von euch. Ihr könnt ihnen eure Liebe geben, aber nicht eure Gedanken. Denn sie haben ihre eigenen Gedanken. Ihr könnt ihrem Körper ein Zuhause geben, aber nicht ihren Seelen, denn ihre Seelen wohnen im Haus von Morgen, das ihr nicht besuchen könnt, nicht einmal in euren Träumen. Wenn ihr wollt, könnt ihr euch bemühen, zu werden wie sie. Aber ihr dürft sie nicht dazu bringen, zu werden wie ihr, denn das Leben geht nicht rückwärts und hält sich nicht auf beim Gestern."*
>
> (Khalil Gibran)

So muß für eine kluge Mutter mit Herz auch eine gewisse Reserviertheit selbstverständlich sein, sie muß sich verbal zurücknehmen und auch physisch zurückziehen mit innerer Festigkeit und einer sich klar äußernden Bestimmtheit, gut ausgewogen mit ihrem fruchtbaren, mütterlichen Liebeswirken. Andernfalls läuft sie Gefahr, einer Mutterliebe in die Falle zu gehen, die nichts ist als pseudo-mütterliche Romantik. Wer aber würde es dann jemals noch schaffen, dieses Laster mit ihr wegzudiskutieren? Also sollte jeder mütterlichen Zärtlichkeit beizeiten ein Schuß männliche Strenge beigemischt werden und eine ordentliche Portion wacher Menschenverstand.

Ich wiederhole: Eine übertrieben mütterliche Frau kann keine gute Mutter sein, wie auch eine übertrieben weibliche Frau in der partnerschaftlichen Beziehung scheitert. Exaltierte Weiblichkeit, die in aufdringlicher Liebe alles Männliche übertrumpft, vollendet nicht ihre Bestimmung, weder die Bestimmung der wahren Frau, noch die Bestimmung des Menschen.

Bis ins hohe Alter bleibt auch ihre „Stillfähigkeit" erhalten. Sie möchte als Nährmutter die Familie fortwährend beköstigen, insbesondere ihre längst erwachsenen Kinder, denen das eher lästig als lieb ist, denn sie kommen zur Mutter um mit ihr zu reden! Aber die älter werdende Mutter insistiert wie vor Jahrzehnten, ja sie schikaniert die Familie zuweilen mit ihrem ungebremsten Füttertrieb. Aus diesem, ganz gewiß unbewußten Grund ist die tägliche Kocharbeit für sehr viele Frauen, mit denen ich darüber rede, kein Joch, und manche kochen gar mit Leidenschaft: *„Ich habe Lust drauf! Ich tue es gern!"* Diese positive Auswirkung des Ammeninstinkts zählt zur affektiven Dimension des weiblichen Wesens.

Von unschätzbarem Wert ist die geistige Dimension der zwar verborgenen, aber allezeit gegenwärtigen Mütterlichkeit einer Frau in bezug der ANREGUNG. Man sollte nicht meinen, sie habe die „Schwäche" unter dem Einsatz ihres Charmes, Bewunderung erregen zu wollen. Gewiß ist dies ein Teil ihrer Weiblichkeit, doch andererseits will sie aus tiefster Seele selbst bewundern. Das ist ihre besondere Begabung und ihre stille Sehnsucht, ihrer Anlage nach ist sie die lebendige Bewunderung selbst – für bestimmte Personen, für neue Ideen, für große Ideale, für die Schönheit des Lebens schlechthin. Die Frau adoriert, sie betet an, was sie gefunden hat und als gut erachtet. Sie begnügt sich nicht mit einer intellektuellen Feststellung, daß etwas gut sei, sondern weil sie aus ihrem Sein heraus empfindet, betet sie das Gefundene an. Und obwohl die Frau selbst schön ist, läßt sie sich von einer anderen Schönheit zutiefst entzücken, allezeit ist sie fähig, die Schönheit in echten Glücksekstasen zu erfahren. Auch ihre Bewunderung erlebt die Frau ganzheitlich.

Und diese ist fruchtbar. Sie erschafft das Wesen des andern, sie provoziert es und bewirkt dessen Entfalten. Es handelt sich hier um sehr subtile Vorgänge, die aber von unermeßlicher Bedeutung für unser gesamtes Menschsein auf diesem Planeten sind. Ein internationales Sprichwort sagt, daß hinter jedem großen Mann eine Frau steht. Warum? Weil die Frau die Gabe hat, das Geniale zu erwecken und sichtbar werden zu lassen. Es ist die wunderbare weibliche Neugier, ihre immerwährende Aufmerksamkeit und Empfänglichkeit, getragen von einer spontanen Vorschußsympathie, wie sie nur eine Frau geben kann, die im andern das vergrabene Wort löst, das er allein nicht zu artikulieren wüßte. Sie animiert das zögernde Wollen des Mannes und vielleicht die Großtat, die nicht durchzubrechen wagte, und all die sublimen oder tapferen Gesten, die jeder als eine geheime Nostalgie in sich herumträgt.

In der Gegenwart der Frau sieht mancher Mann sich verzehnfacht! Er spürt, daß sie ihm Großes, ja Unmögliches zutraut! Und diese Erwartung will er erfüllen, indem er das Letzte aus sich hervorbringt. Die Frau holt aus dem Urgrund des Mannes Dinge herauf, die sonst im ungeweckten Schlummerzustand verblieben. So veranlaßt ihre Nähe und ihr allezeit starkes Sein den anderen Geist, sich zu manifestieren. Durch ihre gespannte Erwartung, durch ihre Vorfreude bricht er hervor. Was ist der Auslöser? Das Vertrauen der Frau. Die Frau glaubt. Und Glaube, wenn er echt ist, öffnet Schleusen, versetzt Berge, wirkt auf allen Ebenen schöpferisch.

Im Idealfall haben wir dann die gegenseitige Befruchtung. Sehen Sie, im Zeugungsakt befruchtet der Mann die Frau, aber im Gesellschaftlichen und Zwischenmenschlichen sehe ich diesen Vorgang gerade umgekehrt. Hier befruchtet die Frau den Mann – und zwar ständig. Wir sprachen vom gleichmäßig arbeitenden Einfluß der Frau. Und ich erkenne in der Natur einen weisen Austausch, der den ganzen Reichtum unserer sexuellen Beziehungen ausmacht, im weiten Sinne gemeint, im Bereiche der Libido. Die Polarität des menschlichen Daseins will, daß wir uns aneinander vollenden, entscheidend bleibt jedoch, ob der verschiedenartige und unter keinen Umständen austauschbare Rollenauftrag erkannt wird. Nur harmonische Beziehungen mit unserem andersgeschlechtlichen Nächsten geben unserem Herzen Frieden und das gesunde Gefühl, sich in der eigenen Haut wohlzufühlen.

Vieles gäbe es noch zu sagen zur Frage der Identität und der Verschiedenartigkeit der Geschlechter, über ihre Polarität im vollmenschlichen Sinn, und vieles über die Harmonisierung der weiblichen und männlichen Energien in jedem von uns. Begnügen wir uns mit einem vollen JA auf die eingangs gestellte Frage, ob es überhaupt eine weibliche Identität gibt. Es gibt sie, und Gott sei Dank gibt es auch das EWIG WEIBLICHE.

Das letzte Wort lasse ich einem südamerikanischen Indio, einem Hochschulprofessor, der die alten Traditionen der Inkas beschrieben hat. In einem Interview mit der Zeitschrift „esotera" im Jahre 1995 wurde er auch nach der Rolle der Frau befragt. Hier ein Teil seiner Antworten:

„Die Frau hat in unserer Kultur und Religion eine tragende Rolle, zunächst deshalb, weil sich durch sie der schöpferische Akt der Geburt vollzieht. Ferner ist die gesellschaftliche Bedeutung der Frauen sehr groß, da die Männer durch ihre Betonung des Intellekts die Welt in eine schwere Krise gestürzt haben, während die Frauen viel stärker ihre Herzen einsetzen. Vielleicht könnte durch sie diese Welt voller Kriege, Benachteiligungen und Gewalt in eine Welt verwandelt werden, wo man Liebe und Freundschaft zwischen den Menschen genießen wird.

Bei uns erhielten die Frauen eine bessere Ausbildung als die Männer; sie dauerte bei letzteren acht, bei ersteren 13 Jahre, da sie über das Wesen der Natur mehr Informationen erhalten sollten. In den Anden gab es auch ein Zentrum für Frauen, wo sie Belehrungen erhielten, die sich auf ihre Rolle als Mutter und Gefährtin des Mannes bezogen, vor allem um seine Führung zu übernehmen. (…)

Im Abendland besteht meines Erachtens die Tendenz, in Konkurrenz mit dem Mann zu treten; die Frauen führen dieselben Arbeiten aus, nehmen dieselben Verhaltensweisen an und kleiden sich wie Männer. Ich meine, daß die Frauen eher auf sich selber schauen und verstehen sollten, daß dies nicht der richtige Weg für sie ist; statt dessen sollten sie ihre eigene Identität entwickeln."

(Mamani, ein Indio aus den Anden)

Kapitel 11

IHRE URNÄHE ZUR NATUR

Die Frau ist mit den Kräften der Natur im Bunde. Meine lieben Freunde, jemand, der um meine Meditationen am sehr frühen Morgen weiß, schenkte mir einmal das mystische Bild eines strahlend hellen Frühlingswaldes. Erst beim zweiten Tasten fand ich das Eigentliche, die filigrane Abzeichnung eines Frauengesichtes, Konturen aus fließendem Licht, die aus der Tiefe des Waldes heraustraten, Licht aus Zweigen und Trieben wie der Hinweis auf einen gemeinsamen Urgrund – Frau und Natur! Das Sich-Verströmen des Weiblichen in der Natur und ihr Getragensein durch sie. Dieses Bild wurde mir zur stillen Bestätigung, ich habe es sofort geliebt, denn ich fand mein eigenes Empfinden darin wieder: Die Frau ist die Personalisierung der Natur und ihre Humanisierung.

Es wird wohl kaum einen unter uns geben, der noch nicht zur Natur gesprochen hat wie zu einem lebendigen und personalen Gegenüber. Vielleicht verbirgt sich hinter jedem Stück Natur ein Gesicht? Eine weibliche Seele? In unserer altägyptischen Kunst gab es schon vor Jahrtausenden die Baumgöttin – ihre Arme ausgebreitet und erhoben steht sie majestätisch da, und an ihren Brüsten trinkt der Pharao. Auch im Alten Testament, besonders im Weisheitsbuch Jesus Sirach, das um 180 v. Chr. in Jerusalem verfaßt wurde, hören wir Sophia, die Göttin der Weisheit, für sich werben:

> *„Wie eine Zeder auf dem Libanon wuchs ich empor, wie ein wilder Ölbaum auf dem Hermongebirge. Wie eine Palme in En-Gedi wuchs ich empor, wie ein Oleandergesträuch in Jericho, wie ein prächtiger Ölbaum in der Schefela, wie eine Platane am Wasser wuchs ich empor. Wie Zimt und duftendes Gewürzrohr, wie beste Myrrhe strömte ich Wohlgeruch aus, wie Galbanun, Onyx und Stakte, wie Weihrauchwolken im heiligen Zelt. Ich breitete wie eine Terebinthe meine Zweige aus, und meine Zweige waren voll Pracht und Anmut. Wie ein Weinstock trieb ich schöne Ranken, meine Blüten wurden zu prächtiger und reicher Frucht.*

Kommt zu mir, die ihr mich begehrt! Sättigt euch an meinen Früchten!" (Jesus Sirach 24,13-19)

Bis heute existiert bei der Frau ein reales und tiefes Verhältnis zur Natur, wenn vielleicht auch unpersönlich und unbewußt. Bewußter wird es ihr mit der Pflanze daheim, mit dem Baum im eigenen Garten, mit den Wintervögeln am Haus. Und es sind immer wieder Künstlerinnen und Künstler, die diesbezüglich allen voraus sind. Von einer meiner Leserinnen in Österreich, einer sehr begabten Lyrikerin, bekam ich ein bisher unveröffentlichtes Gedicht, das ich Ihnen im deutschen Original präsentieren darf und das ich nur eine „Theo-Poesie" nennen möchte, wie DOROTHEE SÖLLE es heute tut, die kürzlich in einem Interview sagte, daß Theologie und Poesie mehr gemeinsam haben als die beiden derzeit voneinander noch glauben. Hören Sie nun die folgende Poesie, die, so meine ich, nur aus einer Frauenseele strömen kann:

LIEBESLIED AN DEN BAUM

Immer,
wenn ich dich umarme, Bruder Baum,
lausche ich beseligt
dem versunkenen Wiegenlied
aus Galaxienkindertagen.
Wessen Liebesgeflüster
kommt deiner bewegten Hingabe gleich?
Ich bin mit dem hoffenden Atem von Sternen
eins.
Immer,
wenn ich dich umarme, Bruder Baum.
Unter deiner Borke verblutet das Leben
zahlloser Sonnen.
Erwählt zum Erben des Alls
trinke ich in vollen Zügen
die Zustimmung ferner Welten,
immer,
wenn ich dich umarme, Bruder Baum.

(Roswitha Stetschnig)

Die Faszination eines Baumes liegt darin, daß er sich weithin dehnt und sich dem Himmel kühn entgegenwirft und doch im Boden fest verankert bleiben möchte. Er will das Irdische und das Himmlische greifen und vereinen, die biologische Welt der Natur und die ätherische Welt der Engel und Geister. Die Animisten Afrikas könnten Ihnen darüber sehr viel erzählen. Ein Baum drückt für mich die gleichnishafte Immanenz der Pflanze aus, die still in sich ruhend einen vegetativen Zustand lebt, für sich selbst zwar, aber auch, um von anderen betrachtet zu werden. Ihr zweckfreies Dasein und ihre feste Einwurzelung schenkt dem empfänglichen Menschen die Möglichkeit, in der Natur seelisch Kraft zu schöpfen und wieder neuen Halt zu finden. Die Natur begütigt, sie lockt ihn leise zurück in die Harmonie des Anfangs. Versteht er es, sich gut auf sie einzulassen, dann führt sie ihn sanft zurück an die Wurzeln seines eigenen Wesens, sowohl auf der individuellen Ebene als auf der Ursprungsebene des Seins.

Aus dieser tiefsten Zone ist am Urbeginn alles hervorgegangen, und es scheint, daß die Frau diesen Ort niemals verlassen hat. Dem Bilde des Baumes ähnlich taucht sie ein bis an den Grund des Biologischen und öffnet sich gleichzeitig dem Mystischen, dem Höchsten. Die Frau ist diese Brücke zwischen zwei Welten, sie ist dieses zweifache Ufer, und sie ist dieses gemeinsame Land. Sie ist die unversiegbare Lebensquelle, und sie ist seine Hüterin. Sie vereint die Fülle des Lebens und seine Quicklebendigkeit, seine Anmut und berauschende Vielfalt, und sie bringt auch die ganze Veränderlichkeit, Launenhaftigkeit, Sprunghaftigkeit mit sich. Die Frau hat etwas Unbeständiges, und sie irritiert gelegentlich durch ihr paradoxes Verhalten. Aber diese Unberechenbarkeit spiegelt das volle Leben wider! Versuchen Sie, nach dem Leben zu greifen, um es zu fassen, es wird Ihnen nicht gelingen. Versuchen Sie, meine Herren, eine Frau ganz zu besitzen – umsonst! Ihrem letzten Zugriff wird sie sich mit Sicherheit entziehen, denn sie trägt das Doppelsinnige und Widersprüchliche, das sie mit der Natur gemein hat, in ihrem Herzen.

Ihr paradoxes Verhalten und ihre Unergründlichkeit bilden gerade ihren Reichtum und künden von ihrem Geheimnis. *„Who can read a woman?"* … klagte SHAKESPEARE, *„wer kann eine Frau verstehen?"* Aber das ist ihre Blutsgemeinschaft mit der lebenden Natur. Selbst der große und erfahrene GOETHE kapitulierte vor der Unerforschlichkeit der Frauenpsyche. Und sie wird uns – wie die Natur – die letzten und sicher interessantesten Antworten schuldig bleiben, auch in den heutigen Gen-Labors dringen die Experten nicht zum Wesen der Dinge vor, zu ihrem geistigen Kern, zu ihrem WARUM, ihrem SINN. An dieser Grenze verstummen sie.

Ich spreche als Orientale zu Ihnen in Europa, und ich denke, wir verstehen uns vollkommen. Eine weitere Kultur wäre die indische, aus der ich Ihnen eine Hindu-Legende zitieren werde. Sie dramatisiert die göttliche Erschaffung der Frau und berichtet von unzähligen, ganz verschiedenen Dingen, die Gott der Natur entnimmt, um sie miteinander zu vermischen … zum Leidwesen des Mannes.

„Gott nahm die Rundung des Mondes und die Wellenlinie der Schlange, die Umarmungskraft der Kletterpflanze und das leise Zittern der Gräser. Er nahm die Schlankheit des Schilfrohrs, die leichte Anmut des wehenden Blattes am Zweig und die Frische der Rose, er nahm den Samt des Pfirsichs, den scheuen Blick des Rehes, aber er nahm auch die Unbeständigkeit des Lufthauchs, den Guß der Wolken nach der Heiterkeit eines Regenbogens. Er nahm die Ängstlichkeit des Hasens und die Eitelkeit des Pfaus, den Flaum des kleinen Spatzenhalses, und die Härte des Diamanten, das Geschwätz des Eichelhähers und das Gurren der Turteltauben. Er nahm die Süße des Honigs und die Grausamkeit des Tigers, die Kälte des Schnees und die Glut des Feuers.

Gott vermischte alle diese Dinge und formte aus ihnen die Frau, graziös und verführerisch, und weil er sie noch schöner als den Ibis oder die Gazelle fand, war er stolz auf sein Werk. Gott bewunderte die Frau – und dann schenkte er sie dem Mann. Doch nach acht Tagen war der Mann so verwirrt, daß er sie Gott unter heftigen Wehklagen zurückbrachte.“

(Auszug)

Gott nimmt die Frau zurück, weiß aber, daß der Mann wiederkommen wird, weil er sie braucht. Und so geht es dreimal hin und dreimal her, bis Gott zornig wird und den beiden befiehlt, in ihrer Hütte miteinander auszukommen. „Mann und Frau zogen sich zurück", heißt es am Ende, aber im Innersten beklagte der Mann sein Schicksal:

„Welch ein Unglück ist über mich gekommen!
Welch ein Unglück!
Weder kann ich mit ihr leben, noch ohne sie."

Das ist kein Wunder, meint die Legende, da die Frau von ihrem Schöpfer so überreich ausgestattet wurde. Nun spiegelt sie die ganze Fülle der Natur, mit der kein Mann auf Erden fertig werden kann. So sprühend ihre Lebensfreude, so meisterhaft weiß sie auch mit dem Leiden umzugehen, was ihr die Männer neiden, die doch die Frau bewundern. Rätselhaft verschlossen mag sie sein – und schon im nächsten Augenblick sprudelnd mitteilsam. Wie eine Gazelle springt sie über die Wege unseres Lebens ... Vermischung der Widersprüche, Synthese der Gegensätze – das ist die Frau, ein Gleichnis der Natur. Und weil sie ganzheitlich gesehen sinnlicher ist als der Mann, so ist sie auch spiritueller als er. Die Gottnähe zu finden ist für sie weniger problematisch. Ein Geschöpf der Gnade?

„Eva ging aus einer Ekstase Adams hervor, aus seinem Innersten, obwohl er selbst doch nur vom Lehm der Erde genommen war. Und doch ist die Frau so sehr Erde, als ob sie mehr teilhätte am geschmeidigen Urstoff, aus dem beide stammen."

(Jean Guitton)

Dieses Bild des weisen Mannes, den bekanntlich der todkranke François Mitterrand mehrfach zu „Nikodemus-Gesprächen" aufsuchte, ist hinreißend! (Mit dem Hubschrauber landete er in Guittons Garten, bei ihm, der mit zwei Päpsten befreundet war und bis zur Stunde mit Atheisten.) Nicht aus der Rippe, sondern aus einer Ekstase Adams ging Eva hervor, er hatte sie „erträumt", und jetzt verwirklicht sich das göttliche Projekt, denn dieses weibliche Wesen ist im Augenblick seiner Entstehung schon Blut und Leben! Das ist der Hymnus auf die Vollkommenheit der Frau, seit jeher Gegenstand inspirierter Dichter und der Grund, weshalb so viele alte Kulturen die Frau zur Göttin erhoben. Weil Vollkommenes in der Frau erahnt wird, gibt es den Kult der Frau, man spürt, daß sie von allen Geschöpfen dem Gottesmysterium am nächsten ist. Die Künstler unter uns sprechen es aus:

> *„Die Frauen sind nicht Gott. Die Frauen sind nicht ganz Gott. Aber es fehlt ihnen nur sehr wenig, um wie Gott zu sein, es fehlt ihnen weniger als dem Mann."*
>
> (Christian Bobin)

Das ist kein Kultwort aus der Antike, sondern gegenwärtiges Frankreich! Denn in den Herzen der Männer ist die Frau das Konzentrat und die Synthese alles lebendig Schönen der Natur und wird ihnen zur notwendigen Präsenz. Ich glaube, in unseren entseelten und mittlerweile auch entkörperten Metropolen aus Beton, Asphalt und Elektronik ist die Anwesenheit der Frau überlebensnotwendig. Sensible Männer spüren es, es geht eine Vibration des Femininen durch unsere übertechnisierten Großstädte. Eine rettende? Vielleicht.

So sehe ich auch die fiebernde Erotik, tausendfach kommentiert, als ein städtisches Phänomen, das vom Bedürfnis der Menschen nach rettender Nähe zeugt. Der Fortschritt hat sie ihnen gestohlen, die natürliche, selbstverständliche Nähe von einst. Für einen städtischen Mann, der sein Leben zwischen Stein, Kunstlicht und Metall, in Bürohektik oder Maschinenlärm verbringen muß, ist der warme Körper einer Frau das einzige für ihn noch erreichbare Natürliche. Vielleicht erklärt sich hier der maßlose Durst und auch das blühende Geschäft mit der Sexualität in allen Großstädten unserer Zeit. Selbst die zunehmenden Perversitäten und die sexuelle Aggressivität, mit der ein Mann einer Frau begegnet oder insgeheim begegnen möchte, könnten vermutlich so erklärt werden. Den Mann treibt es nach einer existentiellen Berührungsebene mit der Welt in ihrem Urzustand, ab und zu muß er einmal Kontakt haben mit dem Quellgrund seiner eigenen Existenz. Das weiche Gesicht einer Frau, die in ihren Augen flammende Seele und der atmende Leib reflektieren die Stärke, die Größe und die Einfachheit der Natur, die räumlich weit entfernt von ihm irgendwo existiert. So findet der gestreßte

Städter in der Frau das unkomplizierte und authentische Leben wieder. Er findet zurück ins Menschliche. Er findet zurück in die Menschheit.

Längst haben wir in vielen Ländern der Erde eine öko-feministische Spiritualität, die von großen Autoren besungen wird, ich nenne nur MATTHEW FOX in Kalifornien (geb. 1940) und DOROTHEE SÖLLE in Deutschland (geb. 1929), aber es gibt sehr viele mehr. Augenfällig und logisch zugleich ist, daß die Frauen in der Umweltbewegung und im Kampf um die Erhaltung der Schöpfung in den vordersten Reihen stehen. Das ist kein Zufall, sondern eine Konsequenz des Frauseins. Sie stehen Geburt und Sterben näher als der Mann, sodaß die Sorge um das Leben für sie heute politische Dimensionen angenommen hat. Die Frau sorgt sich „von Natur aus" überpersönlich, sie sorgt sich über ihre Familie hinaus um die Menschheitsfamilie, sie sorgt sich über ihren persönlichen Lebensort hinaus um den Planeten Erde. Inzwischen ist sie weltweit mit höchster Achtsamkeit engagiert.

Es existieren zwei grundsätzlich voneinander verschiedene Arten, die Frau und die Natur zu betrachten. Spekulativ als Nutzobjekt oder kontemplativ im Wissen, daß sich eine lebendige Wesenheit hinter der Erscheinung verbirgt und bereithält, aufgespürt zu werden, da sie ihre Wahrheit als reine Gabe darreichen möchte. Nein, Frau und Natur wollen nicht genommen, erbeutet, verwertet werden, sondern nach ihrem innersten, unwandelbaren Leben soll man mit Zartsinn forschen, nach jener stabilen Mitte, die nur durch brutale Gewalt aus dem Gleichgewicht zu bringen ist. Ich spreche von der Frau als

DEM WESEN AN SICH,
DEM WESEN IN SICH,
DEM WESEN FÜR SICH.

Die Frau ist auch ein Versprechen, indem sie das Abbild der großen Natur bedeutet. Die Freude beider ist es, ihren ungeheuren Lebensschwung als Segen in der Welt auszubreiten – verschwenderisch! Sie geben beide ihr eigenes Leben weiter. Hat Kinderreichtum nicht immer neben allen Plagen und Mühen als ein Segen gegolten? Aber auch im übertragenen Sinn gibt die Frau ein

Lebenswasser weiter, weil ihre Wurzeln ungestört noch immer an der Quelle trinken.

„Die Frau ist viel stärker mit der Seele der Welt
und den ihr innewohnenden Elementarkräften verbunden
als der Mann.
Der Mann kommuniziert mit diesen Kräften
durch die Frau."

(Nikolaj Berdjajew)

Worte eines großen Russen, gestorben 1948 in Paris, Philosoph. Und ich glaube, daß man auch in dieser Sicht das Wort vom EWIG WEIBLICHEN verstehen sollte, und weitergeführt ins Kosmische und ins Endgültige finden wir es in der „Hymne an das Weibliche" von TEILHARD DE CHARDIN.

Ewiges ist Gegenwärtiges und Zukünftiges in einem. Und das EWIG WEIBLICHE wird aller Voraussicht nach eine noch nie dagewesene Rolle in der nun folgenden Etappe unserer Menschheitsgeschichte spielen.

Kapitel 12

SIE DIENT ZU NICHTS

Sie werden in ein fremdes Haus geladen und entdecken nach einer gewissen Zeit ein schönes Gemälde an der Wand. Würden Sie dem Gastgeber die Frage stellen: *„Wozu dient dieses Bild?"* Danach entdecken Sie einen Sommerblumenstrauß in der Vase, obgleich es im Garten grünt und blüht. Würden Sie die Gastgeberin fragen: *„Wozu dienen diese Blumen?"* Und auf dem Heimweg lassen Sie sich an einem besonderen Flecken in der Natur nieder und gönnen sich für eine Weile die Symphonie des Sonnenuntergangs. Würden Sie nun selbst in sich hineinfragen: *„Wozu dient mir das?"*

Bei diesen Betrachtungen geht es um Geistiges, denn es geht um das Wesen der Dinge und ihre Wirkung auf uns Menschen. Um wievieles mehr trägt ein lebendiger Mensch dieses starke Sein im Herzen und wie ein Licht um seinen Leib! Und aus diesem Sein entspringt das Tun, Geistiges wird umgesetzt in sichtbares Wirken. Die Frau, wie wir bisher behauptet haben, ist Sein in Hochpotenz, sie handelt in der Welt zunächst durch ihr Sein. Ihr DASEIN ist schon Berufung, die Frau ist eine „lebende Mission", deren Werte sich nach Rentabilitäten nicht bemessen lassen. In diesem Sinne sollte man ohne Scheu sagen, die Frau diene zu nichts, andernfalls würde man ihre weibliche Würde mindern. Leider muß ich hier mit Sicherheit damit rechnen, daß mich einige unter Ihnen beharrlich mißverstehen werden. Lassen Sie es mich näher erklären.

Unsere höchsten Lebenswerte, meine lieben Freunde, wie Liebe und Musik, wie Kunst und Schönheit, wie die Freiheit unserer Seele und die Weite einer Landschaft haben selten oder nie einen praktischen Zweck, weswegen wir sie hartnäckig verfolgen müßten, ein Nutzwert ist diesen Dingen nicht aufzurechnen. Mit diesem Vergleich bin ich planetenweit davon entfernt zu sagen, die Frau sei inaktiv oder tue nichts Sinnbringendes, doch sind die unzähligen und notwendigen Aufgaben, die sie Tag für Tag bewältigt, nur die Kuppe eines Eisberges, weil sich das eigentliche Volumen ihres

Tuns unserer Sicht entzieht. Man muß es in seinem Verborgensein einer anderen Ordnung zurechnen, der Ordnung der freien Gabe, und das ist nun einmal die höchste Ordnung. Die Frau ist für Ehemann und Kinder (und gewiß auch für andere in ihrem Umkreis) diese „höhere Sphäre", in der sie sich weiten, ohne es zu wissen, in der sie mehr werden, ohne es zu ahnen, und dieses positive Ergebnis verdankt sich immer dem Wesen der Frau.

Die Frau handelt in der Welt durch ihr Sein – das klingt, ich gebe es zu, paradox, aber vieles Paradoxe in unserem Leben ist zugleich wahr. Ich möchte auf einen Denkfehler hinweisen, falls man das aktive Handeln gegen das aktive Sein ausspielen möchte und in Vollbetonung dem Tun den ersten Stellenwert gibt. Zunächst IST die Frau, und erst dann bewegt sie etwas gewissermaßen zusätzlich, ihr Tun ist eine Folgeleistung ihres Seins. Wir sollten hier beides gut unterscheiden, denn das Sein der Frau ist die elementare Schubkraft im Weltgeschehen, eine geheimnisstarke Energie. *„Die Hände, die unsere Wiegen bewegen, bewegen unsere Welt"* sagt ein englisches Sprichwort. Dies zu erkennen ist außerordentlich wichtig für unsere Zeit, und ich fürchte, daß sich nicht einmal die Frauen selbst darüber im klaren sind.

Wir wissen, daß es im Reigen der vernünftigen feministischen Gruppen auch jene gibt, die es bei aller Vernunft dennoch nicht fertig bringen, das zu verstehen, um es zu bejahen. Sie verschließen ihre Ohren, und ihre Münder verurteilen pauschal. Und unter der großen Losung der Förderung der Frau, an die sie ehrlich glauben und die sie auch mit vollem Recht vorantreiben, unter der Losung der Aufwertung der weiblichen Person türmen sie ihr Tätigkeiten auf die Schultern und meinen je härter und maskuliner, umso zeitgemäßer, die aber oft den wahren Anlagen und Neigungen der Frau in keiner Weise entsprechen. Sie fühlt es mitunter, sie leidet, aber sie zwingt sich in dieses neue Leben streng hinein. Hier haben wir den umgekehrten Richtungsverlauf: Nicht das weibliche Sein steuert das Tun, sondern ein Tätigkeitsauftrag von außen soll die innere Person aufbauen, ihre Würde erhöhen, die wahre Frau hervorbringen. Der Erfolg ist zweifelhaft.

Hat uns nicht auch MAMANI aus den Anden ratgebend ermahnt? Warum muß die heutige Frau, um dem Manne ebenbürtig zu sein, sich wie er benehmen, kleiden, reden, denken, rechnen und fühlen? Reicht uns die Männerwelt denn nicht? Nicht im Imitieren des Mannes wird die Frau ihre Selbstbestätigung erfahren, denn ihr unschätzbarer und unvergleichlicher Wert kann nicht darin liegen, daß sie sich gewaltsam vermännlicht, sondern er liegt in der Bewußtwerdung und Ausformung ihres eigenen Wesens, ihrer eigenen Originalität und nicht in der Originalität eines andern, das wäre der Rücklauf ihres Selbstverwirklichungsprozesses.

Mit diesen leisen Warnungen versuche ich um Himmels willen nicht, die Frau aus ihren leidenschaftlich erkämpften Aufgabenbereichen wieder zurückzuholen, sondern es geht mir um die Philosophie des Ganzen und um den psychischen und personalen Wert der Aktion. Die Frau muß in weiser Gelassenheit und zugleich mit Stolz erkennen, daß sie eine andere Lebensrolle zu erfüllen hat als der Mann, auch wenn sie inzwischen unzählige männliche Berufe glänzend meistert. Denn sie meistert sie, das wenigstens möchte ich hoffen, auf eine andere Art, auf die weibliche Art. Auch am „männlichen" Arbeitsplatz, es kann nicht anders sein, wird die Frau ihr weibliches Wesen einbringen und das Umfeld befruchten. Die Frau handelt aus ihrem Sein. Kein Geringerer als Jesus hat die Frauen ganz gewiß mit seinem „Lilienwort" nicht herabsetzen wollen:

„Lernt von den Lilien, die auf dem Felde wachsen:
sie arbeiten nicht und sie spinnen nicht."

(Matthäus 6,28)

Und wer würde Jesus so viel Einfalt vorwerfen, daß er nicht um alles Tun und allen Fleiß der Frau von früh bis spät wußte ... Er lenkte auf etwas anderes hin, auf das Innere, das nach außen strahlt im hellen Glanz der Lilien und das seinen Eigenwert besitzt. Frauen und Lilien haben ihre eigene Glorie. Die Frau dient zu nichts, weil sie zu nichts dienen darf! Es gibt Nutztiere und Nutzpflanzen, aber die Lilie im Felde und die Frau sind keine Nutzwesen, sondern freie Geschöpfe! Sie leben aus der Freiheit ihrer persönlichen Existenz, und niemand darf ihnen Gewalt antun, auch nicht durch eine Ideologie. Auch die Liebe, wenn sie rein ist, darf zu nichts dienen. Ich bin mir bewußt, daß wir hier ein

Wortspiel mit seidendünnen Grenzen haben, denn der Ausdruck „zu nichts dienen“ kann positiv und negativ besetzt sein, er kann geradezu mit Absolutheitsanspruch „wertvoll“ oder „wertlos“ meinen. Das Kriterium aber lautet: Ein Wert darf nicht gebraucht werden, um nicht verbraucht zu werden. Wer etwas verbraucht, vernichtet es.

Ich schlage hier eine Brücke zum geistlichen Ordensleben. Wozu dient ein Ordensmann? Wozu dient eine Ordensfrau? Diese Fragen sind mir tatsächlich schon gestellt worden! Und ich habe geantwortet:

„Wir Geistlichen dienen zu nichts.“

Unsere Funktion besteht darin, als Gottgeweihte in der Welt präsent zu sein. Man könnte das sogar auf Gott ausweiten und sagen: „Gott dient zu nichts“, und ich sage, es wäre schlimm, wenn es anders wäre, und weiß zugleich, daß sich eine falsch gelebte Religiosität Gott ständig dienstbar macht. Ich persönlich würde es mir auch verbieten zu sagen, daß Christi Leiden und Sterben – gerade dieser große, absichtslose Tod am Kreuz – zu etwas diene. Bitte formulieren wir nicht: „Das Kreuz diente der Erlösung.“ Vielleicht fühlen Sie an dieser Stelle, was ich wirklich im Tiefsten über die Frau sagen möchte. Alles, was zum innersten Kern der Wirklichkeit vorstößt – in Freude, Liebe und Leiden – ist eine reine Gabe an die Welt. Oder gibt es jemand, der den Nutzen eines Gottesdienstes aufzeigen oder gar den Wert der Menschheitserlösung berechnen könnte?

Und von dieser Gabe an die Welt – die Frau – predige ich! Diese Gabe darf nicht zur Zweckbestimmung herabgesetzt werden, und leider widerfährt ihr gerade das in steigendem Maß, im Berufsleben wie im Ehealltag oder in der gefeierten freien Liebe. Wann wird man freimütig bekennen, daß ihr Daseinsgrund in ihrem Dasein selber ruht? Nur von einer Frau kann man das sagen, nur eine Frau kann sich das leisten! Ja, sie kann es sich leisten, ihr Leben damit zu rechtfertigen, tausendmal! Diese Wahrheit strahlt sie aus seit Ewigkeiten. Wurden wir denn stumpf dafür? Jede Frau ist Strahlung und vermag deshalb große Geschehen auszulösen – allein durch ihr Sein. Und weil sich dieses Wirken von der geistigen Ebene her vollzieht, ist es stärker als jede Tätigkeit. Die Frau TUT viel, aber sie IST mehr, denn ihre Präsenz ist Tiefe. Sei es nun das großartigste Werk der Nächstenliebe oder der spektakulärste Einsatz für die Nation, es reichte niemals aus, um ihren eigentlichen Wert einzuschätzen, denn es betrifft noch immer nicht ihre Person und deren Wertbeschaffenheit. Die soeben genannten Dinge gelingen auch dem Mann, Großes vermag er zu leisten, aber es bleibt sein TUN. Die Frau hingegen legt ihr SEIN hinzu, sie gibt von ihrem „Herzblut", wie man sagt, und dann heißt es:

„Schau! Sie hat sich ganz verausgabt!"

Das ist es. Sollte die Frau sich nicht von dieser fundamentalen Aussage eines Mannes überzeugen lassen? Unser gesamtmenschlicher Daseinsbereich steht und fällt mit der Frau, ein großer Deutscher hat es kurz und bündig formuliert:

„Es steht und fällt ein Volk mit seinen Frauen."

(Schiller)

Und hier kehre ich wieder zur SORGE als wichtiges Beispiel zurück. Woher sonst, wenn nicht aus dem weiblichen Sein wird die Sorge geboren, die Mitsorge der Frau, ihr Sich-Sorgen, ihre Besorgnis, die weitreichend ist und nicht an der Türschwelle ihrer eigenen Familie verweilt. Weder meß- noch wägbar und kaum erkennbar, doch stark, sehr stark ist die weibliche Sorge, und sie verbindet alle Kulturen der Erde zu allen Zeiten. Wie wesentlich, wie bedeutsam sie ist, diese uneigennützige Nächstenliebe! Ich möchte sagen, die Sorge der Frau hat planetarisches Format, denn es ist die Besorgnis der Frau um die Welt, es ist ihre sorgende Hoffnung, daß die Welt umkehre und sich endlich und endgültig geistig erhebe und moralisch erstarke.

Ich sage daher der Frau nach, daß sie in der Wahrheit lebt, mehr als der Mann. Sie will, daß die Wahrheit offenbar und das Gute sichtbar werde. Ähnlich verhält es sich in der Kunst, mit der die Frau – wie mit der Natur – in einem besonderen Verwandtschaftsverhältnis steht. Die Kunst will uns einen Wahrheitsgehalt vermitteln, und es gelingt ihr, *„die Kunst läßt die Wahrheit hervortreten"*, sagt Martin Heidegger. Der Frau geht es um das Hervorbrechen der Weltwahrheit, welches gleichbedeutend wäre mit der Austilgung des Bösen und dem Beginn eines neuen Zeitalters.

Die Tatsache, daß die Frau um einige Schritte entfernt von der männlichen Pragmatik am Werke ist und sich den Dingen anders nähert als der Mann, macht es, daß sich ihr lebendiger, umherschweifender Blick stets in einer bestimmten Erwartung befindet. Deshalb ist er schöpferisch! Deshalb bewirkt die Frau so vieles! Erhofftes wird für sie und andere erfahrbar. Im Blick der Frau liegt schon dieser Anruf, in ihrer erwartenden und bejahenden Natur werden die Dinge sinnlich spürbar, Dinge, die zwei Männerhände nicht zuwege bringen – oder nur mit Mühe.

Und mit der schöpferischen Anlage der Frau sind wir wieder bei ihrer mütterlichen Begabung, ohne diese nur auf die biologische Ebene zu beschränken. Die Frau ist Erschafferin im weitesten Sinn. Die Frau spürt, was in ihrer Umgebung quillt und drängt, was aus der Verschlossenheit der Wesen hervorbrechen will und hervorbrechen soll. Die Frau weist uns ständig auf diese inneren Schätze hin und auf den Werdeprozeß in seiner ganzen Dynamik. In der heimlichen Stille eines entgegengebrachten Vertrauens offenbaren die Wesen ihre innere Qualität, und die Welt wird um einen Lichtstrahl mehr erkennbar.

Auch die Gelassenheit der Frau, selbst in Extremsituationen, wurzelt in ihrem starken Sein, und diese Gelassenheit ist wohltuend für den Mann; die weibliche Gegenwart ist für ihn besänftigend, sie schafft Frieden und Trost und erlaubt ihm, in Freiheit aus sich herauszugehen, ohne Furcht, er selbst zu sein, ohne äußere Reserve und ohne innere Blockierung kann er einmal offen werden lassen, was er in sich trägt oder wonach seine Seele dürstet. Die Frau kann ihm so zur Kameradin werden, sie interessiert sich, sie denkt und fühlt sich ein, sie handelt und sie kümmert sich, sie schaut voraus – weit voraus! Wieder ist es ihr wacher Blick, der umhergeht und Sorge trägt. Die Frau ist Mit-Freude, Mit-Leiden, Mit-Tun.

Zusammenfassend möchte ich sagen: Die Frau ist die authentischere Gestalt der beiden Geschlechter, weil sie die Menschheit in ihrer spirituellen Form verkörpert. Insbesondere aufgrund ihrer SORGE, die GEISTIGES TUN ist. Und weil das geistige Reich grenzenlos ist, ist die Frau auch in der Lage, sich ihm einschränkungslos zu unterwerfen – aus Sorge! Das ist reines spirituelles Verhalten, denn in der Sorge manifestiert sich eines der geistigen Prinzipien des Menschseins.

Und die weibliche Sorge hat eine Schwester, den weiblichen Trost. Aufgrund dieses Geschwisterpaares ist die Berufung der Frau zur Krankenschwester in ihrem archetypischen Grundmuster (die Frau als Heilerin) von außerordentlicher Bedeutung. An allen Krankenbetten der Welt entfaltet die Frau ihr starkes Tun und nicht selten ihr noch stärkeres Sein. Seit langem wissen wir gut Bescheid um die psychosomatischen Zusammenhänge, wir wissen von der Milderung des Leidens und der Beschleunigung des Heilprozesses durch menschliche Zuwendung, spürbares Verständnis und Trost. Das Geschwisterpaar Sorge und Trost setzt diese gestaltenden Kräfte frei, und diese werden vom Kranken als stark empfunden. Die Frau – „der Engel des Trostes".

Meine lieben Freunde, ich möchte Sie bitten, den Wert der Frau nicht an ihrem Handlungsspektrum abzulesen wie an einem Meßgerät, denn damit tun Sie ihr unrecht. Sie dient zu nichts! Sie wird immer mehr sein als ihr sichtbar gewordenes, nützliches Tun.

„Alle Frauen sind wie im Evangelium
Verschwenderinnen kostbarer Öle."

(Nikolai Berdjajew)

Sie dienen zu nichts ... Aber wenden wir den Blick nach Afrika. Dort dient die gebeugte, ausgemergelte Baumwollpflückerin mit ihrem achten Kind auf dem Rücken wie all ihre Geschlechtsgenossinnen dieses Kontinents, um mit ihrer Knochenarbeit 90 Prozent der Agrarerträge des Landes einzubringen, und abends keucht sie über weite staubige Strecken unter dem schweren Wasserbehälter oder dem Brennholzstapel auf ihrem Kopf. Die afrikanischen Frauen dienen als Arbeitsinstrumente und Lasttiere Tag für Tag ein Leben lang. Gewiß, es gibt auch Stunden, in denen sie ausgelassen tanzen, singen und trommeln, ich kenne den

Sudan gut, und ich kann heute sagen, dort hat sich zumindest menschlich Gesundes, ja Reines bewahrt! Das ist in der Misere nicht selbstverständlich, und es gilt auch keineswegs generell. Eine Afrikanerin dient seit Jahrtausenden, in sämtlichen Lebensbereichen ist sie Dienerin. Wann wird sich für sie etwas ändern?

Und nicht nur die Afrikanerinnen werden zum Dienen verpflichtet. Als Seelsorger ist mir bekannt, daß verheiratete Frauen viel zu oft zur sexuellen Begegnung genötigt werden und nicht immer auf die eleganteste Weise. Die einen überwinden und opfern sich, die andern ziehen sich mit klugen Ausreden zurück. Was bleibt, ist Mißstimmung, und die Gründe sind tiefliegend. Vermutlich ist es das Nicht-dienen-Wollen der Frau! Ihre innere Abwehr gegen das Dienen- und Bedienen-Müssen in vielerlei Hinsicht staut sich an über den Tag und manifestiert sich schließlich in der sexuellen Verweigerung.

Und wie kann man verkünden, die Frau diene zu nichts, und von rechts und von links hageln die Horrorstatistiken, einer gnadenlosen Brutalität gegen sie: die Frau vergewaltigt zum Dienen? Jährlich werden 15 Millionen Minderjährige schwanger, Minderjährige! Nach dem letzten Stand vom Frühjahr 1997 erleiden zwei Millionen Kinder im vorpubertären Alter, vorwiegend Mädchen im Alter von sieben bis zwölf Jahren, sexuelle Ausbeutung in der professionellen Zwangsprostitution. *„Die"*, so proklamiert das UNO-Kinderhilfswerk UNICEF, *„mit der allgemeinen Geringschätzung der Frau zu tun hat."*

Die „sexuelle Hochfinanz" (ein neues Wort!) reibt sich die Hände. Ihre Vergnügungsindustrie hat sich vom florierenden Millionengeschäft binnen kurzem zum Milliardengeschäft ausgewachsen. Eine fachkundige Schätzung aus Deutschland:

> *„Der weltweite Jahresumsatz durch den internationalen Frauen- und Mädchenhandel beträgt inzwischen 500 Milliarden DM."*

Es multiplizieren sich die Pornoringe wie die Mafiaringe, wir haben ein weltweites Verbrechersyndikat, das Frauen und Mädchen zum Dienen zwingt. Fernöstliche Kinder-Bordelle werben längst über INTERNET mit Kinderpornos und preisen die Kinderprostitution, nicht zu vergessen die weibliche Säuglingspornographie! Diese verheerende Dehumanisierung der Frau, wie sie momentan im Gange ist, kann kaum noch überboten werden. Und sie ist bereits im Cyberspace, um alles zu durchdringen. Präsident CLINTON ist 1996 mit einem von ihm unterzeichneten Gesetz zur Eindämmung der Pornoflut im INTERNET beim Obersten Gerichtshof der USA nicht durchgekommen. Neun Höchstrichter sind der Meinung, das widerspräche der verfassungsmäßigen Redefreiheit. Und wer soll die Minderjährigen in aller Welt nun schützen? Man schätzt, daß in einigen Jahren rund 200 Millionen Menschen an das globale elektronische Netz angeschlossen sein werden ...

Sie kennen die nichtstaatliche internationale Hilfsorganisation TERRE DES HOMMES, die 1959 in Lausanne gegründet wurde und auf Kindernöte spezialisiert ist. Sie hat kürzlich warnend bekanntgegeben, daß 60 Prozent der minderjährigen Prostituierten bereits Aids-infiziert sind, die Nachfrage nach immer jüngeren Mädchen steigt, deshalb haben die Kleinen heute schon im Alter von sieben Jahren im „Intimservice" (auch ein neues Wort!) zu dienen. Die unerträglichen Meldungen aus Asien: Akkordarbeit. Bis zu zehn Kunden täglich!

Und hier ein Beispiel, das mir beim Lesen die Tränen in die Augen treibt: Ich teile mit Ihnen einen zweiseitigen Artikel aus dem TIME MAGAZINE vom 27. 1. 1997. Schauplatz: Heutiges Indien und Nepal. Schlagzeile: „NEPALS VERLORENE TÖCHTER". Untertitel: „INDIENS SCHMUTZIGE WARE" – und fasse für Sie zusammen:

> Die „International Social Agencies" sprechen hier vom gewaltigsten Sklavenhandel unserer Epoche in der Branche der sexuellen Ausbeutung. Aus Armut und weil ein Mädchen NICHTS wert ist, verkaufen die Eltern ihre Töchter, um ihre Söhne besser ernähren zu können, oder Ehemänner ihre jungen Frauen, deren sie überdrüssig wurden, zum geringeren Preis eines Wasserbüffels oder eines Videorekorders zu Hunderttausenden an Bordelle in Indien, wo sie Tag und Nacht als „sex worker" – so die offizielle Bezeichnung – zu

dienen haben. Ihr Alter liegt zu Beginn zwischen neun und sechzehn Jahren. Und es sind um die zehntausend jährlich. Die Jüngeren werden mit äußerst schmerzhaften Hormonspritzen traktiert – zur Beschleunigung des Brustwachstums, wer sich sträubt, wird geschlagen. Und sobald sie mit der „Bombay Disease" (Aids) gezeichnet sind, werden sie schleunigst verjagt. Es sind zwei Drittel der Mädchen. Diese schleppen sich hinauf in den Himalaja, sie wollen heim, zurück in den Heimatort. Dort verriegelt man die Türen, da sie mit der „Hurenseuche" behaftet sind, sie gelten als Todbringerinnen und Familienschande. Wohin sollen sie gehen?

„Ich bin ein angeschlagenes Ei, das niemand will."
(Anu, 21jährige Nepalesin)

Zudem ist die Armut im Dorf so erschreckend, daß bei einem Durchschnittseinkommen von 200 Dollar kein Familienangehöriger die kostenreichen Medikamente aufbringen könnte, die für eine Leidensmilderung jetzt nötig werden. Anu, was wird mit dir geschehen?

„Jesus ist für mich auch die Prostituierte,
die aus ihrem Schicksal befreit werden möchte."
(Mutter Teresa von Kalkutta)

Früher, bis zur Demokratisierung des Landes im Jahre 1951, erzählt uns die TIME, waren diese grazilen Schönen am königlichen Hof von Katmandu begehrt, denn sie „dienten" als Konkubinen. Heute bleibt ihnen nichts anderes, als in den Großstädten des benachbarten Indien zu „dienen". Bis in den zu frühen Tod – nach einem Leben der unentrinnbaren Fremdbestimmung und des unnennbaren Schmerzes.

Kapitel 13

4 x PRO UND 4 x CONTRA

Hier geht es um das Dilemma der berufstätigen Familienmutter. Jede Medaille hat zwei Seiten, auch diese – und zwar gleich vierfach! Lassen wir uns vom Zeitgeist nötigen und streichen die Vorteile plakativ heraus, dann präsentieren wir eine Darstellung von mangelndem Wahrheitsgehalt, die niemandem dient. Und umgekehrt: Wenn wir nur die negativen Aspekte einer vollberuflichen Familienmutter aneinanderreihen und dabei dem konservativen Bremsgeist das Wort reden, auch dann riskieren wir ein falsches Bild, das abzulehnen wäre. In den USA gibt es tatsächlich eine anti-feministische Bewegung, die den Frauen die Freude an ihren beruflichen Erfolgen vergällt und sie aus dem öffentlichen Aufgabenbereich wieder zurückruft ins Familiennest. Das ist allerdings illusorisch, weist aber auf einen realen Erfahrungsgrund hin, der mit in unsere Betrachtung hineingehört. Und in Millionen von Fällen ist ein zweites Gehalt für die Familie lebensnotwendig, wobei es sich empfiehlt, besser zu schweigen als konfliktgeladen über die prinzipielle Frage der Frauenarbeit zu debattieren.

Viel Gutes kann man auflisten, das für eine umfassende Berufsarbeit der heutigen Frau plädiert, sobald aber das Ganze zur Ideologie stilisiert wird und dem eigenen Zweck einer rachedurstigen Selbstdarstellung dienen soll, sage ich NEIN. Wenn es nur um eine Umverteilung von Macht geht, dann wird gesamtmenschlich überhaupt nichts gewonnen. Wollen wir einmal das eine gegen das andere abwägen und die Vor- und Nachteile beim Namen nennen! Ich habe es getan und sah, wie sie einander die Waage halten. Vier Vorteile stehen vier Nachteilen gegenüber, und das stellt uns schon die ganze Problematik vor Augen. Beginnen wir mit dem positiven Zugang zur Berufsarbeit einer verheirateten Frau und Mutter:

PRO – I – VERMEHRTES UND VERTIEFTES SELBSTWERTGEFÜHL

Eine WHO-Studie von 1996 liefert uns ein bestürzendes Bild, indem sie nachweist, daß die Frustration der Nur-Hausfrauenrolle zu seelischen Schäden führt. Die Isolation, die Eintönigkeit und die völlige Abhängigkeit vom Mann lassen die Seele der Frau erkranken! (Genf, am WELTTAG DER GEISTIGEN GESUNDHEIT, Oktober 1996) Identität und Selbstachtung aus der täglichen Routinearbeit des Haushalts zu schöpfen, das sei nicht möglich, heißt es, die nichtberuflichen verheirateten Frauen werden – statistisch belegt – depressiv. Ein halbes Jahr später wurde nach 170.000 Befragungen das Ergebnis einer EU-Studie bekanntgegeben, das in gleicher Weise verheerend ausgefallen war: Jede zweite Hausfrau beklagte ihr Los und gab an, daß sie LEIDET.

Ich nenne diesen Punkt als ersten, weil er der fraglos schwerwiegendste Pluspunkt einer Arbeitsleistung außer Haus ist. Nicht nur seit Jahrhunderten beklagt, nun auch wissenschaftlich erwiesen, ist die Tragik eines nur schwach entwickelten Einfühlungsvermögens des Mannes, die Wünsche der Frau werden überhört und ihre Sorgen bagatellisiert. Dafür haben die Männer eine andere Qualität stark entwickelt, sie neigen dazu, diktatorisch zu sein, und lieben es, die Frau am Gängelband zu führen. Als Seelsorger könnte ich Ihnen ein Lied singen von dieser jahre- und jahrzehntelangen Ehepein vieler Frauen, ganz besonders in meiner Region. Doch hält sich diese maskuline Mentalität auch im modernen Westen zäh am Leben, die Frau steht unter dem Willen des Mannes, der erwartet, daß sie sich fügt. Auch dann, wenn Bevormundung, Befehlserteilung und Kritik am Feierabend und Wochenende unvermindert weitergehen, so hat die außer Haus arbeitende Frau etwas Freiheit genossen und Selbstbestätigung erfahren, sodaß sie die häusliche Atmosphäre besser erträgt. Eine unter ihnen sagte mir: *„Ich muß hier raus! Ich bin doch nicht in die Ehe gegangen wie in einen lebenslangen Ringkampf!"* ... Die negativen Bemerkungen ihres Gebieters treffen sie nicht mehr ins Mark, zudem kommt sie in die Lage, sich mit anderen Ehefrauen darüber auszutauschen und mit ihnen bestehende Rechte und Gesetze zu studieren, die sie, wenn sie die Courage aufbringt, daheim geltend machen kann. Doch mit dem Faktor Zeit wächst der Mut!

Die Berufstätigkeit garantiert der Frau zweifellos eine innere Befreiung und eine allgemeine Anhebung ihres Status. Demzufolge eine positive Entwicklung ihres Wesens. Ich kenne Frauen, die wie ein Blumenbeet erblüht sind, seitdem sie fern von daheim einer Arbeit nachgehen. Sie genießen es, pünktlich Haus und Haushalt hinter sich zu lassen, um in eine völlig andere Welt einzutauchen, anregenden Menschen zu begegnen, viele Eindrücke zu sammeln und Erfahrungen auszutauschen. Das war es, wonach sie hungerten! Oder das waren sie gewohnt gewesen, bevor sie heirateten. Es befriedigt sie, sich der Gesellschaft gegenüber zu öffnen, an interessanten Projekten mitzuarbeiten und vielleicht mit Kolleginnen und Kollegen gelegentlich auf Dienstreise zu entschwinden. Das erhöht ihr gesamtes Lebensgefühl ungeheuer. Die außer Haus arbeitende Frau verfügt über eine vollkommen andere Sicht der Welt, über eine objektivere Urteilsweise und über eine freiere Lebensphilosophie als jene, die sich als Nur-Hausfrau versteht und sich ein Leben lang freiwillig oder unfreiwillig damit begnügt.

PRO – II – FINANZIELLE ENTSCHEIDUNGSFREIHEIT

Das Unabhängigwerden von der finanziellen Maßregelung, das Freiwerden aus der finanziellen Demütigung, aber auch die immense Freude am Selbstverdienen bedürfen keinerlei Kommentars hinsichtlich der Entfaltung der eigenständigen Persönlichkeit. Noch weniger Worte wären über den realen Vorteil des Zuschusses zur Haushaltskasse zu machen, der vor allem eine verbesserte und erweiterte Kindererziehung inkludiert. So kann die finanzielle Eigenleistung der Frau und Mutter den Schlüssel zum Durchbruch bedeuten, jetzt kann der Sprung in die Freiheit gewagt werden, jetzt wird Autonomie geprobt und eine nie gekannte Entscheidungsfreiheit gekostet, eine Entscheidungsfreiheit in vielerlei Dingen des Alltags. Und bald verfügt auch sie im Hause über Autorität, was sich nur günstig auf die Entwicklung der Kinder auswirken kann und auf die häusliche Balance gegenseitigen Respekts. Ende der Unmündigkeit der Frau!

PRO – III – TEILNAHME AN DER GESELLSCHAFTSVERÄNDERUNG

Tiefenpsychologisch betrachtet und deshalb vielleicht noch bedeutender, da es der idealistischen Grundverfassung der Frau und ihren besonderen Eignungen entspricht, sind Freude und Genugtuung bei der Mitgestaltung der Gesellschaft – und sei es als winziges Glied. Das bildet an ihrer Persönlichkeit und unterstützt ihr Wohlbefinden in besonderem Maß. Jetzt ist sie nicht mehr nur die Frau ihres Mannes, sondern sie wird bei ihrer Teamarbeit mit Gleichgesinnten als Person voll geachtet. Ihr Engagement für das Gemeinwohl erweitert ihr Verantwortungsbewußtsein über den bisher fest gesteckten Familienrahmen hinaus, die Frau bindet sich ein in ein Gefüge, das größer ist als ihr Heim, und in diesem kann sie wachsen! Sie spürt es, weil sie von Jahr zu Jahr mehr geben kann. Die Frau wächst mit ihrer überpersönlichen Aufgabe, und es wird immer der soziale und karitative Bereich sein, der sie ihrer Natur entsprechend neben allen wichtigen Öffentlichkeitsarbeiten am tiefsten befriedigt.

Es gibt heute zahllose sinnbringende Gemeinschaften, in denen sich eine Frau im wahrsten und im schönsten Sinne des Wortes „ausleben“ kann. Ein solches Forum zu finden, ist für die Frau absolut notwendig, und die Suche danach sollte zeitlich nicht zu lange hinausgeschoben werden, denn je höher einer Frau der Sinn steht, umso weniger befriedigt sie der Haushalt allein, im Gegenteil, er deprimiert sie und macht sie nach dem erwähnten Bericht der Weltgesundheitsorganisation sogar krank. Das idealistische Bedürfnis der Frau braucht Nahrung. Eine unter ihnen sagte mir:

> *„Bei meinen zeitweiligen Erfolgen im Beruf geht es mir ganz gewiß nicht darum, meinem Spiegelbild bewundernd zuzulächeln, sondern in schlichter Freude die Augen zu schließen im Wissen, daß ich an einer wesentlichen Korrektur unserer Gesellschaft mitwirken kann.“*

PRO – IV – PARTNERSCHAFTLICHES MITEINANDER IN DER EHE

Wenn das Fundament der Ehe stabil ist, dann kann die Berufsarbeit der Frau das Eheklima nur noch verbessern. An der University of Michigan (USA) kam eine Forschungsstudie zu dem Ergebnis: *„Housewives with job are healthier“* (Hausfrauen mit Beruf sind gesünder). Interessant! Dabei wird gesagt, die Frau habe sich zur perfekten Zeiteinteilung erzogen, die ihr sogar mehr Freiraum für ihre Familienzuwendung garantiert als je zuvor. Allerdings sei eine Voraussetzung maßgebend: die gegenseitige Rücksichtnahme als oberstes Gesetz und die Abdankung des männlichen Haushaltsmuffels.

Wenn der arbeitende Mann und die arbeitende Frau, aus verschiedenen Richtungen kommend, sich abgespannt am Abend treffen und sich den anstehenden Haushaltspflichten gegenübersehen, dann wird für den vernünftigen Mann eine partnerschaftliche Arbeitsteilung zur Selbstverständlichkeit werden, und das bedeutet eine ordentliche Vitaminzufuhr für die Vitalität der Ehe. Die familiären Aufgaben eines Mannes gehen über die Pflege seines Autos ein wenig hinaus … und auch über seine finanzielle Versorgungsarbeit, auf die er mit Recht stolz ist. Sein Interesse sollte auch die innere Arbeit an der Familie betreffen, die Persönlichkeitsbildung der Kinder, gemeinsame Bildungserweiterung und die Einfühlung in seine Frau. Wenn jedoch der Durchschnittsmann, wie man weiß, täglich drei Stunden fernsieht, dann kann davon keine Rede sein.

Gleichzeitig ist eine Evolution der männlichen Mentalität im Gange, zumindest in der westlichen Welt, und ich wünschte mir, sie machte bald überall Schule. Die ersten Ansätze kann ich auch in meinem Land entdecken, und ich segne sie augenblicklich. Der Typ des geblähten und ständig fordernden Paschas ist bei unseren selbstbewußten Ägypterinnen schon längst nicht mehr gefragt. Die demnächst vollelektronisch laufenden Haushalte werden dem Mann noch den Spieltrieb entlocken, und eines Tages mag er mit Eifer an den häuslichen Schalthebeln des dritten Jahrtausends sein Home Management führen. Dann wird er auch über Telefon, Bildschirm und Maus mit dem virtuellen Einkaufskorb unterwegs sein und viele andere Tätigkeiten „spielend" meistern.

Nun melden sich für die berufstätige Familienmutter aber auch Nachteile zu Wort, die dasselbe Recht haben, angehört zu werden. Einseitige Betrachtungs- und Darstellungsweisen sind immer Wahrheitsverfälschungen. Sie kennen meine Aussage über die „Farbe" der Wahrheit:

Die Wahrheit ist nicht weiß,
die Wahrheit ist nicht schwarz,
die Wahrheit ist nicht grau,
die Wahrheit ist weiß UND schwarz.

CONTRA – I – DAS GESTÖRTE MAGISCHE ZENTRUM

In diesem Punkt dulde ich keinen Widerspruch! Die Frau ist die durch nichts und niemanden zu ersetzende seelische Kraft im Zentrum der Familie. Sie wird immer das „magische Strahlenzentrum" sein, und es ist statistisch belegt, daß die ganztägige Abwesenheit der Frau und Mutter teilhat an der tiefen Krise unserer Gesellschaft. Denn die Familienkrise schleppt ihre bitteren Früchte in die Gesellschaft hinein und fügt sie den ohnehin schon bestehenden Gesellschaftskrisen hinzu. Diesen statistischen Zusammenhang können wir bei den genannten vier Vorteilen beim besten Willen nicht verharmlosen, dafür ist das Thema zu ernst.

Keine Mutter der Welt ist austauschbar. Die moderne Psychoanalyse hat es uns eingeschärft, wie stark der Mensch von seinen ersten fünf Lebensjahren unwiderruflich geprägt wird. Und wer ist die entscheidende Bezugsperson, seine erste „Lebenserfahrung"? Wir wissen es. Der Vater eines Kindes befindet sich räumlich und seelisch entfernter, woran sich auch später nur wenig ändert. Bitte glorifizieren wir nicht seinen intellektuellen Einfluß während der Frühphase des Kindes, diesen kann auch eine Ersatzperson leisten. Beachten wir vielmehr den geheimnisvollen Austausch, die starke, telepathische Verbindung zwischen der Seele des Kindes und der Seele der Mutter! Seit seinen ersten Lebensstunden liest der Säugling und später das Kleinkind im

Glanz der mütterlichen Augen ALLES. Und was es dort durch das ZEITGESCHENK und die UNGETEILTE LIEBE seiner Mutter erfahren kann, zeichnet sein späteres Leben vor.

Und selbst dann, wenn die Kinder „vernünftiger" werden und die Mutter guten Gewissens ihre Berufsarbeit wieder aufnimmt, wird es ihr kaum möglich sein, ihre Entwicklung zu verfolgen und zu lenken und auf alle kindlichen Bedürfnisse und Geheimnisse einzugehen. Kraß gesagt, es ist ausgeschlossen, die Frau muß dieser bitteren Wahrheit ehrlich begegnen. Defizite dieser Art lassen sich durch nichts kompensieren. Es entgeht den Kindern vieles schon deshalb, weil sie nicht speichern können; so ist auch am Wochenende nichts nachzuholen, was in fünf Wochentagen versäumt wurde. Ein Kind lebt ausschließlich im „heiligen Augenblick" der gegenwärtigen Stunde, hier und nicht später hat es seine Ängste, seine bohrenden WARUM-Fragen, oder es muß eine Riesenfreude spontan mit der geliebten Mutter teilen, allein mit ihr und nicht mit einer Fremdbetreuung, und sei es die beste. Eine Einschränkung gibt es: die herzlich liebende, gesunde Großmutter im Volleinsatz. Mit ihr wird Intensiv-Zuwendung garantiert.

Hier verweise ich wieder auf die Frau als das „Sein im reinen Zustand", wie ich es nenne. Ihre starke Präsenz läßt die Knospen springen. Jedes Flüstern und jedes Lächeln, jeder Gedanke und jede Geste wirken aus dem Sein der Mutter, um in das Sein des Kindes überzugehen. So wird das Kind MYSTISCH GETRAGEN und seelisch-geistig ernährt, so kann es auch physisch gedeihen – und gut gedeihen! Die Psychologen sprechen hier von der Empathie zwischen Mutter und Kind, abgeleitet aus dem griechischen „pathein" (mitfühlen). Es ist in der Tat dieses mystische Verhältnis zwischen zwei Seelen, eine sehr geheime Kommunikation jenseits unserer Sprache und jenseits der Ratio. Dieser mütterliche Einfluß wirkt in der Prägephase lebensbestimmend, ich möchte sagen schicksalbestimmend.

In der westlichen Welt gibt es 1997 neue Analysen über die Therapiebedürftigkeit von Schulkindern: Haltungsschäden, Übergewicht, Eßstörungen, Sehstörungen, Sprachstörungen, Hormonstörungen, Verhaltensstörungen, Drogenanfälligkeit, violente Aggressionen oder extremes In-sich-Zurückziehen, und hinter diesen

Krankheitsbildern steht immer ein Mangel, irgendetwas Wesentliches ist dem Kind vorenthalten oder zu früh entzogen worden. Und es gibt neue Analysen über die moderne, gestreßte Mutter, die abstumpft wird gegen Warnsignale, weil sie ausgelaugt ist. Es ist nachgewiesen worden, daß sich die Intuition – ihre wertvollste Eigenschaft – vermindert! Ein Verhängnis! MUTTER TERESA hat einmal zu einer in dieser Weise abgekämpften Frau gesagt: *„Sie können nicht lächeln, weil Sie nicht beten."* Damit war alles gesagt.

Schlußfolgerung: Wenn für eine Mutter kein zwingender Grund besteht, zusätzlich außer Haus einer Arbeit nachzugehen und zur Betreuung ihrer Kinder „Arrangements" zu treffen – mit wechselnder Fortüne -, dann wird sie in Zukunft ganz von selbst darauf kommen, wo ihre einzigartige Berufung liegt, zumindest während der wenigen Jahre, in denen ihre Kinder bei ihr leben. Denn, wie RICHARD CURLE sagt,

„die Frau wirkt an der Wurzel alles Menschlichen",

und „wirken" heißt „schaffen, erschaffen", es ist notwendiges schöpferisches Tun, das hinausgreift in die Gesellschaft.

CONTRA – II – DIE FOLGENREICHE DOPPELBELASTUNG

Zurück zum angenehmen Bild des Ehemannes, der daheim im partnerschaftlichen Einvernehmen trällernd seine berufstätige Frau entlastet. Für die Frau jedoch, für die in dieser Hinsicht die Zukunft noch nicht begonnen hat, können Doppelbelastung und Dauerstreß je nach der Größe des Haushalts und der Anzahl der Kinder, je nach dem Eheklima und je nach der beruflichen Anforderung („der Kampf am Arbeitsplatz") zum psychischen und auch physischen Zusammenbruch führen. Auch das ist seit langem statistisch belegt, man nennt es das „burn out syndrome" – das Ausgebranntsein als ein gefährliches Krankheitsbild, denn es betrifft den vorzeitigen und oft irreparablen Kräfte- und Nervenverschleiß durch das Schultern einer mehrfachen Last. Schriften in Hülle und Fülle gibt es über diesen Spagat zwischen einem turbulenten Familienleben und einem aufreibenden Berufsleben, weil keines von beiden „nebenher" laufen kann. Beide Bereiche fordern das Optimale, also mehr als die Frau wirklich geben kann. Ein wahres Dilemma! Ich kenne berufstätige Mütter, die von einer ständigen Doppelangst gejagt werden – Schuldgefühle gegenüber den Kindern, die sie mir ausschütten, und die quälende Angst, im Beruf nicht zu genügen und ihren Posten zu verlieren.

CONTRA – III – DIE GEFÄHRDETE EHE

„Wenn das Ehefundament stabil ist" – diese Wendung schien auf unter den Vorteilen der Berufsarbeit der Frau, die diese gute Atmosphäre nur noch verbessern würde. Schwankt es aber, hat es bereits Risse und Brüche, dann kann es zum Einsturz kommen. Und dann haben wir zwei oder drei Scheidungswaisen mehr in unserer labilen Gesellschaft. Leider haust oft der Wurm in der imponierenden Persönlichkeitsblüte der berufsstolzen Frau, jener Wurm, der ihre Ehe zernagt. Die Scheidungsziffern unserer Epoche werden ständig in den Medien veröffentlicht, wir kennen sie alle: Jede dritte Ehe scheitert, und diese tragische Bilanz steht LEIDER in einem errechneten Verhältnis zur Berufstätigkeit der Frau, wenn diese auch nicht den einzigen Grund zu diesem Drama liefert.

Oft hat sich die „zu" selbständig gewordene und „zu" gut verdienende Frau sehr schnell verändert, sie nimmt sich in den Augen ihres Mannes immer mehr Freiheiten heraus und äußert Ansichten, auf die er niemals gefaßt war. Oder er neidet ihr ihre Erfolge, gegebenenfalls auch ihr Gehalt, selbst wenn kaum eine Disparität der Einkommen besteht. Mit ihren Berufskolleginnen und -kollegen will er nichts zu tun haben, sie kann ihre Erlebnisse nicht mit ihm teilen, er will nichts hören und schaut lieber stundenlang fern. Die beiden leben sich auseinander und dann künstlich aneinander vorbei.

Die Tragik für die Frau heißt wählen und nicht wählen können. Entweder bleibt sie daheim und läßt sich weiterhin von ihrem Mann überfahren, schweigt und erleidet den Alltag „um der Kinder willen", oder sie steht auf, wagt den Widerspruch, geht in den Beruf, um sich dort die notwendige menschliche Anerkennung zu verschaffen. Das geht so lange gut, bis ihr aufgeht, daß der Preis der erworbenen Freiheit die gescheiterte Ehe ist. Die gesunde Entwicklung der Kinder liegt auf dem Opferstein. Deshalb kann man nur beten, der Lernprozeß der Männer möge sich beschleunigen und der Tag möge nahen, an dem sie diese einschneidende gesellschaftliche Veränderung erkennen und gutheißen, sie mitvollziehen, ihre Frauen unterstützen und ihnen endlich auch all jene Freiheiten und Wohltaten gönnen, die sie seit Jahrtausenden für sich allein in Anspruch genommen haben.

CONTRA – IV – DER VERMÄNNLICHUNGSPROZESS DER FRAU

Auch dieses Phänomen ist real, und ich nenne es als den letzten der vier Negativpunkte und als einen Alptraum! Wir hörten bereits die kritische Stimme eines Indios und wissen es selbst nur zu gut: Die heutige Frau hat das heftige Verlangen, in Männerrollen umzusteigen, wie in Männerkleider. Mir sind auf meinen Reisen elegante Damen begegnet in Männerschuhen, Hosenanzug, Weste und Krawatte, wobei ich sicher bin, daß das mehr bedeutet als eine lässig getragene Mode. Die Frau will ihre Gleichheit und Gleichwertigkeit mit dem Mann dokumentieren. Leider gibt es jene Frauen in reicher Zahl, die sich von bestimmten feministischen Slogans ihren Eigenwert nach diesen Kriterien vorrechnen lassen. Es soll geglaubt werden, daß das Glück der Frau im erkämpften Männerberuf zu finden ist, so lautet die ausgegebene Parole, und diese Idee ist längst durchschlagend suggeriert und hat sich fest in der Psyche der Frau eingenistet. Sie will alles tun was der Mann tut, sie will sein und scheinen wie er. Käme diese Vorstellung allseitig zur Umsetzung, dann hätten wir die Katastrophe im Quadrat.

Bitte lassen Sie mich diese kritischen Bemerkungen ganz persönlich abfassen und als Mann vor diesem Alptraum warnen. Nichts Enttäuschenderes als ein Mannweib mit verhärteten Zügen, nichts Abscheulicheres als eine im Beruf stahlhart gewordene Frau, die sich auch innerlich vermännlichte! Eine Frau muß sehr achtgeben, daß ihr legitimer Kampf für die Gleichberechtigung sie nicht in eine subtile Falle schleust, in die Falle der Nachahmung, denn was sie scheinbar schwer zu verstehen mag, ist die Tatsache, daß sie damit ihr Frausein selber aufs Spiel setzt. Anhaltend harte und übertrieben ehrgeizige Berufsarbeit, darüber besteht kein Zweifel, verändert eine Frau. Selbst am Arbeitsplatz kann sie sich unter Umständen tyrannisch gebärden oder zur Intrigantin entwickeln. Sie erliegt einem Selbstverfremdungsprozeß, von dem sie vermutlich nichts ahnt. Dasselbe geschieht mit Männern, die ohne konkrete Aufgaben verweichlichen, und auch das ist ein Alptraum! Ein Playboy bekommt weibliche Züge. Nein, die Welt braucht eine echte, unbefangene, liebreizende Weiblichkeit, denn ihr Charme spielt im Einklang mit ihrer Natur. Zunächst und vor allem anderen muß eine Frau eine Frau sein und eine normale, weibliche Aura ausstrahlen. Ich will diese deutlich wahrnehmen können! Oder soll am Ende die ganze Welt maskulinisiert werden? Möge uns das erspart bleiben!

ALLGEMEINE BETRACHTUNG

Jenseits von PRO UND CONTRA steht der Druck des Verdienenmüssens, der das Problem sofort völlig anders beleuchtet. Eine verheiratete Frau und Familienmutter kann in Millionen Fällen nicht ganzheitlich hinter ihren beruflichen Aufgaben stehen, wie es dem Mann vergönnt ist, denn sie arbeitet unter Zwängen. Man fühle sich ein in ihren innerlich dramatischen Alltag, denn auch zu Hause mögen sich die Zwänge und privaten Probleme überschlagen, und die Welt nimmt es als selbstverständlich hin, daß sie alles tonlos meistert. Es sind die Heldinnen des Alltags! In den USA hat eine Repräsentativumfrage ergeben, daß sage und schreibe 90 Prozent der Befragten ihrer Arbeit außer Haus nicht mit innerem Bedürfnis nachgehen, sondern ausschließlich aus finanziellen Gründen. Die Ehefrau muß hinzuverdienen, weil der Lebensstandard es so diktiert oder weil die Familie es bitter nötig hat. Jederzeit, sagten diese Frauen, würden sie ihren Job an den Nagel hängen! Mich hat dieses Ergebnis unter erwerbstätigen Amerikanerinnen frappiert, handelt es sich doch um die betont progressive USA in der Frauensache. Ich denke darüber nach …

Und noch etwas: Ich komme zu dem merkwürdigen, unter diversen Schleiern versteckten Phänomen der nahezu generellen

Unzufriedenheit der Frau. Hundertmal habe ich mich schon gefragt, woher diese stammt, denn alles hat seinen Hintergrund. Welcher Mann oder welches Ereignis vermag eine Frau über längere Zeit zu befriedigen? Ich skizziere Ihnen einen Idealfall: Eine tüchtige Frau hat endlich alles erreicht, was sie erstrebte, sie hat glänzende berufliche Anerkennung und die entsprechende Honorierung gefunden, sie hat sich ihre vollen Rechte erkämpft, bekleidet ihren heißbegehrten Männerposten in der Wirtschaft oder im Staat und liegt in der gleichen Gehaltsstufe mit ihren männlichen Kollegen. Nun verfügt sie über alles Erstrebenswerte, über Status, Freiheit und Geld, doch auf rätselhafte Weise wirkt sie noch immer unausgefüllt und unzufrieden.

Eine der möglichen Erklärungen wäre die unbestrittene Tatsache, daß hier das Bleigewicht frauengeschichtlicher Vergangenheit nachwirkt und vermutlich die Schuld trägt. Im Unterbewußtsein quält die Frau ein durch Fremdbestimmung eingepflanzter Unterlegenheitskomplex gegenüber dem Mann, der sich so schnell nicht mit persönlichen Erfolgen aus ihrem Leben vertreiben läßt. Da mögen noch Generationen von Frauen für eine fremde Schuld zahlen. Ich glaube, daß sich hier in der weiblichen Seele auf metaphysischer Ebene noch Dramen abspielen, von denen kaum ein Mann je eine Ahnung hat. Es geistert noch immer der Mythos vom schwachen Geschlecht durch die Welt, der Mythos der Untüchtigkeit, der Unzuverlässigkeit, der Unbrauchbarkeit, der Unfähigkeit, den sie jetzt durch massive Aufklärungsarbeit dabei ist, in ihrem Bewußtsein aufzulösen. Denn letztlich kann eine innere Blockierung auch nur von innen her, das heißt bewußt von ihr selbst zertrümmert werden. In dieser vorbereitenden Arbeit unterstütze ich die feministische Bewegung aus vollem Herzen, auch wenn die Erlösung letztlich im Aufspüren des EIGENEN RAUMES liegt, der ganz und gar feminin ist und den sie voll bejahen wird – in ihrem persönlichen Mut zur Identität.

Vergessen wir nicht, daß Millionen Frauen heute noch hilflos schüchtern und gehemmt sind, um sich an den raffinierten Eroberungskünsten neuer Arbeitsbereiche aus der Männerdomäne zu beteiligen. Ich beobachte sie genau und stelle fest, daß sie sich gerade jetzt, da sich ihnen diese Wege öffnen, fast reflexartig in sich zurückziehen, sie wagen den Sprung nicht auf dieses Terrain, denn es ist Neuland. Auch hier verweise ich auf die geschichtliche Last, die ihre Psyche noch mitschleppt, denn der Grund kann weder mangelndes Verlangen noch ein zu schwaches Ich sein. Historisch bedingt fühlen sie sich bewußt oder unbewußt noch immer dem Mann unterlegen und geben sich geschlagen, bevor sie den Versuch wagen. Dieses Verhalten hat keine psychologischen Gründe, das will ich betonen, sondern ist einer rigorosen Männergeschichte anzulasten.

Doch viele Dinge sind nun im Werden, und neue Vokabeln dringen an unser Ohr, z. B. *„Staatliche Beihilfe für Nur-Hausfrauen"* (Monatsgehalt und kleine Rente), das sich noch sehr futuristisch ausnimmt, wenn nicht utopisch, aber die Utopie von heute ist die Realität von morgen, das wissen wir. Übrigens unterscheiden z. B. katholische Institutionen unter Berufsarbeit und Erwerbstätigkeit und legen Wert darauf, daß „Hausfrau" ein Beruf ist. Neu sind auch die bereits existierenden *„Frauengerechten Betriebe"* mit integrierter Kindertagesstätte und flexiblen Arbeitszeiten. Großartig! Oder die *„Telearbeit"*, die elektronische Heimarbeit für Mütter, die sonst einen Karriereknick fürchten oder ganz einfach ihr volles Gehalt trotz Mutterschaft weiterbeziehen müssen. Dann wird die Wohnung mit dem Büro zusammengeschaltet, und auch das ist bereits voll im Gang. 10 Millionen Telearbeitsplätze hält die EU-Kommission in Westeuropa bis zur Jahrtausendwende für möglich. Im Jahre 1995 waren es in Großbritannien schon eine Million Frauen, die in diesem neuen Stil aktiv waren, denn qualifizierte Arbeit am Computer kann auch zu Hause geleistet werden. Das sind nur drei Beispiele von vielen, die in eine veränderte Zukunft weisen. Innovationen dieser Art sollten unbedingt unterstützt werden.

In nicht allzuweiter Ferne wird sich die Frau ihrem höchsten Eigenwert voll vertrauend ausgekämpft haben, da sie zu ihren vollen Rechten gekommen ist. Und dann wird sie in ihrer Berufs- und Beschäftigungswahl sehr wählerisch werden, bis sie den ihr tatsächlich angemessenen Platz im Herzen der Gesellschaft und im Herzen der Familie gefunden haben wird. Augenblicklich wird die Diskussion um das PRO UND CONTRA der Berufstätigkeit einer Familienmutter noch auf einem Spannungsfeld ausgetragen, wenn nicht auf einem Minenfeld. Und das ist in einer Umbruchsphase normal.

Kapitel 14

SPANNUNGSFELD FRAU UND KIRCHE

Obwohl ich die Meinung nicht ganz teilen kann, wir hätten bis heute eine 2000jährige „Männerkirche" gehabt, und man zumindest klären muß, WAS IST KIRCHE und WER IST KIRCHE, so ist doch das Drängen der modernen, emanzipierten Frau nach ihrer Zulassung zu den Weiheämtern stichhaltig und ganz besonders aus westlicher Sicht logisch und berechtigt. Ich nenne zwei Beispiele herber Kritik, aber einer Kritik, die sitzt:

> *„Wenn man den Exklusivanspruch der Männer auf das Priesteramt konsequent vom historischen Augenblick im Jerusalemer Abendmahlsaal ableitet und dem Vorbild Jesu voll entsprechen will, dann täte man erstens besser, die Eucharistie in einem 'Obergeschoß', das heißt in einem besonderen Raum von Privathäusern, zu feiern anstatt in Kirchen, sonst wäre Jesus mit dem Zwölferkreis zu einer stillen Stunde 'vorbildlich' in den Tempel gegangen.*
>
> *Zweitens dürfte die Kommunion nur an Männer ausgegeben werden! Wo, wann, wie und wieso ist die Kirche von dem Vorbild Jesu abgewichen und hat Brot und Wein, den Leib und das Blut Jesu, auch an Frauen ausgeteilt? Heißt es nicht, der Priester handle in allem 'in persona Christi'? Wie wagt er das?"*

Und ich frage mich, geht es bei der Frauenweihe um ein Recht oder um ein Faktum? Geht es um ein soziologisches und historisches Problem oder eher um ein theologisches und dogmatisches? Wo immer ich mich derzeit aufhalte, dringt dieser Schwall von Fragen an mein Ohr, ob bei Publikumsdiskussionen nach meinen Vorträgen, bei Presseinterviews oder in privaten Runden: *„Pater Boulad, was denken Sie PERSÖNLICH über die Frauenordination?"* Und ich habe PERSÖNLICH zu antworten, was ich gern tue:

> Persönlich bin ich der Meinung, daß es – im vollen Respekt vor den offiziellen Aussagen der Kirche – theologisch kein Hindernis dafür gibt, da die Frau aufgrund ihrer Gottes-

ebenbildlichkeit und Würdegleichheit mit dem Mann als ein ihm vollkommen ebenbürtiges geistiges Wesen alle Weihehandlungen wie er vollziehen dürfte. Prinzipiell spricht daher nichts dagegen. Der wahre Grund der vatikanischen Haltung ist meines Erachtens eher ein kirchenpolitischer, er betrifft die brennende Sorge Roms um das Gelingen der Weltökumene.

Doch davon später. Zunächst zum allgemeinen Fragenkomplex. Trotz der Vielzahl von Jüngerinnen und Freundinnen Jesu, trotz der zentralen Stellung Mariens als „Mutter der Kirche" und „Königin des Himmels", trotz des regen Zulaufs von Frauen in den ersten Gemeinden der Urkirche, was keineswegs nur ein passives Dabeisein war, trotz der couragierten Apostelinnen des hl. Paulus und der „Dienerinnen der Gemeinde" (Diakoninnen!), trotz der inspirierenden Kraft der kaum zu überschauenden und geistig auszuschöpfenden weiblichen Heiligen und einiger großer Kirchenlehrerinnen, wird beharrlich von einer „Männerkirche" geredet. Das Diakoninnenamt ist bis ins vierte Jahrhundert belegt und in unserer Ostkirche bis ins 10. oder 11. Jahrhundert.

Gleichzeitig bedaure ich, daß eines der größten Genies unserer Menschheitsgeschichte, PAULUS, die Frauen gelegentlich harsch in den Schatten der Männer verwies, doch wer weiß, wie es in manchen seiner jungen Gemeinden zugegangen sein mag, sodaß er schreiben mußte: *„Schmuck herunter! Haare verhüllen! Mund halten!"* Das ist nur fast wörtlich, aber so wird es jetzt auf einen Nenner gebracht, und das muß irritieren, zumal man annimmt, er habe in allen Gemeinden dasselbe verordnet. Falsch! Heute wird alles summa summarum genommen und auf emanzipierte westliche Frauen angewendet, das muß ja ins Auge gehen! Lesen wir die Paulusbriefe fairerweise vor ihrem damaligen Hintergrund, sie wurden in ihre Zeit hineingeschrieben und nicht in unsere. Viel früher schon hätte die Exegese das für uns deutlich machen und durch entsprechende Fußnoten ergänzen sollen. Ich lebe noch immer in dieser orientalisch-patriarchalischen Kultur des Orients und kann mich in das wohlüberlegte Vorgehen der Urkirche nur allzu gut einfühlen. Ich lese und verstehe die Ereignisse der Bibel mein Lebtag im kulturellen Kontext und bitte daher meine hitzigen Gesprächspartner, Briefe als Briefe zu nehmen mit speziellen

Anliegen und gewisse Dinge nicht aus ihrem damaligen Zeitbild zu entflechten, um sie schlagartig auf das heutige umzumünzen. Das geht nicht. Ich lese selbst manche Aussagen Jesu mit geschichtlichen Augen. Unterscheiden wir doch das Soziologische vom Theologischen und laden wir der Theologie nicht die Soziologie auf den Rücken, weil sie dort keineswegs hingehört.

Wahr ist, daß die Frau auf keinem der frühen Konzilien unserer Kirchengeschichte auch nur anwesend war, geschweige denn stimmberechtigt. Hierarchie und Priestertum waren ausschließlich männliches Privileg. Eine Frauenweihe wäre in der Urkirche undenkbar gewesen. Ein in Deutschland angesehener Theologe, der Dogmatiker WOLFGANG BEINERT, hat kürzlich die Meinung vertreten, daß es wohl nicht in Jesu Absicht lag, die Frauen auf alle Zeit vom Priesteramt fernzuhalten, *„denn das Symbol-Argument ist überhaupt nur innerhalb des Patriarchalismus schlüssig"*.

Und jetzt reizt es mich, Ihnen ein viel älteres Zitat folgen zu lassen, das also nicht aus unserer gegenwärtigen Debatte stammt, wie man meinen möchte, sondern schon vor 35 Jahren von einem Priester in Brüssel in einem seiner Werke – „Die Spiritualität der Laien" – veröffentlicht wurde:

> *„Welch unglaubliche Armut der Einwände gegen die Frauenweihe! Christus hat sich in seiner Wahl eindeutig den äußeren Volks-Vorurteilen entsprechend eingeschränkt, die sich aber glücklicherweise unter Wirkung seiner Offenbarungslehre ausgewachsen haben. Ich habe das Gefühl, wenn sich der Logos heute inkarnierte, dann erschiene er eher in Frauengestalt. Warum? Weil die Hälfte der Menschheit noch nicht wirklich erlöst ist. Denn was bedeutet Priestersein? Es ist eine geistige Vaterschaft, die im Leben der Menschen Glaube, Liebe und Hoffnung erzeugen soll. Ist aber eine Frau nicht viel mehr Mutter, als ein Mann Vater ist? Wenn also einmal die soziologischen Vorurteile, die sich dieser Möglichkeit noch immer entgegenstellen – übrigens auch von seiten vieler Frauen -, besiegt sein werden, dann wird die Frau eine vortreffliche Priesterin werden!"*

(Louis Evely)

Papst JOHANNES PAUL II. hat am Pfingsttag 1994 in einem Apostolischen Schreiben über die nur Männern vorbehaltene Ordination (Verlautbarungen des Apostolischen Stuhls 117) zu dieser drängenden Frage Stellung genommen, und die Welt weiß es seitdem. Klarer, eindeutiger und endgültiger konnte das Nein nicht formuliert werden – für heute, für morgen, für übermorgen. Und so steht es längst im Canon 1024 des Kirchlichen Gesetzbuches: *„Die heilige Weihe empfängt gültig nur ein getaufter Mann!"* Und obwohl es kein offizielles Dogma war, hat es Kardinal JOSEF RATZINGER noch bekräftigt, indem er einige Monate später, am 18. November 1994, diese Entscheidung als in der Kraft päpstlicher Unfehlbarkeit verkündete (Unfehlbarkeit nicht der Person des Papstes, aber seiner Lehraussagen). Ich verstehe die Hintergründe nicht, die ihn dazu veranlaßten, aber es hat die Dinge noch komplizierter gemacht und verschloß manche Tür zum ökumenischen Dialog, die sich endlich um einen hoffnungsvollen Lichtspalt geöffnet hatte, aufs neue. Die Reaktion von PHILIP DOODRICH, dem anglikanischen Bischof von Worcester, zitiert in der französischen Zeitschrift „Actualité Religieuse", war: *„Ich glaube, daß ein solches Vorgehen noch einmal den Topfdeckel fester schrauben wollte. Doch es kommt der Tag, an dem er hochgeht."*

Die Anglikaner sind nicht die einzigen, die reagiert haben, auch progressive Katholiken fühlen sich nach dem päpstlichen Nein nicht recht wohl. Pater JOSEPH MOINGT SJ, Professor an der Pariser Ordenshochschule „Centre Sèvres" und Direktor des bekannten Periodikums „Recherches de Sciences religieuses", prophezeite, daß uns mit der Stellungnahme Ratzingers *„Konfusion stiftende Willkür"* nachgesagt werden wird, nachdem obendrein noch das Prinzip der „infallibilitas" (Unfehlbarkeit) ins Feld geführt wurde, ein Dogma aus der Zeit vom Ersten Vatikanum. Andererseits, auch daran sollten wir uns erinnern, hat Papst JOHANNES PAUL II. in letzter Zeit eindringlicher denn je die Gleichberechtigung der Frau betont, nicht nur die Gleichheit beider Geschlechter, und für alle Kulturen gefordert. Er hat sich dabei für Formulierungen entschieden, die in ihrer Offenheit und Stärke neu waren. Man lese seinen „BRIEF AN DIE FRAUEN" vom 29. 7. 1995 (Verlautbarungen des Heiligen Stuhls 122) zur bevorstehenden IV. Weltfrauenkonferenz in Peking. Und in einer Ansprache zum Angelusgebet in Castel Gandolfo sagte er am 3. 9. 1995, dem Vorabend zum Frauengipfel:

> *„Ich rufe heute die ganze kirchliche Gemeinschaft dazu auf, in ihrem internen Leben die Teilhabe der Frau in jeder Weise zu fördern ... Die Frauen sollen ohne jegliche Diskriminierung auch bei Konsultationen und bei der Erarbeitung von Entscheidungen am Leben der Kirche teilnehmen."*

Auch das ist ein Papstwort, und zwar ein jüngeres, das wir nicht zudecken dürfen. Ich nehme an, daß es den meisten unter uns entgangen ist, daß die intellektuelle Weiblichkeit in imponierender Weise in die römische Kurie integriert ist. Im Herbst 1996 brachte ein deutscher Fernsehsender die Reportage „FRAUEN IM VATIKAN", und aus den zahlreichen Interviews waren interessante Dinge zu entnehmen:

Im Päpstlichen Rat für Gerechtigkeit und Frieden gibt es zwei Frauen, deren Spezialgebiet Waffen, Abrüstung und Umweltschutz sind. – Im Päpstlichen Rat für die Nichtchristen agiert auf leitendem Posten seit 25 Jahren eine Frau. – Eine amerikanische Ordensschwester ist Computerfachfrau, sie arbeitet an der Datenbank des Vatikans und beliefert die Welt mit Informationsmaterial. – Die großen Weltjugendtreffen des Vatikans werden von einer französischen Psychologin inszeniert. – Selbst eine deutsche Protestantin arbeitet im Vatikan in Schlüsselstellung. Sie übersetzt die Päpstlichen Schreiben in vier Sprachen und hat bereits 36.000 Seiten verfaßt. Laut eigener Aussage versteht sie sich als „lebenden Beitrag zur Ökumene". – Bei Radio Vatikan, das seine Programme rund um die Uhr in 34 Sprachen sendet, sind 28 Prozent der Redakteure Frauen, d. h. es sind dort 107 Redakteurinnen an der Arbeit, die nach allgemeinem Urteil Hervorragendes leisten. – Und schließlich hat sich Kardinal Ratzinger eine Moraltheologin aus Belgien an seine Seite geholt. Und nicht einmal eine Nonne.

Beim Abschlußinterview bekannten diese Aktivistinnen des Vatikans, daß sie keineswegs an den Schalthebeln der Macht sitzen mögen, sehr wohl aber an den Einflußkanälen. Und das tun sie ohne Zweifel. Erinnern Sie sich, was ich vom „Einflußpol des Weiblichen" sagte? ... Möge dieser Einflußpol in Rom sehr tief und sehr weit reichen, um unsere Gesellschaft mitzugestalten und kräftig umzugestalten!

Hier möchte ich aus meinem persönlichen Erfahrungsschatz anhängen, daß eine meiner beiden brillanten österreichischen Vortragsdolmetscherinnen, die Innsbruckerin CHRISTINE HOFINGER (Gesprächstherapeutin, Akademische Übersetzerin, Mitarbeiterin der Caritas, aktives Mitglied des Katholischen Familienverbandes, Ehefrau und Mutter von drei erwachsenen Kindern) von Diözesanbischof Dr. Reinhold Stecher im Sommer 1994 als erste Frau in den Bischofsrat berufen worden ist, in das oberste Leitungsgremium der Diözese Innsbruck. *„Eine kirchenpolitische Sensation"*, raunte es durchs Land. Das war die erste Frucht aus den Forderungen des vorangegangenen Diözesanforums im April, für das ich übrigens um ein Impulsreferat gebeten worden war („Hoffnung und Sorge der Kirche von morgen"). CHRISTINE HOFINGER zählte zu den Initiatorinnen dieses Forums! Einer der wohlklingenden Beschlüsse lautete: *„In der katholischen Kirche sollen Frauen in allen Gremien und bei allen Entscheidungsprozessen repräsentativ vertreten sein."*

Tirol erscheint mir in der Frauensache angenehm voran zu sein. Ich vernahm in Innsbruck, daß dort im Jahre 1989 die weltweit erste „Frau Dekanin" an einer Katholisch-Theologischen Fakultät gewählt wurde, HERLINDE PISSAREK-HUDELIST. Doch noch einmal zurück zu meiner Dolmetscherin CHRISTINE HOFINGER. Gelegentlich erscheinen Presse-Interviews mit ihr, und ich will Ihnen ein jüngstes Zitat aus den „Salzburger Nachrichten" vom 16. Juni 1997 bringen, in dem es heißt, sie definiere sich selbst als *„friedliebend und vermittelnd"*. Das ist es, was wir heute dringend brauchen! In Gesellschaft und Kirche! Das ist der heilsam feminine Esprit! Hören Sie eine weibliche Stimme zum Thema kirchlicher Arbeit:

> *„Wir wollen auf jeden Fall vermeiden, daß ein Konflikt viele Energien in der Diözese bindet, die wesentlich besser zum Aufbau des Reiches Gottes eingesetzt werden könnten ... Die sozialen Spannungen, die auf uns zukommen, sind sicher eine gewaltige Herausforderung für uns Christen. Da wäre es besonders schade, wenn sich unsere Energien auf innerkirch-*

liche Streitereien konzentrieren würden. Die Kirche ist kein Selbstzweck. Sie ist dazu da, von Gott zu reden und den Menschen zu dienen. Ihre Aufgabe ist das schon jetzt und wird es in Zukunft vermehrt sein, sich wie Jesus auf die Seite der Schwachen und Ausgegrenzten zu stellen und damit für viele Menschen einen Raum für Hoffnung, Geborgenheit und Liebe zu schaffen."

(Christine Hofinger)

Die Diakonatsweihe der Frau wird der nächste Schritt sein, die Zeichen dafür werden deutlicher. Aus Deutschland höre ich vom „Netzwerk Diakonie", Zentrum Münster, dem sich bis zum Juli 1996 gleich 17 Bistümer angeschlossen hatten. Durch Vorträge in Münster und Osnabrück ist mir diese Gegend bekannt, und es freut mich zu hören, was sich dort tut. Im Juli 1997 sprach sich ein Mitglied des Zentralkomitees der deutschen Katholiken, HANNA-RENATE LAURIEN, dafür aus:

„Der Frauendiakonat als eigenständiger Dienst wäre ein Zeichen gegen die Diskriminierung und ein Schritt zum erlösenden Verständnis der Frau."

Das zeigt, daß die Kirche beginnt, sich die absolute Notwendigkeit des weiblichen Einflusses bewußt zu machen und zu verstehen, daß sie nicht nur rational denkende, ratgebende Männer, sondern ebenso einfühlend mitdenkende und ratgebende Frauen in ihre theologische, kirchenpolitische und pastorale Arbeit einbeziehen muß. Durch die Frauen wird in absehbarer Zeit der Kirche eine spezifische und originale Sehweise hinzugefügt werden. Doch Gottes Mühlen mahlen langsam, und die Mühlen der Kirche vielleicht noch langsamer. Wer kennt die wahren Gründe? …

Nun aber zur entscheidenden Frage der Nachordnung. Warum wird die getaufte Frau in all ihrer Eignung und Fähigkeit für den Priesterberuf den getauften Männern nicht an den Altären gleichgestellt? Meine lieben Freunde, jede Gegebenheit hat eine Außen- und eine Innenseite, die eine Außen- und eine Innenperspektive der Betrachtung verlangen. Wenn nun diese Frage auch theologisch und dogmatisch nicht anfechtbar ist, so halte ich die Stunde für die Frauenweihe in der römisch-katholischen Kirche aus einem ganz anderen und schwerwiegenden Grund für noch nicht gekommen. DER WELTÖKUMENE WEGEN, denn diese ist eine KULTURFRAGE. Sie kann nur auf höchster diplomatischer Ebene ausgehandelt werden – und sie wird es.

Denken wir an den Bruch zwischen Rom und Byzanz im Jahre 1054 – die Kirchenspaltung! Die Zahl der orthodoxen Christinnen und Christen, im Westen nahezu unbedacht, beläuft sich auf runde 350 Millionen. Mir sind auf meinen Reisen schon Menschen begegnet, die meinten, im Orient gebe es nur Moslems, vereinzelte Minimalerscheinungen dortiger Christen seien ja wohl nicht nennenswert, und die russische Kirche, falls sie den Kommunismus überhaupt überlebt hat, haben sie in ihren großzügigen Vorstellungen Rom mit einverleibt. In Wahrheit geht es um 350 Millionen nicht-katholische Christen des orthodoxen Ritus, die nicht mit Rom uniert sind, die nicht den lateinischen Ritus feiern und den Papst für sich nicht anerkennen. Für diese Gläubigen wäre es sozial bedingt heute eine Unmöglichkeit, das Frauenpriestertum einzuführen, für sie würde der Himmel einstürzen. Beispielsweise wird bis heute den russisch-orthodoxen Frauen untersagt, den Altarraum auch nur zu betreten …

Es urteile hier ein jeder in Fairness und nach seinem Gewissen, akzeptieren müssen wir dieses Faktum in jedem Fall. „Ihre Heiligkeiten", die Patriarchen, die orthodoxen Kirchenfürsten des Ostens, reagieren allergisch auf das Stichwort „ordinatio sacerdotalis" der Frau, und das muß einmal im Westen zur Kenntnis genommen werden. Aber wie vielen westlichen Christen ist überhaupt bekannt, daß es dieses weite Reich einer stolzen orthodoxen Christenheit gibt und wie viele verschiedene Kirchen mit je eigenem Ritus? Die griechisch-orthodoxe Kirche, die serbisch-orthodoxe Kirche, die russisch-orthodoxe Kirche, die estnisch-orthodoxe Kirche, die georgisch-orthodoxe Kirche, die armenisch-apostolische Kirche, die syrisch-orthodoxe Kirche, die koptisch-orthodoxe Kirche, die äthiopisch-orthodoxe Kirche und die syrisch-malabarische Kirche von Südindien, um nur einige herauszugreifen. Wenn man sich das vor Augen hält, dann versteht man auch die betroffen machende Äußerung des Ökumenischen Patriarchen BARTHOLOMAIOS I. von Konstantinopel:

„Die Orthodoxie ist nicht nur der östliche Teil der Christenheit oder der arme Verwandte der europäischen Kirchen!"

Seit nahezu 1000 Jahren ersehnen wir die Einheit aller Christen, und vielleicht in ganz besonderem Maß unser jetziger Papst JOHANNES PAUL II. Es gibt Stimmen, die nach der Erklärung der römischen Glaubenskongregation und dem endgültigen Nein des Papstes zur Frauenweihe flüsterten, der Papst habe vermutlich auf Drängen der orthodoxen Kirche diesen Schlußstrich unter die Debatte gezogen. Ich halte das für möglich. Weil der unendlich schwierige Bau an der Einheit aller Christen Vorrang haben muß. Kardinal RATZINGER hat einmal über unseren jetzigen Papst gesagt:

„Die Ökumene ist seine Leidenschaft! Die Wiedervereinigung mit der Orthodoxie wäre sein Lebenswunsch."

Und der Wiener Erzbischof CHRISTOPH SCHÖNBORN nannte im Oktober 1995 das römische Dokument „Orientale lumen" (Licht des Ostens):

„eine glühende Einladung des Papstes zur Begegnung mit dem christlichen Osten, ein Ausdruck seiner großen Hoffnung und Sehnsucht nach der christlichen Einheit."

Man vertiefe sich vor allem in seine beeindruckende Enzyklika vom Mai 1995 „UT UNUM SINT" („Damit alle eins seien"), in der er in leidendem Ton vom „Gespenst der Trennung" spricht. Anglikanische Theologen waren berührt und haben dieses ökumenische Schreiben *„einen bewegenden Aufruf zur Einheit der Kirche"* genannt, und auch die Orthodoxie vernahm mit Dankbarkeit, daß der Primat des römischen Papstes erstmalig zur Diskussion gestellt wurde.

Wir Christen sind ja noch nicht einmal imstande, das Auferstehungsfest miteinander zu feiern – Ostern, das Hochfest des Jahres! Da sperren Kalenderdifferenzen, und dieser Umstand ist den unter Moslems lebenden Christen jedes Jahr äußerst peinlich; es ist ihnen auch schon gesagt worden, daß sie ein *„unwürdiges*

Schauspiel" geben ... Hören Sie die Stimme des armenischen Erzbischofs von Jerusalem, MESROB MUTAFYAN:

> *„Die Tatsache, daß die eine Hälfte der Christen schon das österliche Halleluja singt, während die andere Hälfte sich noch in der Karwoche befindet und fastet, macht das Christentum in den Augen des Islam unglaubwürdig."*

Der mit viel Besonnenheit und Hoffnung eingeleitete ökumenische Dialog würde von orthodoxer Seite sofort gelöscht werden, wenn die römisch-katholische Kirche jetzt die Türen aufsprengte und – vorwiegend westliche Frauen – zu Hunderttausenden an die Altäre strömten. In diesem Augenblick wäre die Ökumene eingefroren. Zudem wäre ein innerkirchliches Schisma die weitere Folge, es würde also auch nach innen hineinfrieren. Nach dem kürzlich vorgelebten anglikanischen Muster. Sie erinnern sich, daß am 12. März 1994 im Einvernehmen mit dem obersten geistlichen Würdenträger der „Church of England", dem Erzbischof von Canterbury, 32 britische Diakoninnen in einem Festgottesdienst im Dom zu Bristol zu Priesterinnen geweiht worden waren (den weiblichen Diakonat gibt es dort schon seit 1987). Die Weihe nahm Bischof BARRY ROGERSON vor, und in seiner Predigt sagte er:

> *„Es ist schon sehr bedauerlich, daß die besonderen Gaben, die diese Frauen nun in ihr Priesteramt einbringen, so lange ungenutzt gelegen haben und wir so lange auf sie warten mußten."*

Später formulierte der anglikanische Bischof von London, RICHARD CHARTRES, in einem Interview mit der „Church Times" vom 24. 11. 1995:

> *„Ich werde die frischgeweihten Priesterinnen*
> *in meiner Diözese mit Enthusiasmus unterstützen."*

Sie erinnern sich aber auch, daß ein beträchtlicher Teil konservativer Anglikaner unmittelbar nach den ersten Weihen im März 1994 ihre Kirche verlassen haben, insgesamt sind 250 Kleriker mit ganzen Gemeinden in einer triumphalen Protestaktion zum Katholizismus übergetreten. Zugleich bildete sich die Anti-Frauenpriesterorganisation „Forward in Faith!", doch nichts von alledem hat diese neue Entwicklung in der „Church of England" aufhalten können. Inzwischen fanden dort Tausende festlicher Frauenweihen in den verschiedensten Diözesen statt, im April 1997 nahezu gleichzeitig in sechs Kathedralen von Wales. Auf die immer wiederkehrende Journalistenfrage: *„Was erwartet man sich von den Frauen?"* heißt es einhellig:

„Mehr Aktivität und sehr viel Kreativität!"

Ja, die Frauen werden manches initiieren. Dieses Wort kommt vom lateinischen „initium" – Anstoß geben, etwas Neues in die Wege leiten. Es geht hier um weltweit 70 Millionen anglikanische Christen.

Der nordamerikanische Zweig der Anglikaner, die „Episcopal Church", ist der „Church of England" noch um eine Nasenlänge voraus. Dort gab es bereits im Jahre 1988 in Boston die erste Bischöfin namens Barbara Harris, die zuvor schon acht Jahre ihr Priesterinnenamt bekleidet hatte. Dort spenden geweihte Frauen seit langem die Sakramente, neu war jedoch die plötzliche Bischofsernennung einer der ihren – etwas Erstmaliges, etwas Provokantes in der Geschichte dieser Kirche. (Inzwischen hörte ich, daß die Einführung des Frauenepiskopats auch für die britischen Priesterinnen auf dem Programm steht.) Damals habe ich mir eine typische Schwarzprognose aus Frankreich aufbewahrt, ein prophetisches Presse-Echo, das so verkehrt gar nicht war. Ich zitiere Ihnen eine Passage aus diesem engagierten Artikel mit der fetten Schlagzeile:

„DIE ERSTE FRAUENBISCHÖFIN"

„Diese Entscheidung wird einen tiefen Bruch in der anglikanischen Weltkirche nach sich ziehen. Sie kompromittiert außerdem alle Bemühungen anglikanischer und katholischer Theologen, die schon geglaubt hatten, ein Dreiviertel des Weges zur Einheit beider Kirchen hinter sich gelassen zu haben, denn für den Großteil von ihnen ist diese Frage nicht einfach eine disziplinäre, soziologische oder anthropologische Frage, sondern mehr eine theologische. Für sie bedeutet die Entscheidung von Boston den Bruch mit einer 2000jährigen Tradition."

(„Le Figaro", 27. 9. 1988)

Und vier Jahre später, am 1. 8. 1992, gab es die weltweit erste evangelisch-lutherische Bischöfin in Hamburg, MARIA JEPSEN (geb. 1945), die schon 20 Jahre lang Pastorin war und sich als „sanfte Feministin" selber ausgibt. *„Leider"*, klagen die kämpferischen Feministinnen, *„geht sie viel zu sanft voran"*. Wer aber wäre wohl jemals zufrieden?

Meine lieben Freunde, angesichts der verständlichen Forderung der katholischen Frauen, zum Priesteramt zugelassen zu werden, frage ich mich dennoch, ob uns nicht genügend Probleme mit dem dramatischen Vor und Zurück der christlichen Einheitsbestrebungen schmerzen. Unsere baldige Einheit wäre heute angesichts gewisser weltpolitischer Entwicklungen von erstrangiger Bedeutung, wenn nicht überhaupt lebensnotwendig. Stattdessen sind wir innerlich uneins, durch Barrieren getrennt, von Vorurteilen verblendet, und in vielen Fällen wird das christliche Liebesgebot von unsinnigen Bekämpfungen unterhöhlt.

Denken wir allein an das Problem der Eucharistischen Gastfreundschaft. Unter katholischen, protestantischen und orthodoxen Christen darf es noch immer keine Interkommunion geben, keine Abendmahlgemeinschaft! Sollte das im Sinne Jesu sein? Ob das eucharistische Opfer von einem Mann oder von einer Frau zelebriert wird, könnte ihm von zweitrangiger Bedeutung sein angesichts dessen, daß er nicht alle Konfessionen gemeinsam und in Liebe vereint an seinen Tisch bekommt! Der leidige Streit um die Amtsfrage steht dahinter. Die gegenseitige Anerkennung der Ämter ist die Voraussetzung für die gemeinsame Kommunion, mahnt Kardinal CARLO MARIA MARTINI, Mailand, und plädiert für ein baldiges Universalkonzil aller christlichen Kirchen.

„Hat ein protestantischer Pastor eine gültige Weihe?" fragten sich die Katholiken, und die Protestanten nannten eine katholische Messe *„Abgötterei"*. So steht es noch immer in einigen Bekenntnisschriften der Reformationszeit. Die Lutheraner hätten auch gern nach fast 480 Jahren die Aufhebung des Bannfluchs gegen Martin Luther, und die Katholiken wünschen sich die Zurücknahme der noch immer schriftlich fixierten Beschimpfung, der Papst sei der Antichrist. So geht es nicht weiter! Wir müssen jetzt Prioritäten setzen in der ganz klaren Einsicht dessen, was das

zunächst Notwendige und Förderlichste ist. So bin ich der Meinung, daß eine übereilte Frauenordination keines unserer derzeitigen Grundprobleme zu lösen hilft, sondern im Gegenteil, es würde nur noch ein zusätzlicher Sprengsatz gelegt.

Die Ökumene ist eine KULTURFRAGE. Die Frauenfrage ist eine KULTURFRAGE. Und es hat selten gute Früchte gebracht, wenn man vorzeitig etwas erzwingt, zumal es sich in dieser zweiten Frage um eine Neuerung handelt, an der vorläufig nur westliche Katholikinnen interessiert sind. Die Ostkirche in ihrer Gesamtheit beschwert sich: *„Man zwingt uns, zu einem Problem Stellung zu nehmen, das bei uns nicht existiert, weil es niemanden beschäftigt."* Warum also das ungeheure Spannungspotential der leider viel zu vielen sich gegenüberstehenden christlichen Konfessionen angesichts der geschlossenen Kraft und des missionarischen Eifers des Islam erhöhen? Warum ein hausgemachtes Drama inszenieren und vielleicht ein tiefes Schisma provozieren? Meine lieben Freunde, erst dann, wenn die Mentalität der Christen aller Kulturen für dieses Thema bereit ist und die Situation der Weltökumene es gestattet, wird nicht ein Gewaltakt im Zorn, sondern ein sanfter Schritt die geweihte Frau an den Altar führen. Heute sind wir leider noch nicht so weit. Das ist meine persönliche Meinung, nach der ich ständig gefragt werde.

Akzeptieren wir bis dahin, daß die Wogen auf dem Wege dorthin noch hoch hinausschlagen werden, das liegt in der Natur der Sache. Setzen wir indessen Hoffnung auf eine beschleunigte Annäherung der Christen aller Konfessionen und Riten. Freuen wir uns, daß der Metropolit PAULOS MAR GREGORIOS, einer der sechs Präsidenten des 1948 gegründeten Ökumenischen Rats der Kirchen, dem 320 selbständige Kirchen angehören, und ein Bischof der syrischen, mit Rom unierten Kirche, im Jahre 1994 in Rom wesentlich dazu beitrug, das Schisma zwischen der Ost- und Westkirche zu überwinden, es war real zu einem Einigungsdokument gekommen! Freuen wir uns, daß der Patriarch BARTHOLOMAIOS I. von Konstantinopel, der den Ehrenvorrang unter allen orthodoxen Patriarchen beansprucht, den Phanar in Istanbul (das geistige Zentrum der Weltorthodoxie) verließ und am Fest Peter und Paul 1994 den Papst in Rom besucht hat, wo sie beide gemeinsam von der Loggia des Petersdomes den Segen gespendet haben. Freuen wir uns, daß Patriarch ALEXIJ II. von Moskau und Ganz-Rußland Mitte November 1995 neun Tage lang die Kirche in Deutschland besucht hat und daß derselbe Oberhirte der russisch-orthodoxen Kirche im Juni 1997 an der Zweiten Europäischen Ökumenischen Versammlung in Graz teilgenommen hat, deren Motto war „Versöhnung – Gabe Gottes und Quelle neuen Lebens". Für ein Vieraugengespräch mit dem Papst sei es *„noch zu früh"*, meinte der Patriarch in verbleibender Distanz zu Rom. Freuen wir uns, daß das Oberhaupt der armenisch-orthodoxen Kirche, der Katholikos KAREKIN I., in Graz teilnahm und seine Predigt am 24. 6. 1997 sehr gewürdigt wurde. Freuen wir uns, daß sich der Erzbischof von Canterbury und Primas der anglikanischen Gemeinschaft, GEORGE LEONARD CAREY, am 5. 12. 1996 mit dem Papst in Rom getroffen hat und daß es dabei zu einer gemeinsamen Erklärung zur Ökumene gekommen ist. (Der Wortlaut ist im englischen Original verfügbar im „Osservatore Romano" vom 7. 12. 1996.) Solche persönliche Treffen sind die Highlights ökumenischer Arbeit.

Der Papst kämpft. Der Papst kämpft um die Einheit. Im Frühjahr 1997 eilte er für wichtige Verhandlungen in den Libanon. Auch nach Moskau würde er gern reisen, er wartet ab. Als im April 1997 eine russische Bischofssynode im Daniil-Kloster abgehalten wurde, standen allerlei scharfe Kritikpunkte an westlichem Kirchengeist auf dem Programm, und auch prompt das Gerangel um die Frauenordination, den Frauenepiskopat und um diverse feministische Auslegungen bei neuen Bibelübersetzungen. Nach Ansicht unserer Schwesterkirche der russischen Orthodoxie hindern diese Dinge die Annäherung. Das offizielle Ja des Vatikans für 900 Millionen römisch-katholische Gläubige zu diesen Frauenanliegen würde für die Russen den Ausstieg aus der Ökumene bedeuten. Das befürchtet der Papst. Im Juni 1997 bedauerte der Weltkirchenrat in einem Schreiben an den Patriarchen ELIAS II. in Tiflis, daß Hunderte Geistliche der georgisch-orthodoxen Kirche den Austritt wünschen. Warum? Einer der Gründe: Immer mehr evangelische Landeskirchen berufen Frauen ins Amt, und das fördert die Spannungen. Die Frauenordination ist in der georgisch-orthodoxen Kirche gegenstandslos. Der Beschluß der Heiligen Synode in Tiflis ist gefaßt: Austritt aus dem Ökumenischen Rat der Kirchen.

Doch nennen wir alle Wahrheiten voll beim Namen. Selbst innerhalb der römisch-katholischen Kirche befürworten die Frauen nicht etwa als geschlossener Block das weibliche Priesteramt, so wäre es also nicht ganz korrekt zu behaupten, die Männer würden die Hürden allein aufeinandertürmen und jedes Wollen und Wünschen der Frauen boykottieren. Man frage sich etwas präziser: Welche Männer boykottieren welche Frauen? Doch auch das andere Gesicht trägt Züge der Wahrheit, denn sie ist in beiden Lagern präsent – und das ist eben das Problem! Das weibliche Bewußtsein ist an vielen Orten der Welt heute reif für eine baldige Wende in der Kirche und für eine Wandlung in vielen Dingen.

Diese Wende wird meines Erachtens real mit dem Weihediakonat der Frau eingeleitet, das heißt, daß auch sie im sakramentalen Dienst stehen wird. Erstaunlicherweise und erfreulicherweise zieht in puncto Frauendiakonat voraussichtlich die orientalische Orthodoxie mit uns mit! In den Gerüchteküchen werden zuweilen auch gute Dinge gekocht. Im Februar 1997 fand in Damaskus ein erstes ostkirchliches Frauentreffen statt, das sich aus den drei Patriarchaten Konstantinopel, Antiochien und Alexandrien zusammensetzte, um die Möglichkeit des weiblichen Diakonats ernsthaft zu prüfen. Die Frauen haben sich auch sofort unmißverständlich ausgedrückt, indem sie *„seine rechtliche Wiederaufnahme“* forderten. Und ein paar Monate später haben sich drei Männer aus der Orthodoxie zu Wort gemeldet: Drei Professoren der orthodoxen theologischen Fakultät von Saloniki – IOANNIS PETROU, MILTIADES KONSTANTINOU und ATHANASIOS VLETSIS – haben eine gemeinsame Aussage gemacht, die den Frauendiakonat schon übersprang:

> *„Gegen das Frauenpriesteramt gibt es keinerlei theologische oder dogmatische Motive, sonder eher sozio-kulturelle Faktoren, die allerdings nun der Vergangenheit angehören.“*

Diese sensationelle orthodoxe Dreifachstimme aus Männermund wurde sofort in der italienischen Zeitschrift „Il Regno“ publiziert. Es scheint, nicht nur die Frauen sind sensibel geworden für das Fehlen eines femininen Geistes und eines affektiven Kerns in der Kirche. Und die Frauen selbst sind sich ihrer heiligen

Mission bei der Erneuerung sonnenhell bewußt, sie spüren ihren Auftrag. Die Frau sieht in visionärer Kraft eine andere Zeit heraufziehen, für die sie heute schon aktiv werden will. Die äußere Neugestalt der Kirche zeichnet sich intuitiv in ihrem Innern ab, und ich bin gewiß, daß sich aus diesem „Ort" das Neue herauskristallisiert. In der Kirche, in der Gesellschaft, in der Politik. Es ist das starke Tun und das starke Sein der Frau, das begonnen hat, granitene Gebirge zu lockern und Berge zu versetzen ...

Aktiv sind die Frauen bisher auch ohne offizielle Ämter, sie warten nicht, sie handeln. Ich denke an das lobenswert tüchtige Heer von 300.000 Französinnen, die mit erworbenem Fachwissen ehrenamtlich das Evangelium verkünden. Die Katechese arbeitet an der Wurzel eines christlichen Volkes, ja, *„die Frau arbeitet an der Wurzel alles Menschlichen"*. 300.000 Frauen in der französischen Katechese aktiv! Und das vollzieht sich, man stelle es sich vor, im trüben Licht des Frusts über den Priestermangel mit innerem Feuer und weiblichem Elan. Wie Sie wissen, stelle ich mir gern Einzelfälle vor. Denken wir einmal an das kleine, bitterarme Indianermädel RIGOBERTA MENCHÚ, das mit acht Jahren schon hart auf der Plantage arbeiten mußte und zwölfjährig zusätzlich, obwohl Analphabetin, als Katechetin aktiv wurde. Inzwischen ist sie Trägerin des Friedensnobelpreises.

Geben wir den Frauen vielseitige Vertrauensvollmachten! Nach meinen eigenen Lebens- und Priestererfahrungen sehe ich in der Frau den besseren Psychologen und stelle sie mir hin und wieder bei der Krankensalbung vor – vielleicht schon bald als Diakonin? Auch für das Taufsakrament gäbe es kirchenrechtlich kein Problem. Durch Gottes Hand ausgestattet mit reichen Talenten stand die Frau schon in frühen Zeiten „in der Verwaltung des Heiligen", und die gesamte religiöse Kultur wurde von ihr getragen und weitergegeben. Lösen wir sie jetzt heraus aus ihrem minderwertigen Gefühl der Zweitrangigkeit und geben wir sie bald hinein in die volle Partnerschaft! Mit großer Wahrscheinlichkeit bedeutet das eine Remedur für unsere angeschlagene Kirche, die im Grunde „weiblichen Geschlechts" ist: – MATER ECCLESIA – Ihre umfangende, bergende, schützende Funktion und ihre unendliche Geduld mit den Menschen – das ist weibliche Stärke.

Kapitel 15
MYSTISCHE VERSÖHNUNG

Siebentausend Stichwörter auf viertausendundzweihundert Seiten in einem sechsbändigen Standardwerk – unter einem einzigen Namen: MARIA … Für Sie, meine deutschsprachigen Freunde, beim EOS-Verlag in St. Ottilien erschienen – ein MARIENLEXIKON …

Im November 1996 empfahl es der „Osservatore Romano" und fand dafür die folgenden Worte: „Dieses Werk vereint die theologischen Aspekte der Marienlehre und der Marienverehrung, es behandelt aber auch die marianischen Bezüge in Literatur, Musik und Kunst umfassend, und auch die Mariengestalt der Ostkirche ist präsent, desgleichen kommen die nichtkatholischen Bekenntnisse ausführlich zu Wort. Das Werk ist eine unerschöpfliche Fundgrube und wird als wichtiges Arbeitsinstrument auch für Kulturwissenschaftler empfohlen." … Und hier ein Marienbekenntnis:

> *„In einem Wort hat man alle ihre Ehre zusammengefaßt, wenn man sie nämlich Gottes Mutter nennt; niemand kann Größeres von ihr noch zu ihr sagen, auch wenn er so viele Zungen hätte, als es Laub und Gras, Sterne am Himmel und Sand am Meer gibt. Es will auch mit dem Herzen bedacht sein, was es heißt, Gottes Mutter zu sein."*
>
> (Martin Luther)

Was ich hier eingangs sage, ist keine Verlagswerbung, sondern eine Marienwerbung für das angeblich entchristlichte Europa, die ich als eine Blumenbotschaft weiterreiche. Und ich füge sogleich mein Bekenntnis hinzu: Mich auf Herz und Nieren prüfend aus ganzer Seele über das Mariengeheimnis nachzudenken bedeutet für mich nachzudenken über jede Frau, nachzudenken über die Menschheit, nachzudenken über den Werdegang unserer Geschichte.

Drei Begriffe vereinen sich in einer Gestalt: Jungfrau, Gottesmutter und Gemahlin – wie ist das zu begreifen? Wie ist das einer skeptischen Generation heute zu vermitteln? Gemahlin wessen? Des Heiligen Geistes, antwortet der Katechismus. Sollten wir nicht besser auf der existentiellen Ebene beginnen und die uns Zuhörenden gleich zu Anfang in dieses Mysterium mit hineinnehmen? Denn ich finde diese drei Dimensionen, die in der Mariengestalt zur Vollendung vereint sind, in jeder Frau, die mir begegnet, ob Ordensfrau, ob Ehefrau, ob Mutter oder kinderlos, ob unverheiratet, in jeder! Jede Frau sucht, ihrer weiblichen Natur entsprechend, bewußt oder unbewußt, diese drei Aspekte während ihres Lebens zu verwirklichen: die Jungfräulichkeit zu erhalten, die Mutterschaft auszuwirken und das Vermähltsein zu meistern, um ihre Berufung ganzheitlich zu erfüllen. Hierbei ist ihre Lebensform, frei gewählt oder beschieden, nicht entscheidend! Jeder dieser drei Aspekte des Frauseins drückt den unauslotbaren Tiefenraum des weiblichen Wesens aus und damit seine Stärke! Stark im Sein ist die Frau, und es gäbe sehr viel zu jedem der drei Aspekte zu sagen. Ich kann in diesem Rahmen nur Denkanstöße geben, die uns vielleicht gehbare Wege öffnen.

Das Wort „Jungfrau" hat einen magisch-beschwörenden Klang und für viele einen heiligen Glanz. Es flüstert vom unantastbaren Geheimnis der Frau, von einem unzulänglichen Garten –

„Ein verschlossener Garten ist meine Schwester Braut,
ein versiegelter Quell" –

(Hohes Lied 4,12)

es suggeriert Begriffe wie Reinheit, Unschuld, Arglosigkeit, etwas, das seine natürliche Frische bewahrt hat. Doch wofür bewahrt? lautet die entscheidende Frage. Jedermann belegt das Wort „Jungfrau" mit der Vorstellung einer körperlichen Unversehrtheit, das Hymen ist noch intakt. Was aber darüber hinaus wirklich zählt, ist die Jungfräulichkeit eines Herzens in seiner ursprünglichen Lebendigkeit und Ungeteiltheit, um sich vollständig geben zu können. Dieser Aspekt der Jungfräulichkeit bleibt immer bestehen und kann auch durch den Ehevollzug und mehrfache Geburten nicht gelöscht werden. Er ist und er soll während eines langen Lebens zu zweit weiterbestehen bleiben, denn er gibt einer Liebe den täglich neuen Lebensatem und wird sie im Blütenstadium frisch erhalten.

Der Begriff „Jungfräulichkeit“ ist aufs engste mit dem Begriff „Verlöbnis“ verbunden, denn hier quillt und drängt im Stillen eine Liebe in der Kraft des Knospens, es geht geistig gesehen um einen Tiefenraum heftigen Sehnens und Erwartens. Die Partner leben auf die Einlösung eines gegenseitigen Versprechens hin, an einem unbekannten Tag, der noch nächtlich schlummert. Und dieser geistige Zustand sollte in dieser Schwebe, in dieser Spannung gehalten und ständig aufs neue gepflegt werden, denn die Flamme des Verlangens ist das Kostbare und das Wesentliche in jeder Liebesbeziehung. Ein libanesischer Dichter, in Frankreich lebend, erfand dafür das folgende Bild:

„L'amour est soif au bord d'un puits,
l'amour est fleur et non pas fruit.“

(Amin Makhlouf)

Übersetzung: *„Die Liebe ist Durst am Brunnenrand. Die Liebe ist Blüte und nicht Frucht.“* Der ewige Höhenflug wäre demnach dieser anhaltende Zustand eines Durstes, und der Traum einer bewahrten Jungfräulichkeit wäre ihr Fortbestand im Herzen der Ehe. Jede Frau sollte versuchen, dem Manne zugleich Braut und Gemahlin zu sein, denn sie ist es, die sich auf diese schwierige Kunst versteht, nicht der Mann. Dann würden ihnen beiden alle Wunder im Gelingen einer dauerhaften Liebe zuteil.

An dieser Stelle taucht der Keuschheitsbegriff auf und mit ihm die Revolte gegen eine finstere Askese oder pathologische Enthaltsamkeit. Verbinden wir die Keuschheit jedoch nicht allein mit einer Mönchs- und Nonnenkeuschheit, denn das Ordensleben ist der geweihte Zölibat, die Keuschheit aber ist eine menschliche Qualität und Realität, die jeden von uns erreichen will – und das mit Grund. Es existiert eine Keuschheit im Eheleben wie im Klosterleben. Wer zölibatär lebt, muß nicht automatisch keusch leben. Und wer sich verehelicht, kann weiterhin keusch leben. Wie ist das zu verstehen? Die Antwort betrifft die personalisierte Liebe, denn Keuschheit ist personalisierte Zweisamkeit, und sobald diese aufhört, voll persönlich auf den anderen hingeordnet zu sein, und dennoch ständig ausgelebt wird, hat sie aufgehört, keusch zu sein. Die wildesten und wunderbarsten Leidenschaften, sexuell und genital vollzogen, bekommen Wert, Sinn und Gehalt, wenn sich DIE ANDERE PERSON zu jedem Augenblick IM MITTELPUNKT des Geschehens befindet. Hier wird Sexualität humanisiert, sie ist rein und sie ist keusch.

Schreiten wir fort in unserer Tiefenbetrachtung: Aus der Mitte einer jeden Liebe entspringt der Augenblick der Wahl. Lieben heißt, sich hinschenken an ein einziges Wesen unter einigen Hundert, die man persönlich kennt, und dieses Wesen wird zum Auserwählten, an den man sich mit Leib und Seele bindet. Für Maria war dieses Wesen ihrer Wahl nicht aus Fleisch und Blut, es war der Herr, und sein göttlicher Geist hat sich mit ihr auf alle Zeit vereint. Eine solche Lebensentscheidung bedeutet aber den bewußten Ausschluß aller anderen Wesen, weil diese Wahl Exklusivanspruch erhebt. Eine Frau will sich um alles in der Welt nicht teilen, sie will nur dem angehören, dem sie sich voll geschenkt hat. Im Lateinischen haben wir zeichenhaft für diese Ausschließlichkeit ein Wort für beide Verben „lieben" und „wählen" = diligere. Denn wahre Liebe konzentriert und polarisiert alle affektiven und menschlichen Kräfte gegenüber einem einzigen, unersetzlichen und unaustauschbaren Wesen.

Aus dieser Liebeswahl und ihrem im Stillen eingeforderten Exklusivrecht folgert der Treuebegriff. Was ist Treue, wenn nicht unzerstörbare Bindung an den Geliebten – *„auf Tod und Leben"*, *„für Zeit und Ewigkeit"*? In der Liebe erlischt jedes Zeitgefühl, denn sie umfängt alle Zeit, sie transzendiert sie und läßt sie aufsteigen ins Ewige. Deshalb kann wahre Liebe unbeschadet alles überstehen, selbst der Tod ist nicht stärker als sie:

„Leg mich wie ein Siegel auf dein Herz,
wie ein Siegel an deinen Arm,
stark wie der Tod ist die Liebe."

(Hohes Lied 8,6)

Die Wahl der einzigen Person und jeder Ausschluß einer anderen, Treue und Ewigkeit – diese Begriffe zielen auf einen anderen hin, den Begriff des ABSOLUTEN. Eine Liebe, die Bedingungen stellt, ist eine relative Liebe, und da es diese nicht gibt, muß sie ihren Namen wechseln: sinnliches Verlangen, ekstatisches Träumen, zärtlich-stille Zuneigung, Seelenverwandtschaft, sentimentale oder intellektuelle Freundschaft, Herzensleidenschaft und anderes mehr, doch keines davon ist Liebe – oder noch nicht. Liebe bedeutet ihrem Absolutheitscharakter entsprechend Leidenschaft und Polarisation des gesamten eigenen Wesens hinsichtlich eines einzigartigen anderen Geschöpfes, dem keine Bedingungen gestellt werden.

Wegen dieses hohen Ansinnens hat Liebe nicht zeitweise, sondern immer mit Anbetung zu tun. Denken wir bei diesem Wort nicht sogleich an den Frommen, der eine heilige Zone betritt und sich sofort niederwirft, um die Welt draußen zu vergessen, denn eine Anbetung der Geschöpfe nähme ja vom Kult, der nur dem höchsten Gott gebührt ... Befiehlt es nicht das Erste Gebot?

– ALTES TESTAMENT: *„Du sollst neben mir keine anderen Götter haben ..., denn ich, der Herr, dein Gott, bin ein eifersüchtiger Gott.*
(Exodus 20, 3.5a)

– NEUES TESTAMENT: *„Du sollst den Herrn, deinen Gott, lieben mit ganzem Herzen und aus ganzer Seele, mit all deiner Kraft und all deinen Gedanken."*
(Lukas 10,27)

Die strenge Forderung heißt ALLES ODER NICHTS, wir sollen mit unserer Gottesliebe aufs Ganze gehen! Brennt dieser Gotteswunsch nicht wie ein Leitmotiv auf allen Seiten beider Testamente? Es bleibt kein freier Raum und kein Gedanke für eine andere Liebe nebenher, und sei es die reinste, und sei es die edelste, *„denn Gott ist ein eifersüchtiger Gott"*. Für keinen „Baal" ist Platz, für keine menschliche Anbetung winkt eine Chance, denn weil Gott Gott ist, deshalb fordert er das Ganze. In diesem strengen Monotheismus gründet das Alte Testament, die „Schemá Israel!" *(„Höre, Israel, dein Gott ist dein einziger Gott!")* ruht auf dieser unerschütterlichen Grundfeste.

Hier stecken wir fest. Der Widerspruch hat sich gemeldet. Die vom heiligen Gott geforderte Anbetung und das von der menschlichen Liebe geforderte Absolutheitsrecht scheinen unvereinbar. „Baal" bedeutet sowohl im Hebräischen als im Arabischen „Gemahl" und wird auch für Gott verwendet. In der deutschen Sprache kennen Sie den „Göttergatten", und jede Vokabel einer Sprache kennt ihren Hintergrund. Der Ehemann der Frau wird zum „Baal" oder „Göttergatten", dem sie ihr Leben weihen möchte, dem sie Kinder schenken möchte, dem sie Kameradin sein will und vieles mehr, obwohl doch Gott allein diese Weihe zukäme, denn so, wie wir Jesu Wort kennen *„Niemand kann zwei Herren dienen"* (Matthäus 6,24a), so kann auch ein Mensch nicht zwei Personen, seinen Gott und seinen „Baal", gleichzeitig in absoluter Weise lieben und sich beiden verpflichten. Der Konflikt ist perfekt, denn beide fordern alles. Was löst uns aus der Klemme?

Betrachten wir das Wesen einer gottgeweihten Jungfräulichkeit. Ihr Sinn besteht darin, die Wahl allein für Gott zu treffen ohne jeden Kompromiß, als einzigen Gemahl. Die Geistliche:

„Gott ist so groß,
daß es wohl wert ist,
ihm ein Leben lang zu dienen."

(Teresa von Avila)

Dieses Thema einer Gottvermählung oder des „Bundes des Allerhöchsten mit seinem Volke" bestimmt die große Botschaft des Alten Testaments, und die Jungfräulichkeit Mariens ist seine Wiederaufnahme, es ist seine Fortführung und seine Krönung, denn hier geht es um den Zustand einer leib-seelischen Unberührtheit, in dem sich ein Mensch dem Absoluten Gottes weiht. Jede Jungfräulichkeit verwirklicht durch ihre Weihe einen authentischen „Liebeskult", der sich ausschließlich mit Gott beschäftigen will. Aber hier werden wir erneut herausgefordert: Sollte denn in diesem Sinn nicht jeder und jede von uns, ganz gleich welche Lebensform wir leben, Gott ganz nahe und auf ihn hingeordnet sein, d.h. jungfräulich leben? Die katholische Sozialarbeiterin:

„Gott ist groß,
und kleinlich lieben heißt,
ihn überhaupt nicht lieben."

(Madeleine Delbrêl)

Und sollte er oder sie nicht in diesem starken Tun und Sein verbleiben? Selbst für die Ewigkeit erhofft? Wie könnte jedoch ein normales eheliches Leben und ein jungfräuliches nebeneinander, ineinander und gleichzeitig bestehen?

Hier lädt uns die Mystik ein. Solange man nicht zustimmt, daß Gott und Mensch in hochgradig lebendiger Einheit MITEINANDER existieren, so lange wird man sich mit Widersprüchen und Konflikten dieser Art herumplagen. Wenn man aber jedem seinen rechtmäßigen Platz einräumt, findet das Problem seine erstaunlich einfache Lösung. Wenn Gott und der Mensch auf derselben Ebene stünden und derselben Ordnung angehörten, dann wären zwei Rivalen konfrontiert, und wir hätten die aussichtslose Unvereinbarkeit. Da Gott aber im Innersten des Menschen west, da er in seiner tiefsten Mitte liebend tätig ist, kann und wird das Absolute der menschlichen Liebe mit dem Absoluten der göttlichen Liebe ineinandergreifen und verschmelzen.

Durch die in ihr erwachende Liebe zu ihrem Ehemann wird die Frau eingeladen, sich gleichzeitig mit Gott auseinanderzusetzen, der Quelle alles Guten, dem Schöpfer ihres Geliebten! Sie wird jetzt eingeladen, Gott persönlich zu erfahren und zu lieben. Dasselbe gilt für den Mann in seiner Liebesbeziehung zur Frau. Menschenliebe und Gottesliebe verbinden sich im menschlichen Herzen, die eine wird durch die andere vollzogen, indem jede die andere in sich einläßt, für die sie bürgt, die sie schützt und wahrt.

Wie geschieht das? Weil die Frau geistlich Jungfrau bleibt und Gott geweiht, deshalb kann sie wahre Gemahlin werden, denn indem sie ihr Herz für Gott bewahrt, wird sie befähigt, sich vollständig an ihren Mann hinzugeben. Oder umgekehrt: Indem die Frau ihren Mann aus ungeteiltem Herzen und voller Seele und mit allen ihren Sinnen liebt, lebt sie das Absolute in der Liebe, und dieses Absolute ist immer Gott. Gott ist es, der letztlich gemeint ist und der auf diese Weise erreicht und persönlich erfahren wird. In ihrem „Göttergatten" liebt die Frau Gott nicht platonisch, Gott ist für sie keine theoretische Angelegenheit, nichts Abstraktes, auch keine kosmisch ferne, schwer erreichbare Gestalt, sondern eine ihr nahe, konkrete Person, denn er manifestiert sich im Ausdruck des

Gesichtes, in der Körpersprache und in allen seelischen Regungen ihres „Baals". Ihr „Baal" wird für sie zum lebendigen Sakrament, zum Zeichen für die Offenbarung Gottes, ihr Ehemann ist dann die Inkarnation Gottes in ihrem Leben. Und auf diesem geheimen, inneren Altar, der sich im Herzen eines jeden der beiden befindet, thront schließlich der Herr. Dort empfängt er den Anbetungskult, den die beiden Liebenden einander weihen, und die drei werden eins. Das ist die mystische Einswerdung von drei Personen, die mystische Versöhnung.

Nun haben wir eine bestimmte Sicht gewonnen, in der wir gut erkennen können, daß jede Frau in der Berufung steht, einen zweifachen Treue-Eid zu leisten und eine zweifache Weihe zu leben, ohne jede Spannung und innere Zerrissenheit, ohne Skrupel im Kopf und Duelle im Herzen, sondern eine einzige Liebe in seliger Harmonie, die zwei verschiedene Seinsebenen miteinander verbindet. Das ist freilich nicht einfach, es gelingt nicht im Liebesrausch der Jungvermählten, aber es gelingt nach einem Lernprozeß, den man sich bewußt gemacht hat. Dann werden beide Lieben zur vollkommenen Übereinstimmung gebracht, und ihr Feuer wird erhalten bleiben. Denn es geht um die Einheit allen Seins in einer gleichzeitigen Anbetung von Schöpfer und Geschöpf.

Wenn dies in rechtmäßiger Form verstanden und gelebt wird, dann rettet der eine Pol den andern, denn einen von beiden unbeachtet lassen bedeutet Risiken eingehen, entweder verfällt der Mensch dem Götzendienst oder der Abstraktion. Zwei Sackgassen. Doch auf dieser Höhe angekommen, wird jede menschliche Liebe mystisch und jede mystische Liebe menschlich – sehr menschlich! Sie hat sich im menschlichen Bereich inkarniert und kann sich dort vollends verströmen. Das ist der menschliche Charakter der Liebe, der sie vor irrealen Träumen und leeren Illusionen schützt.

Andererseits, eine menschliche Liebe, die nicht durch das göttliche Prinzip hindurchgeht, die nicht sublimiert und sich verklärt, die nicht vom Absoluten gezeichnet wird wie von einem Mal, könnte früher oder später in sich zusammenfallen und verlöschen. Es gibt Lieben, die zurückfallen ins Nichts, als hätten sie niemals Leben in sich getragen. Das Absolute Gottes bildet die Garantie für die innere Glut einer menschlichen Liebe, die nicht erlischt, denn von ihm bezieht sie die eigentliche Lebenssubstanz mit der Aussicht auf Dauer.

Doch vergessen wir nicht eine Gefahrenquelle: Bei einer starken Liebe besteht oft die Tendenz, daß sich die beiden in ihrer Zweisamkeit allein genügen wollen, sie ziehen ihren Liebeszirkel immer enger, zum Teufel mit dem Rest der Welt!

„Mein Geliebter ist mein, und ich bin sein."

(Hohes Lied 2,16)

Basta, nichts weiter. Aus diesem Grund erkennen wir die Notwendigkeit, daß früher oder später das mütterliche Element der Frau aktiv wird, um diesen magisch geschlossenen Kreis der Liebe aufzubrechen. Jede große Liebe muß, um einer inneren Austrocknung oder gar Sklerose vorzubeugen, über sich selbst hinauswachsen und in eine Liebe zu dritt, zu viert, zu fünft hineinreifen. In der Fruchtbarkeit, leiblich oder geistlich, erfährt die Liebe ihre Krönung und höchste Vollendung. Diese Wahrheit gilt in gleicher Weise für die jungfräuliche wie für die eheliche Liebe. Die Jungfrau Maria wurde gewiß nicht zufällig die Mutter Jesu, sondern aus jener inneren Notwendigkeit und Folgerichtigkeit heraus, denn ihre Jungfräulichkeit bedeutete volle Verfügbarkeit, Offenheit, bereit zum totalen Einsatz. Eine Herzensqualität! Geistliche Jungfräulichkeit ist nicht, wie viele annehmen möchten, Eintönigkeit, Liebesleere, innere Wüste in der Abstinenz, sondern gerade eben das Gegenteil: Sie ist höchste Dynamik, ein Appell zum Werden in der Fülle, sie ist der Antrieb zur Erschaffung neuen Lebens als ein Hinweis auf die nahende Neue Schöpfung, die wir mitbereiten. Im göttlichen Heilsplan steht „Jungfräulichkeit" für die Ankündigung der Neuen Schöpfung. Beim Tode Mariens, so auf Bildnissen der Ostkirche, hält Christus ein Neugeborenes im Arm.

Wußten Sie, daß der Koran, der zwar energisch die Gottessohnschaft Jesu leugnet, die Jungfrauengeburt dieses „Gesandten" aus Maria lehrt und daß die 19. Sure etwa 40 Verse diesem Geschehen widmet? Diese Sure trägt sogar ihren Namen: „Maryam". Der Engel spricht:

„‚Ich bin von deinem Herrn gesandt, dir einen heiligen Sohn zu geben.' Sie aber antwortete: ‚Wie kann ich einen Sohn bekommen, da mich kein Mann berührt hat und ich auch keine Dirne bin?' Er erwiderte: 'Es wird dennoch so sein, denn dein Herr spricht: 'Das ist mir ein Leichtes. Wir machen ihn, den Sohn, zu einem Wunderzeichen für die Menschen, und er ist ein Beweis für unsere Barmherzigkeit. So ist die Sache fest beschlossen.' So empfing sie den Sohn …

(Koran 19, 21+22)

Das Jesuskind konnte sofort sprechen:

„‚Friede kam über den Tag meiner Geburt und werde dem Tage meines Todes, und dem Tag, an welchem ich wieder zum Leben auferweckt werde, zuteil.' Das ist nun Jesus, der Sohn der Maria; das Wort ist Wahrheit, das sie bezweifeln."

(Koran 19, 34-35)

Maria wird im Islam so verehrt, daß z. B. der Sufismus annimmt, sie ginge am Jüngsten Tag als erste aller Frauen ins Paradies ein. (Allerdings gilt die sufistische Mystik als Häresie.) Maria wird als nachahmenswerte Gestalt der reinen Seele hoch gepriesen, die vom Gottesgeiste schwanger wurde mit einem „Gesandten des Himmels". Beispielgebend hat Jesus in Maria Fleisch annehmen können, weil sie in ihrer starken Gottessehnsucht ihren Leib bereitgemacht hat, den „göttlichen Gesandten" zu empfangen. So der Sufismus.

Wir Christen besitzen diese Aussage zur Fülle, erwähnen wir nur den großen ANGELUS SILESIUS (gest. 1677) und seine „Geistreichen Sinn- und Schlußreime" über mystische Erfahrungen des Einsseins mit Gott, die in die Fruchtbarkeit münden:

„Ist deine Seele Magd
und wie Maria rein,
so muß sie Augenblicks
von Gotte schwanger sein."

Die Mutterschaft entfließt dem jungfräulichen Herzen als sein Sehnen, und sie entwächst dem Eheleben als seine Vollendung. In der Knospe verbirgt sich die Blüte, und in der Blüte die Frucht. Eine Frau verwirklicht sich physisch oder geistlich, ihrer Anlage entsprechend, letztlich nur in der Fruchtbarkeit. Sie weiß es, daher gibt sie ihre ganze Seele an diesen Prozeß, sie läßt anderes fallen und riskiert sogar ihr Leben. Jede Mutterschaft ist Selbstverleugnung und Opfer, untrennbar beides, aber aus dem Herzen geboren und voll bejaht. Jetzt transzendiert die Liebe einer Frau, denn sie ist über sich hinausgelangt. Die Frau ist nicht mehr jene, die sie einmal war, denn sie ist in ihrer Selbstüberschreitung selbst zur Frucht geworden. So vollzieht sich das dynamische Geschehen einer wahren Liebe, sie bedeutet Öffnung und Bereitschaft, Aufstieg, Ekstase und – Zeugung.

Die geistliche Jungfräulichkeit würde ihr Lebensziel verfehlen, wenn nicht auch sie in die Fruchtbarkeit mündete, und ohne dieses Vorhaben könnte sie sich vor niemandem und nichts rechtfertigen. Die Jungfräulichkeit trägt ihren Sinn und Zweck nicht in sich selbst, der Sinn will erst erworben werden! Nur durch Zeugung und die Entstehung neuen Lebens, welcher Art auch immer, vermag sie sich auszuweisen. Ganz auf die Zukunft hin lebt sie ihr Leben, im Durst und in der Spannkraft ihrer Seele ist sie ein Aufruf zum Transzendieren, zum Werden und Gebären eines Gottes. Dieser Gott, dieses neue Wesen, ist vorrangig betrachtet jedes neugeborene Kindlein unserer Welt. Für Mirjam von Nazaret war es Jehoschua, der Gottmensch. Der heilige IRENÄUS VON LYON (gest. 200) kündigt, indem er vom Erstgeborenen aus der Jungfrau spricht (Adv. Haer. 3,16,4), viele weitere Menschen an, die nach Christus aus der Jungfrau geboren werden – als Beginn einer Vergöttlichung der Menschheit.

GEMAHLIN – JUNGFRAU – MUTTER – dank dieser drei Aspekte vollendet die Frau ihr persönliches Wesen. Sie miteinander in Einklang bringen und gut leben bedeutet das tiefe Geheimnis ihrer Weiblichkeit und die Erfüllung ihrer Mission. Das Marienmysterium betrifft JEDE Frau. Jenseits einer biologischen Jungfräulichkeit, jenseits einer materiellen Mutterschaft und jenseits einer ausschließlich „himmlischen Vermählung" sollte Maria Leitbild und Ansporn sein, die Jungfrau, die Gemahlin und die Mutter in sich zur unauflöslichen Einheit und Versöhnung zu bringen. Denn in dieser Weise öffnet Maria unserer menschlichen Liebe jenen unendlichen Horizont, nach dem die Liebe sich grundsätzlich sehnt. Sobald eine Frau sich tief und frei genug auf das Mariengeheimnis einläßt, wird sie um vieles besser verstehen, daß diese drei Begriffe, die sich einander auszuschließen scheinen, in Wirklichkeit einander rufen und sich auf wunderbare Weise ergänzen. Ich wiederhole:

Die menschliche Liebe ist mystisch,
und die mystische Liebe menschlich,
sehr menschlich.

Kapitel 16
SINNBILD DES KOMMENDEN

Auf dem St.-Alban-Hügel in Washington D.C. erhebt sich die mächtige Washington Cathedral der Episcopal Church. Wer sie besucht, sollte nicht an den vier interessanten Glasfenstern von ERVIN BOSSANYI achtlos vorübergehen, die dem folgenden Thema gewidmet sind:

„Womankind, Instrument of God`s Benediction"
(die Weiblichkeit als Instrument göttlicher Segnungen).

Was man hier mit den Mitteln der Kunst zum Ausdruck bringen will, ist die unvergleichliche Aufmerksamkeit, die spontane Hinwendung und Verständnisfähigkeit der Frau, denn mit diesen guten Gaben wurde die Frau in ihrer Berufung betraut als Miterlöserin der Menschheit. Die vier farbenschweren Darstellungen zeigen

I – die Frau als Trägerin des Lebens,
II – die Frau als Instrument der Heilung,
III – die Frau als Mittel zur Läuterung,
IV – die Frau als Lehrmeisterin.

In England gibt es in der Universität von Manchester einen Gobelin aus Wolle und Seide vom Jahre 1912, vermutlich eine deutsche Arbeit, da sich ein deutscher Text um das Geschehen rankt. Auch hier werden Frauengestalten gezeigt, die wichtige Botschaften verkörpern. In der Mitte die Gestalt der Liebe, die einem Kind eine Rose reicht, und zu ihren Seiten die Gestalten der Fürsorge und des Wissens. Die Fürsorge reicht eine Schale mit einem Mahl, das Wissen reicht eine Schrifttafel. Diese drei edlen Gestalten treten aus dem Hintergrund leuchtender Rosenblüten hervor, und wir lesen den Text, der alles umfließt:

„Ehret die Frauen, sie flechten und weben
himmlische Rosen in unser Leben."

Das ist kein süßes Klischee, sondern tiefe Wahrheit. Ich vergleiche diese Glas- und Teppichkunst aus Amerika und Europa mit einem expressionistischen, sehr starken Gemälde aus dem gegenwärtigen Indien, welches den Titel trägt „Das weibliche Antlitz Gottes". Die indische Künstlerin LUCY D'SOUZA, vermutlich eine Ordensschwester, verwendet dafür vier biblische Frauengestalten, in denen sie die Wesenszüge Gottes vereint sieht:

I – die Verfügbarkeit,
II – die Barmherzigkeit,
III – die Menschenliebe,
IV – die Weisheit.

Diese Mahnungen aus dem geistigen Reich der Kunst, meine lieben Freunde, bedürfen keines weiteren Kommentars, sie entfalten kontinentalübergreifend selbst ihre Wahrheit.

Warum durfte die Frau sich noch nicht ihrem Vermögen entsprechend in der Gesellschaft verwenden, warum hat sie ihren notwendigen Beitrag bei der Weltgestaltung noch nicht leisten können, warum war ihr menschliches und geistiges Potential in der Männergesellschaft bisher nicht gefragt? Die Antwort ist einfach und tragisch zugleich: Weil ihre Fähigkeiten noch nicht einmal erspürt, geschweige denn begriffen wurden. Was kann man anerkennen, was nicht erkannt worden ist? Und deshalb stecken wir fest in der Geschichte, wir alle, auch die Männer. Wir treten auf der Stelle oder fallen zurück, verlieren uns auf fatale Weise in Sackgassen, Wüsten und Abgründen. Der jahrtausendealte Überlegenheitskomplex des Mannes gründet zweifellos in der Eigenverherrlichung seiner Körperschwere und Muskelkraft, weshalb er bis zum heutigen Tag so gelebt hat, wie er gelebt hat. Aufgrund der gewichtsmäßig leichteren und kräftemäßig schwächeren Frau an seiner Seite hat er das „schwache Geschlecht" erfunden, wonach der Stier, der Löwe und das Rhinozerus wiederum dem Manne überlegen sein müßten, da ungleich stärker als er.

Die seelische Kraft der Frau im psychischen Durchhalten, ihre Ausdauer in der Extrembelastung, ihre Zerreißfestigkeit im Gefecht mit den unzähligen Feindgestalten des Lebens, ihre Tapferkeit auf finsteren Strecken, ihr heroischer und überpersönlicher

Einsatz für das Leben, all das quillt aus einem imponierenden Energiereservat, den geheimen Quellen ihres weiblichen Wesens.

Nein, die wahre Menschheitsgeschichte ist bisher weder verstanden noch begonnen worden. Bitte zeigen Sie mir ein Land dieser Erde, in dem wahre Menschlichkeit zu finden ist. Wo regieren Recht und Gerechtigkeit? Wo wird nicht mit zweierlei Maß gemessen und gelten zweierlei Wahrheiten? Wo wohnt das Mitleid, wo ist die Barmherzigkeit zu Hause? Wo gilt Menschlichkeit richtungweisend als oberstes moralisches und geistiges Prinzip? Wo ist sie überhaupt gefragt?

Für denjenigen, der Augen und Ohren offenhält, wird der hauptverantwortliche Grund immer offenkundiger: Die Frau durfte bisher weder ihre Meinung äußern noch ihre Hände rühren. Nun aber wird sie aus ihrem Schattendasein ins volle Licht der geschichtemachenden Szene treten, denn sie hat genug „gedient" im negativen Sinn des Wortes, zu lange war sie die Unverstandene, Vernachlässigte, Erniedrigte. Nun naht die Stunde, da sie dem Manne gleichberechtigte und vollaktive Partnerin sein wird, und dann wird aus einer veränderten Welt eine veränderte Menschheit hervorgehen.

Die Frau ist das alles umarmende Wesen, sie vereint die Extreme der Schöpfung, sie vereint das Biologische, das Geistige, das Göttliche. Und aufgrund dieser von ihr ausgehenden Kraft hat man vom EWIG WEIBLICHEN gesprochen, das sich am Ende der Zeiten sicht- und erfahrbar für alle manifestieren wird, Synthese der wiederversöhnten Schöpfung, Synthese einer Menschheit im Stand der Vollkommenheit. Zur Auffrischung Ihrer Bibelkenntnis gebe ich Ihnen den Kassettentext einer Predigt, die ich zum Marienfesttag in meiner Heimatstadt Alexandria am 15. August 1979 gehalten habe:

DIE EWIGE FRAU

Johannes, der Visionär der Apokalypse, schaute etwas Außergewöhnliches: Eine Frau war am Himmel erschienen, *„bekleidet mit der Sonne, den Mond zu ihren Füßen"*, und wir fragen uns, wie soll man diese Vision zeitlich einordnen? Zu Beginn unserer Geschichte? In der Mitte zur Zeitenwende?

Oder am Ende aller Zeiten? Johannes ist niemals klar in seinen Offenbarungstexten, seine Mitteilungen bieten uns Stoff zur persönlichen Meditation. Um den Text dieses 12. Kapitels der Apokalypse zu verstehen, ist es unerläßlich, bis zum Schöpfungsmythos zurückzugehen. Hier die Begegnung von Frau und Drache, dort die Begegnung von Frau und Schlange.

Die erste Frau, Eva, steht im persönlichen Dialog mit der Schlange, die schließlich ihren geplanten Sieg über die Frau genießt. Der Mythos lehrt, daß fortan ein Fluch auf Mensch und Erde lastet, Leid und Tod sind über die Welt gekommen. Die Schlange gilt seitdem als Symbol des Bösen, heimlich regiert sie ihr Reich, und sie wird es so lange regieren, bis es letztendlich durch eine andere Macht zertreten und vernichtet werden wird. Ein Lichtschein glänzt am Horizont und gibt uns Hoffnung, gleich zu Beginn dieser Tragödie hören wir die Kunde: *„Da sprach Gott zur Schlange: Weil solches du getan, bist du verflucht. Feindschaft will ich setzen zwischen dich und die Frau und zwischen deinen Stamm und ihren Stamm, zermalmen wird er dir den Kopf, willst du ihn in die Ferse stechen." (Gen 3,14a.15)*

Seit diesem Machtwort Gottes spielt die Frau ihre Rolle in der Geschichte des Kampfes zwischen Gut und Böse, zwischen dem Licht und der Finsternis, denn noch immer steht die Welt in der Schlangenmacht.

Erinnern wir uns auch an den biblischen Ijob. Der Teufel erbat sich von Gott freies Schalten und Walten, und besonders reizte es ihn, den rechtgläubigen und rechtschaffenen Ijob zu berühren – sein Haus, seine Familie, seinen Herdenbesitz, seine Gesundheit und vor allem seinen Gottesglauben. Gott gab ihm freie Hand im Zuge einer Glaubenswette um diesen Mann. Freie Hand, doch bis zu einer Grenze: *„Da sprach der Herr zum Satan: 'So sei in deiner Hand jetzt alles, was es hat! Nur rühr` ihn selbst nicht an!" (Ijob 1,12)*

Das ist bedeutsam und darf nicht überlesen werden: Gott gibt dem Satan eine umfangreiche, aber keine absolute

Machtbefugnis, es ist nur eine Macht im Außenkreis des Habens, sie reicht nicht hinab ins Sein. Zudem haben wir die göttliche Einschränkung in der Zeit. Leben und Lebensdauer sind Gottessache. Soviel das Böse uns auch verführt und attackiert, es kommt ohnehin die Stunde, wie es an vielen Stellen der Bibel heißt, in der *„der Fürst der Welt hinausgestoßen"* werden wird. Aus der Schöpfung wird er zurückfallen in die Nichtexistenz.

Bleiben wir bei Johannes, doch wechseln wir seine Textstellen und lesen in seinem ersten Brief und in seinem Evangelium, wo er es genial versteht, in wenigen Zeilen dieses gewaltige kosmische Geschehen auf den Punkt zu bringen: *„Wir wissen, daß wir aus Gott stammen und doch die ganze Welt in der Gewalt des Bösen liegt." (1 Joh 5,19)* und: *„Denn jetzt vollzieht sich das Gericht an dieser Welt, jetzt wird der Fürst der Welt hinausgestoßen." (Joh 12,31)* Christus hat das Böse den Fürsten dieser Welt genannt, der seit dem Fall des Menschen sein Reich etabliert hat und ständig an der Arbeit ist, es auszubauen.

Und wieder ist es eine Frau, die unsere Geschichte neu beginnen läßt. Johannes teilt dem Leser seine Offenbarung mit, die ihm zuteil geworden war: *„Der auf dem Throne saß, sprach:*

‚Siehe, ich mache alles neu!'"

(Offenbarung 21,5) Diese vollkommen neue Ära, die Johannes mystisch schaut, hat mit Maria begonnen! Denn ein neuer Mensch, ein verwandelter Adam, ist durch sie geboren worden, wobei sich – wie könnte es anders sein – sogleich derselbe Affront wie am Anfang manifestiert, Gut und Böse im dramatischen Gegenüber! Weil wir noch nicht am Ende der Zeiten stehen, sondern mit Maria erst in der Zeitenwende:

„Der Drache stand vor der Frau, die gebären sollte, er wollte ihr Kind verschlingen, sobald es geboren war. Und sie gebar ein Kind, einen Sohn, der über alle Völker mit eisernem Zepter herrschen wird. Und ihr Kind wurde zu Gott und zu seinem Thron ent-

rückt." (Off 12,4b-5) Eine Frau, Vertreterin des schwachen Geschlechts, und ein neugeborenes Kind – das Schwächste und Hilfloseste, das wir in unserer Schöpfung kennen – und ihnen beiden gegenüber bäumt sich auf *„ein großer, feuerroter Drache mit sieben Köpfen und zehn Hörnern und mit sieben Diademen auf seinen Köpfen. Sein Schwanz fegte ein Drittel der Sterne vom Himmel und warf sie auf die Erde herab." (Off 12,3-4a)*

Die Schwäche par excellence und die Stärke par excellence begegnen sich. Wie aber ist es möglich, daß eine solche Kraft nicht augenblicklich eine solche Schwäche überwindet? Es ist das Mysterium der Reinheit der Frau und der Reinheit des Kindes! Das ist die wahre Stärke! Seitdem wird dieser Kampf nicht an zwei bestimmten Kräften gemessen und unter ihnen ausgetragen, sondern zwischen einer Kraft und einer Schwäche, zwischen der Reinheit dieser weiblichen Gestalt, die *„gesegnet ist unter den Frauen"*, die *„voll der Gnaden"* ist, und einem bis ans Ende der Zeiten rasenden Feuerdrachen, Symbol von Brutalität und moralischer Finsternis. Diese Macht kann keine andere Macht überwinden als die Macht der Reinheit.

Nach diesem kosmischen Kampf zwischen Himmel und Erde lesen wir: *„Er wurde gestürzt, der große Drache, die alte Schlange, die Teufel oder Satan heißt und die ganze Welt verführt; der Drache wurde auf die Erde gestürzt, und mit ihm wurden seine Engel hinabgeworfen. Da hörte ich eine mächtige Stimme im Himmel rufen: Jetzt ist er da, der rettende Sieg, die Macht und die Herrschaft unseres Gottes und die Vollmacht seines Gesalbten, denn gestürzt wurde der Ankläger unserer Brüder." (Off 12,9-10)*

Mit unserer intellektuellen, mathematischen Zeitvorstellung haben wir unsere Schwierigkeiten. In Wirklichkeit wurde dieser Entscheidungskampf am Kreuz von Golgota ausgetragen, und seit der Auferstehung Christi ist er restlos beendet. HÖCHSTE UNIVERSALE WAHRHEIT.

Doch unsere Menschheitsgeschichte ist in der Zeit noch unterwegs, sie ist noch nicht ans Ziel gelangt, denn es gibt noch uns, den unvollendeten Menschen im Raum seiner geistigen Freiheit. Sein Handlungsspektrum scheint unendlich, schrankenlos, und er spielt es aus. Aber überzeitlich gesehen hat Christus definitiv am Kreuz schon alles geleistet, was zu leisten war – und die erste Frucht seines Sieges ist eine Frau – MARIA. Rein war sie, rein! Sie war die Eva vor dem Fall, und die Seele dieses irdischen Leibes war so heilig, daß selbst der Leib vom Tode nicht erfaßt werden konnte. So wurde sie zum ersten Geschöpf, das leiblich den Tod überlebte, sie hat die Todeserfahrung nicht erleiden müssen. Dieses Fest der „Leiblichen Aufnahme Mariens in den Himmel" (Dogma seit 1950) feiern wir Christen alljährlich am 15. August – und es betrifft uns alle!

Was für die erste Eva einst geplant gewesen war, erlebt nun Maria, die zweite Eva, und wir befinden uns mit ihr in der Geburtsstunde einer neuen Menschheit, die den Tod überwinden wird. Mit Maria bereiten wir uns vor auf diesen Sieg des Lichtes über die Finsternis, sie haben wir als unsere Wegbegleiterin. Diese Frau, die sich strahlend in ihrer Kraft vor uns erhebt, ist die Erzfeindin Satans, denn sie ist „voll der Gnaden", sie ist „intakt" und transparent wie ein Tautropfen. Wie könnte sich Satan ihr auch nur nähern? So steht diese Frauengestalt erhaben über unserer Geschichte als eine ständige Herausforderung des Bösen, so leuchtet sie uns als lebender Stern über unseren Schmerzen und Ängsten, über der Verfinsterung unserer Seelen in den Fängen des großen Verführers und über unserem Lügenleben.

Und diese Frau existierte bereits am Urbeginn, sie war anwesend in der Schöpfungsstunde als „Freundin Gottes", SOPHIA, die Göttin der Weisheit. Der inspirierte Autor unseres alttestamentlichen „Buches der Sprichwörter" läßt sie hymnisch singen:

„Der Herr hat mich geschaffen im Anfang seiner Wege, vor seinen Werken in der Urzeit, in frühester Zeit wurde ich gebildet, am Anfang, beim Ursprung der Erde. Als die Urmeere noch nicht waren, wurde ich geboren, als es die Quellen noch nicht gab, die wasserreichen, ehe die Berge eingesenkt wurden, vor den Hügeln wurde ich geboren (...) Als er den Himmel baute, war ich dabei, als

er den Erdkreis abmaß über den Wassern. Ich war seine Freude Tag um Tag und spielte vor ihm allezeit. Ich spielte auf seinem Erdenrund, und meine Freude war es, bei den Menschen zu sein (...) Hört die Mahnung und werdet weise, lehnt sie nicht ab (...) Wer mich findet, findet Leben und erlangt das Gefallen des Herrn. Doch wer mich verfehlt, der schadet sich selbst, und alle, die mich hassen, lieben den Tod."

(Sprichwörter 8)

SOPHIA – EVA – MARIA. Sophia als unnachahmliches Modell im Schöpfungswirken, eine weibliche Gestalt! Anwesend bei der Weltgestaltung! Es ist die überzeitliche, EWIGE FRAU, die uns später als die erschaffene Eva begegnet und schließlich als die endgültige Gestalt: Maria, die Rettende, die Miterlöserin, das EWIG WEIBLICHE, hoch über dem Universum, rein und unantastbar, stark in seiner Erlöserkraft! *„Ein großes Zeichen ward am Himmel sichtbar, eine Frau, bekleidet mit der Sonne, den Mond zu ihren Füßen, auf ihrem Haupt ein Kranz von zwölf Sternen." (Off 12,1)*

Und wenn sie sich uns Menschenkindern einmal zeigt, wer darf sie schauen? Wer darf ihre Stimme hören? Sehr einfache Menschen sind es, Kinder, arme Hirten oder Kranke. Sie dürfen sie erleben. Denn es ist wieder die Schwachheit des Menschen, in der sich die Stärke Gottes manifestiert. Mysterium! Und was sagt diese Frau an allen Erscheinungsorten der Erde in Asien, Afrika, Arabien, in Europa und Amerika? Was sagt sie den Begnadeten, die sie schauen dürfen? Bis zum heutigen Tag an 900 Orten?

„Gebt acht! Gebt acht! Betet und fastet für die Welt!
Betet viel! Bekehrt euch, versöhnt euch!
Schafft Frieden!"

Diese fast gleichlautenden Marienbotschaften ergehen unablässig durch die Seher an die ganze Menschheit, und es sind dieselben göttlichen Mahnworte der Sophia, die wir soeben hörten:

„Hört die Mahnung und werdet weise, lehnt sie nicht ab!"

Dieser ungeheure Kampf zwischen Gut und Böse findet heute statt – um uns her und in unserem eigenen Innern, und er fand zur Zeitenwende statt, als Gott sich inkarnierte, weil er in der Mitte unseres angefochtenen Herzens ausgetragen werden muß. Wie wir alle wissen, zeigen diese Marienerscheinungen oftmals Tränen, ein wortloses Zeichen ihres Leides. DIE FRAU LEIDET. Sie beweint die falschgelebten Leben und die falsch gesteuerte Geschichte der Menschen und ist beides zugleich, mächtig und ohnmächtig. Sie ist ohnmächtig jetzt in der Zeit, denn unsere Bekehrung, um die sie ringt, geht durch unsere Freiheit hindurch, durch unseren Eigensinn, durch unsere Egozentrik, durch unsere täglichen Entscheidungen mit allen Konsequenzen, die sie von ihrem Standort aus zusammenhängend und in allen Auswirkungen überblickt. SIE LEIDET. Aber sie hofft, sie streitet mit uns, und in ihrer Reinheit wird sie sich eines Tages als die stärkste und wirksamste weibliche Kraft im Universum erweisen.

Liebe Freunde, laßt uns in der unerschütterlichen Überzeugung leben, daß Christus uns seine Mutter als Mitstreiterin gegen die satanischen Mächte gegeben hat, die uns umwerben und bis in unseren innersten, heiligen Kern vorstoßen möchten. Die Mutter der Menschen, die neue Frau, steht dem Bösen als LEUCHTFEUER DER WAHRHEIT frontal gegenüber und erwartet die Stunde Gottes, in der es vernichtet werden wird. Heilige Maria, alle werden Dich schauen! Auch jene, die sich heute noch weit entfernt von Dir wähnen, alle nimmst Du mit Dir!

Die Menschheit wird es schaffen, denn diese Frau ist Zuversicht. Es genügt, daß wir uns an sie wenden, um ihren Kraftstrom, ihren Schutz zu spüren. SALVE REGINA – die größten Hymnen haben wir für sie erfunden. Wir singen sie, wir beten sie, wir glauben sie. Und das führt uns ins Heil.

Amen

Es gibt ein aufregendes Verkündigungsgemälde von TIEPOLO, Privatbesitz, in den satten Farben Ocker, Rost und Indigo. Der

Erzengel ist zu Boden gestürzt und streckt uns seine nackten Fußsohlen entgegen. Er steht nicht vor Maria, er schwebt nicht über ihr, er kniet nicht vor ihr, sondern er liegt mit gefalteten Händen flach am Boden, das Gesicht zum Boden gewandt betet er sie an, und auch die Lilie, die er ihr bringen wollte, liegt am Boden …

Alles dürfen wir zusammenschauend erkennen und benennen, seien es große Bibeltexte, seien es die Marienhymnen aus allen Jahrhunderten oder Beispiele aus der christlichen Kunst, seien es moderne Chansontexte der Gegenwart, wie die des inzwischen 60jährigen langhaarigen Gottessängers JEAN FERRAT mit seiner Gitarre in den Straßen von Paris. In einem seiner Lieder singt er:

„Die Frau ist die Zukunft des Menschen."

Oder wie es der große JEAN GUITTON gelassen in einem Interview mit „Madame Figaro" am 24. 9. 1988 formulierte:

„Toute femme est une mère d`un Messie virtuel,
toute femme est enceinte de l`avenir!
L`homme sera sauvé par la femme."

Übersetzung: *„Jede Frau könnte die Mutter eines Messias sein, jede Frau ist schwanger mit unserer Zukunft. Der Mensch wird von der Frau gerettet werden."* … Einfach so hineingesagt in eine Pariser Wochenzeitung …

Das Wahre wird gespürt, erahnt, besungen. Der Frau ist eine MITERLÖSERROLLE übertragen worden. Das große literarische Werk der Menschheitsgeschichte wird immer wieder von dieser Botschaft neu erleuchtet, ich denke nur an DANTE! Und es gibt in der Leidenschaft auch zugespitzte Formulierungen wie die des Philosophen KIERKEGAARD (gest. 1855):

„Auf hundert Männer,
die sich auf ihrem Weg verloren haben,
werden neunundneunzig von einer Frau gerettet
und nur ein einziger
durch einen persönlichen Gnadenakt Gottes."

Das ist konzentrierter KIERKEGAARD-Stil, er übertreibt gewiß, aber wir verstehen ihn. Die Frau übt dem Mann gegenüber eine Heilsfunktion aus, und wie oft hat er sie schon seinen *„rettenden Engel"* genannt! Das hat einen Hintergrund. Die Frau verkörpert die Menschheit in ihrem menschlichsten Stand – und in ihrem geistigsten, sie kann zur wahrhaftigen Anwesenheit Gottes werden, zum Zeugnis seiner Liebe und Sorge um uns.

„Kann denn eine Mutter ihr Kindlein vergessen? (...)
Und selbst wenn sie es vergessen würde,
ich vergesse dich nicht."

(Jesaja 49,15)

„Wie eine Mutter ihr Kind tröstet, so tröste ich euch.
Wenn ihr das seht, wird euer Herz sich freuen,
und ihr werdet aufblühen wie frisches Gras."

(Jesaja 66, 13-14a)

Die Mutterliebe in ihrer Sorge als höchster Vergleich mit der Sorge Gottes für den einzelnen unter uns. Und doch haben wir uns seit Ewigkeiten ein männliches Gottwesen gedacht! Vermutlich wurde unser jüdisch-christliches Gottesbild von dem damaligen Gesellschaftstyp entworfen, der Bibelgott als thronender und strenger Patriarch, das wäre verständlich, doch leider ist das heute passé. Hier geht es nicht nur um den weißen Bart und das würdige greise Haupt, sondern mehr noch um seine kühle Reserviertheit, wie es das männliche Prinzip dokumentiert. Nun sind die Menschen von selbst darauf gekommen, daß diesem Gottesbild etwas fehlt: die weibliche Dimension, die Zärtlichkeit.

Heute sind wir nun so weit, das zu erkennen und freimütig in hohen Theologenkreisen wie in kleinen Bibelgruppen engagierter Pfarren darüber zu diskutieren. Gemeinsam erarbeitet man ein umfassenderes Gottesbild. In der englischen Sprache ist man schon bei „she" für Gott gelandet, aber ich meine, man sollte es nicht übertreiben. Auch sollte ein „Mutterunser" nicht das „Vaterunser" gleich verdrängen, doch ist dieser Ansatz durchaus richtig und bringt uns mit Sicherheit weiter. Möglicherweise machen sich auch asiatische Einflüsse gelten. Die fernöstlichen Religionen – überall unübersehbar präsent – kannten immer den femininen

Zugang zur Gottheit, ich denke an die hinduistische Göttin Kwan Yin, Göttin des Mitleids, denn hinduistische und buddhistische Texte untermauern die Frauendiskriminierung derart, daß sich vermutlich deshalb weibliche Gottheiten als Trostspenderinnen herausgebildet haben. Hundert Zungen könnten in hundert Jahren die Laster der Frauen nicht aufzählen, liest man in einer Hinduschrift, und in buddhistischen Texten wird jeglicher Verzicht auf Eigenwillen gefordert, die Gattin ist eine dienende Magd. Auch der Neokonfuzianismus hat frauenbeleidigende Texte und verlangt widerspruchslose Unterwerfung unter den Mann. So nennt man eine der bekanntesten Göttinnen im Sanskrit TARA, die Retterin (Mahayana- und Vajrayana-Buddhismus), und sie wird als Verkörperung der Liebe mit einer Lotusblüte geziert. Hören wir – wie in den eingangs geschilderten Zeugnissen der Kunst – dieselbe Botschaft widerklingen:

„Lebendige Liebe“ … „Mitfühlende“ … „Retterin“ ?

Für uns Christen würde ich mir wünschen, daß der Heilige Geist in der Dreipersoneneinheit dieses weibliche Gesicht Gottes bekäme, und ich bin nicht der erste, der diesen Wunsch äußert. Ist der Geist unseres Credos nicht derjenige, *„der das Leben gibt“?* Ist er nicht die überbordende Fruchtbarkeit, und war die Frau nicht seit der frühesten Antike das Fruchtbarkeitssymbol schlechthin? Und ist nicht eine der Geistesgaben der Trost? Wird der Heilige Geist nicht der Tröster genannt wie im stillen Bunde mit der Frau, der Tröstenden? Diskret wie die Frau verbreitet der Geist in unserer Welt die Liebe und mit der Liebe das wahre Leben. Der große Beweger, der Tröster, der Erneuerer. MYSTERIUM DES GEISTES – MYSTERIUM DER FRAU! …

Es gibt heute Sprachforscher, die aus der hebräischen Ursprungssprache der Bibel das weibliche Geschlecht für den Geist herausfinden, demnach ist dieses Gespür keineswegs neu. Nach CHAIM NOLL (geb. 1954) ist der Geist Gottes, „ha ruach elohim“, im Hebräischen weiblichen Geschlechts, wie eine nachfolgende Verbform „merachefet“ angibt. Interessant! Aber wir finden es bereits beim heiligen HIERONYMUS (gest. 420), der feststellte, daß der Geist weiblich im Hebräischen ist, im Lateinischen später vermännlicht wurde und im Griechischen als Neutrum offenblieb ... Ich empfehle, daß jeder für sich selbst Vergleiche zieht und in der Schöpfung nach weiblichen Wesensmerkmalen Gottes forscht, nach dem EWIG WEIBLICHEN in Gott selbst. Unser spirituelles, christliches Leben bekäme wichtige Impulse durch neue Einsichten, denn eine neue Dimension würde sich erschließen. Dann würden auch die Zaghaften unter uns mehr Zutrauen fassen und sich endgültig auf ihre persönliche Liebesbegegnung mit Gott einlassen, um sich geborgen zu wissen wie die KLEINE THERESE, die sich fühlte

„wie ein Kind in Gottes Arm".

Doch lassen wir beide Zugänge offen, auch den männlichen, weil wir von unserem Geschlecht her verschieden für die Liebe gemacht sind. Es mag sein, daß manchen Frauen eine männliche Gottesverehrung näher liegt, wie manchen Männern die Marienverehrung, das muß bedacht werden. Und doch meine ich, daß vielleicht auch der Mann ein etwas weiblicheres Gottesbild dringend braucht, um *„aus allen Kräften lieben zu können"*, wie es gefordert wird. TEILHARD DE CHARDIN hat sehr viel darüber geschrieben:

„Ist das Weibliche in mir nicht das Gemüt
und die Flamme meines Innersten?"

Er empfand sein männliches Wesen ständig aufs neue geläutert durch die *„lodernde Flamme der Frau"*. Und über seine persönliche Lebenserfahrung hinausreichend behauptete er:

„Weibliche Anziehung ist in konzentrierter Form
eine kosmische Anziehung."

Dieses tiefe Verlangen nach universaler Ganzheit, nach Vereinigung mit ALLEM, wird gestillt, wenn der Mann eine Erfahrung des Weiblichen macht. Im Mythos von der Erschaffung des Menschen wird uns schon die geschlechtliche Polarität an der Quelle gezeigt, aus der wir stammen. Und weil diese Polarität in der Dreifaltigkeit ihren Ursprung hat – im Gottwesen selbst –, deshalb meine ich, daß ein sorgfältiges Weiterforschen dieser sich gegenwärtig neu entwickelnden Spiritualität von Bedeutung ist, eine Spiritualität, welche das Weibliche in seiner vollmenschlichen Tiefe erfaßt und mit einbezieht. Dieselbe geistige Ausdehnung geschieht in der wissenschaftlichen Erforschung des weiblichen Wesens ganz allgemein. Es ist die starke und sehr vielseitige Beschäftigung mit der Gestalt der Frau wie nie zuvor. Neu gewonnene Erkenntnisse werden nicht nur von der Anthropologie ins Gesamtbild integriert, sondern ebenso von zeitgenössischen Theologen – je nach ihrer Aufgeschlossenheit, je nach ihrer Bereitwilligkeit, eine neue Perspektive zu akzeptieren und sie in ihre bisherige Vision, in ihr System, in ihre Formulierungen mit hineinzunehmen. Papst Johannes Paul I. hatte das bereits getan, wiederholt sprach er von unserem *„mütterlichen Gott"*.

Jede Frau ist SINNBILD DES KOMMENDEN, jede Frau ist ein Zeichen für die Weltvollendung, also eine Hoffnungsträgerin, jede. Wir Männer, und nicht nur wir Theologen, sollten diese Tatsache, geistgeführt, endlich in unsere Herzen aufnehmen! Sie betrifft nicht weniger als die große prophetische Aussage einer Heiligen vor rund tausend Jahren:

„Von nun an steht alle Welt im großen Zeichen der Frau."
(Hildegard von Bingen)

Jährlich am ersten Freitag des Monats März wird in nunmehr 175 Ländern der WELTGEBETSTAG DER FRAUEN aller christlichen Konfessionen begangen. Ich lege meinen Leserinnen ans Herz, sich in diese 24 Stunden währende konzentrierte spirituelle Kraft aktiv einzuschalten, denn ich glaube an die Erneuerung unserer Welt von innen – durch die Frau – in ihrem Tun, in ihrem Sein.